旅游服务与管理专业“十二五”规划系列教材
国家示范院校专业建设项目成果

旅行社经营与管理

主　编：肖树青
副主编：董学友　赖志华◉

蓬勃发展的旅游业可以为旅行社的创立创造良好的外部条件，我国改革开放以后特别是近几年旅行社数量的迅速增
就得益于旅游业的迅猛发展；相反就可能抑制旅行社的发展

中国商业出版社

图书在版编目(CIP)数据

旅行社经营与管理/肖树青主编. —北京:中国商业出版社,2015.10
ISBN 978-7-5044-7935-8

Ⅰ.①旅… Ⅱ.①肖… Ⅲ.①旅行社-企业经营管理-高等职业教育-教材 Ⅳ.①F590.63

中国版本图书馆 CIP 数据核字(2012)第 269958 号

责任编辑:刘万庆

中国商业出版社出版发行
010-63180647 www.c-chook.com
(100053 北京广安门内报国寺 1 号)
新华书店总店北京发行所经销
涿州市华建印刷有限公司印刷

* * * * *

787×1092 毫米 开本:1/16 印张:15.75 字数:300 千字
2015 年 10 月第 1 版 2015 年 10 月第 1 次印刷

定价:36.80 元

* * * *

(如有印装质量问题可更换)

总 序

随着中国经济的高速发展,人们的生活方式和生活观念也在悄然发生变化。在工作之余,越来越多的人们也把休闲旅游度假作为一种时尚生活方式。同时,人们也认识到,通过休闲旅游不仅可以让人身心放松,还可以增加见识,增长知识。正可谓“行万里路,读万卷书”。因此,未来我国更加需要大量旅游服务管理专业人才来为人们进行专业引导和服务,旅游市场大有可为。

放眼世界,各国旅游业经历了持续快速的发展,旅游业已成为世界上最大规模的产业,越来越多的旅游目的地对旅游者开放,使旅游业成为世界经济发展的重要推动力。在国际金融危机爆发的大背景下,旅游业虽然受到一定重创,但其产值仍然占全球GDP的9.4个百分点,为世界提供了2.35亿个工作岗位。世界每11.8个工作岗位中,就有1个是旅游业提供的。就全世界范围而言,旅游业已成为世界上最重要的绿色产业之一。从长远看,旅游业在推动世界经济发展中将继续保持领先的地位。同时在保障就业和消除贫困方面,也必定有更大贡献。

我国的旅游业,虽然起步较晚,但发展迅猛。2009年底,国家出台《国务院关于加快发展旅游业的意见》(国发[2009]41号),将旅游业定为全国战略支柱产业。2010年上海世博会开园以来,每天接待游客达40多万人次,足以证明旅游业成就卓著。2012年10月1日起,国务院对重大节日推行的小客车高速公路免通行费政策,从而又进一步推动了旅游产业的发展。再者,旅游业直接或间接带动的产业和部门多达100多个,其产业关联效应明显。目前全国已有20多个省、区、市把旅游业定为支柱产业优先重点发展。我们相信,政府的重视将使旅游业在国民经济增长和社会和谐发展方面扮演更加重要的角色。因此,我们特邀请全国部分旅游院校的领导和专家,齐聚北京,针对当前旅游业的发展和人才培养问题,进行了研讨,并组织编写了本套教材。

本套教材主要突出以下几个特点:

1. 针对性

本套教材为旅游院校教材,针对当前的旅游从业人员的特点,安排教材内容和体系,采取课堂教学和实际操作、校外指导相结合的教学方式,从而使授者易教,学者易学。

2. 实用性

本套教材以“必需”“实用”为宗旨，既参考以前出版的教材内容，进行“取舍”，又参考教育部教学大纲以及国家旅游局导游资格考试的新标准编写各科内容。使学生通过系统学习之后，能在掌握基础知识同时又能在工作中发挥实际作用。

3. 创新性

本套教材的内容编排，在总结专家学者经验的基础上，吸收和借鉴了如德国的双元制教学模式、澳大利亚的 TAEF 模式、加拿大的 CBE 教学模式、瑞士旅游酒店管理教学模式等国外先进的教学模式。编写时，摒弃了传统教材从概念到概念的写法，同时本套教材还配备 PPT 课件，以方便课堂教学。

虽然本套教材是示范院校教育教材改革与创新的阶段性成果，但仍难免有所不足。恳请广大专家、读者提出宝贵意见，以便日后修订时，使之不断完善。

旅游服务管理专业教材编委会

2015 年 10 月

前 言

近年来，我国旅游高等教育取得了显著的成绩，初步统计，全国共有高等旅游院校及开设旅游系（专业）的普通高等院校所810所，在校生44万多人，其中半数以上是高等职业院校学生。

在教育部示范院校建设过程中，我们对“基于工作过程的系统化课程体系”改革有了较为深刻、全面的认识，基本形成了以旅游企业工作过程为设计依据的旅游管理类专业课程建设思路，全面倡导“教、学、做”一体化的教学方法改革，旅游管理专业人才培养质量明显提高。

我们组织编写这本《旅行社经营与管理》教材，正是基于上述思想的指导，是对这一思想的实践和探索。

本书在编写过程中坚持校企合作，广泛吸纳企业参与。在进行大量旅行社企业调研的基础上，归纳了多数旅行社运营管理的实际情况，规划了导论、创立、组织管理、产品开发、价格管理、渠道管理、包装促销、计调管理、服务质量管理、信息化管理、风险管理等内容，基本涵盖了旅行社运营的主要过程和重要环节。

在教材体系设计上，强调学生参与、师生互动，强化实践环节。每章内容包括技能目标、知识目标、关键词、案例导读、正文、小结、实训练习等环节，正文之中根据需要设计“链接”、“提示”、“案例”、“动手实践”、“课堂讨论”等，增加趣味性和互动性，启发学生主动学习，提高学习效率。

在使用本书过程中，建议学生提前预习，并根据每章内容作必要准备；在教学过程中，要引导学生充分利用学校图书资源、网络、所在城市及周边社会资源，以提高学习效果。

本书由肖树青（编写第一、二、三、五、六、八、十、十一、十二章和全书实训练习）任主编，董学友（第九章、第十三章）、赖志华（第四章、第七章）任副主编，由肖树青负责大纲编写及统稿。

在教材编写过程，我们得到了许多旅行社及业内人士的帮助，特向他们表示诚挚谢意，包括：济南信泰旅行社总经理方龙先生、中国国旅（青岛）国际旅行社有限公司国内部经理王晓光先生、济南国信旅行社运营总监张晓国先生等。

在教材编写过程中，我们参考借鉴了大量优秀教材、著作、论文、网站等资源，一一列于参考书目之中，以表谢意。但由于素材庞杂，其中有些因搜集时间已久，出处已不可查，我们同样表示感谢。

由于编者水平所限，加之时间仓促，书中难免错讹之处，敬请广大师生及业内人士不吝赐教，以便将来加以修改完善。

编者

2015 年 10 月

目　录

第一章 导 论

技能目标：

掌握并灵活运用旅行社管理的方法；

掌握旅行社基本业务内容并能分析其关系。

知识目标：

了解旅行社产生的历史背景；

熟悉中国和西方旅行社的发展历程，增强职业意识，培养职业认同感；

掌握旅行社的概念、类型、性质、职能；

了解旅游产业的构成以及旅行社在旅游产业中的地位和作用；

掌握旅行社管理的基本概念；

熟悉《旅行社条例》的基本内容。

关键词：

旅行社、旅行社性质、旅行社业务、旅行社管理

任 务：

有一种观点认为：随着网络信息技术和电子商务的快速发展，交通、住宿等接待设施的改善以及大众旅游经验的日渐丰富，人们对传统意义上的旅行社的依赖程度将越来越低，随着在线旅行社（关于在线旅行社，可参考下文案例导读：《在线旅行社向酒店宣战》）快速发展，未来传统旅行社行业会走向消亡。你同意这一说法吗？分组讨论并将各自的看法与同学们分享。

案例导读：

在线旅行社向酒店宣战

酒店业的各位决策者请注意，在线旅行社已经向你们宣战了，只是你们可能还没察觉。是的，酒店决策者们是时候要醒悟了：这些第三方预订网站正变得越来越肆无忌惮，企图控制你的酒店库存，还有你的潜在利润。

不过，这其实并非他们的错。真正该被责怪的正是酒店业决策者们，因为你们让这些在线旅行社一次又一次掌握着与消费者进行价格对话的机会。现在，这些在线旅行社已经势不可挡，而且他们话语之间的调侃意味已上升到一个危险的水平。要是酒店不赶紧把主动权夺回来，那就准备眼睁睁看着酒店利润下滑到谷底吧。怪谁呢？只能怪你们自己了。

比如说 Priceline. com，他们正变得如此的不可一世，现在甚至在电视节目的黄金时段公开地羞辱酒店企业——也就是他们的客房库存供应商。

以 Priceline. com 的一则电视广告为例：这则由 William Shatner 饰演的“Priceline 谈判专家”（Priceline Negotiator）广告，其实是对酒店同行的侮辱。然而，除了我在此大发议论以外，我还没听到有哪位同行吭声。这则广告应该让酒店业炸开了锅才对。

（在线观看广告视频：http://www. priceline. com/promo/shatner_pcln_negotiator. asp，请查看页面中部名为 Bid Deal 的视频）

广告里面，Shatner 告诉酒店的前台员工，有人要以 65 美元的价格订一间房。该员工回答说他们的房间价格都不会低于 130 美元的。于是，Shatner 转向身旁名叫 Big Deal 的彪形大汉（外形看上去像在一些老 007 电影中负责收拾烂摊子的大恶棍）说："搞定他。"于是，身穿皮草大衣的 Big Deal 目露凶光，把手指掰得咯嗒咯嗒响，恶狠狠地瞪着前台员工。然后，他把双拳砸在柜台上，露出两只手上的"Dollars and Sense"（美元和责任感）的纹身。

不过接着，他又用温柔动听的语气问道："这房间本来就不好卖，你何必还拿着不放手？"

Sharner 附和道："就是，干吗要让房间空着？"

Big Deal 接着说："额外收入其实很容易就可以抵消运营成本。"

Shatner 说："65 美元，总好过一分钱也捞不到。"

缩成一团的前台员工只好妥协说："好吧好吧，65 美元一晚。"

这则巧妙的电视广告很有意思，表达的意思也很准确。然而这则广告只是在线旅行社们向酒店叫板的一个可笑的幌子，其真正潜台词是要告诉酒店运营者们："你需要我们来处理酒店的空余房间，所以还是乖乖听我们的吧。"

（资料来源：环球旅讯网站 2010 年 4 月 11 日）

【思考】

阅读案例，思考并回答下列问题：

1. 何为在线旅行社，它与传统旅行社有何区别？

2. 通过本案例，你对旅行社的作用有何认识？

第一节　旅行社发展历程

一、世界旅行社发展变迁

（一）基本历程

人类的旅行活动由来已久，而旅行社的产生则是工业革命以后的事情。18 世纪中叶发生在英国的工业革命，为旅行社的产生创造了条件，它促进了科学技术的飞速发展，改变了人们的生产和生活方式。世界上第一位专职的旅行代理商是英国人托马斯·库克，他于 1841 年 7 月 5 日组织了 570 人从莱斯特到拉夫巴勒参加禁酒大会，每人收取了一个先令，包括交通费用、乐队演奏赞歌、一次野外午餐和午后茶点。库克在这次活动中自始至终随团陪同。以后，他又多次组织类似的活动，并使之发展成为纯粹的商业行为。

课堂讨论：

工业革命对旅行社产生有何重大和直接的影响？

1845 年，托马斯·库克在莱斯特正式成立托马斯·库克旅行社，世界上第一位真正的、专职的旅游代理商也由此产生。托马斯·库克旅行社成立以后，其经营范围不断扩大。1845 年夏天，库克组织了从莱斯特到利物浦的团体观光旅游，这次观光活动与以前的旅游活动有着显著的区别，这是一次以赢利为主要目的的纯商业活动，持续时间长，而且配有专职导游。1855 年，托马斯·库克组织了世界上第一次出国包价旅游，旅游路线从英国的莱斯特到法国的巴黎，这次包价旅游可以看做是现代出境旅游业务的一次尝试。

1865 年,"托马斯·库克父子旅游公司"在伦敦成立。到 19 世纪末,库克父子公司已发展为一个多元化的大型跨国旅游公司,市场遍布五大洲。

随着库克的成功,各种类似的旅游机构在世界各工业国家纷纷涌现,如 1857 年成立的英国登山俱乐部、1890 年德国和法国成立的观光俱乐部、1926 年成立的日本交通公社等。今天,全球的旅行社大约有 80000 多家,其中旅行社最多的地区是北美和欧洲,这两个地区汇聚了全球 80% 以上的旅行社。

(二)世界旅行社业的新变化

20 世纪 90 年代以来,世界旅行社业的发展出现了一些新的变化。主要表现有:

1. 规模两极分化

欧美发达国家的旅行社都十分明显地出现了两极分化的趋势,即以超大型旅行社和小型旅行社为主共同构成旅行社业。

2. 产业集中度不断提高

在行业规模不断扩大的同时,产业集中度也不断提高,在欧美位于前十位的超大型旅行社,其营业收入已经占到所在国旅行社营业收入总额的 40% 以上,企业竞争力大大增强。

3. 网络应用逐渐普及

随着网络化经营的普及,旅行社通过计算机网络与相关企业实现业务联系,对本企业内部进行科学管理,使旅行社的经营效益不断提高,网络化经营成为发达国家旅行社经营的主流。

4. 并购造就行业巨头

国际企业集团通过并购旅行社集团进入旅行社行业;同时以美国、德国、英国等国家的大型旅行社为主导的企业兼并、收购与战略联盟,使发达国家旅行社的所有权发生了极大的变化,形成了一批实力雄厚、市场占有率高、经营业务广泛、能够对整个市场产生重要影响的旅行社行业巨头。

动手实践:

通过网络、图书馆等渠道,了解目前知名的国际旅行社行业巨头(如日本交通公社、德国途易、美国运通等)的发展沿革、主营业务、主要特色、在华经营情况等。在课堂上相互交流。

二、近代中国旅行社

图 1-1 香港中旅标志

(一)近代中国旅行社的产生

1. 国外旅行社的介入

1840 年鸦片战争以后,中国的大门被西方列强打开,伴随着一系列不平等条约的签订,帝国主义开始在中国开辟通商口岸、开办工厂、修建铁路。与此同时,西方的传教士、商人、冒险家也纷纷踏上中国的土地,在我国沿海和通商口岸传教、经商、探险。在此背景下,英国的托马斯·库克公司、美国运通公司和日本的国际观光局等相继进入中国市场,在主要口岸设立了旅行社分支机构，基本上垄断了中国的旅游业务。

案例 1－1

“通济隆”在中国

进入19世纪80年代后，随着螺旋桨的发明和造船技术的进步，大大缩短了海上航运的时间，希望到中国旅游、窥探“神秘东方”的西方人也越来越多。大约在1905年，托马斯·库克父子旅游公司在香港设立分公司，以粤语的发音，为“Cook”取汉名“通济隆”。香港公司主要代理欧美人赴华及日本旅游。过了一年后，又将“通济隆”从香港转移到上海，在外滩的华俄道胜银行大楼内办公，并确定为远东总部，之后又在香港、哈尔滨、北京、天津、西安等城市建立分号。

“通济隆”主营西方人赴中国旅游及上海的侨民赴内地旅游。他们与中国各地的旅社建立合作关系，这样可以降低旅游成本。同时，又与外资的保险公司建立代理关系，为所有参加中国旅游的客人办理旅游保险，这一措施也提高了客人对“通济隆”的信任度。他们还把西方惯用的“发行取银信”即今日的“旅游支票”带进了中国，客人在始发地的指定银行存款换取支票，或到达上海后将钱打入“通济隆”账号内，然后凭支票在“通济隆”散布各地的分号及指定的银行，全额或分批换取现钞，这样可以避免客人因携带太多的现金而发生不测，有利于保证旅游的安全。“通济隆”的这些经营手段和方式，被以后中国人办的旅行社所仿效。

为了推广中国旅游，“通济隆”还邀请中外记者免费到各地旅游，但规定记者在旅游结束后，必须向他们提供沿途拍摄的风景风俗照片及相关的说明文字，由他们根据需要制成小册子，到西方国家散发。“通济隆”通过在全国各地设立的分支机构组成了一个网络。在内战时期，不少来自西方或侨居上海的记者，就是在“通济隆”的安排下，得以通过层层的封锁进入内地或红色根据地进行考察和采访的。美国著名记者斯诺也是得到“通济隆”的帮助而进入延安，并撰写和出版了《红星照耀中国》(《西行漫记》)一书。

太平洋战争爆发后，“通济隆”撤离了中国，但它仍是世界享有盛誉的国际旅行社。(据《上海滩》薛理勇文)

2. 近代中国第一家旅行社

1923年8月，当时主持上海商业储蓄银行工作的陈光甫，在该行下设旅行部，为旅客代购车船票、预订旅馆、派遣导游、发行旅行支票等。1924年春，上海商业储蓄银行旅行部组织了首批国内旅行团，由上海赴杭州游览；随后，他们又成功地组织了秋季赴浙江海宁观潮旅行团。1925年春，他们第一次组织了20多人的赴日旅行团，以观赏樱花为主要内容。

1927年6月，上海商业储蓄银行正式将该旅行社独立出来，并更名为中国旅行社。其主要职责是：“导客以应办之事，助人以必须之便。如舟车舱之代订，旅舍铺位之预订，团体旅行之计划，调查研究之入手，以至轮船进出日期，火车来往时间，均在为旅客所急需者”。

陈光甫及其旅行社的成立，标志着中国近代旅游业的诞生。随后，中国各地先后出现了不少类似的旅游企业。1937年抗日战争爆发，这些旅行社基本都停止了业务，他们中的大多数都解散了。中国的旅行社业也随之中断。

三、新中国旅行社业的发展

(一)新中国第一家旅行社

新中国成立后建立的第一家旅行社是厦门华侨服务社(现名厦门中国旅行社)，于1949年11月19日成立。之后，我国政府出于对外接待工作的需要，决定成立两个旅行社系统：一是1954年成立的中国国际旅行社总社及其分支社，二是1957年由各地的华侨服务社组建而成的华侨旅行社（1974年改名为中国旅行社）总社及其分支社。前者负责接待外国自费旅游者，由国务院及地方政府的外事办公室领导，后者负责接待海外华侨、外籍华人、港澳及台湾同胞，属于政府的侨务系统。两者都是由总社负责从国外引进客源，分支社负责当地的接待工作。从体制上说，两者都是直属政府的行政或事业单位。

从那时到1979年，在20多年时间中，这两个旅行社系统垄断了我国的旅行社行业，其业务都有发展，但接待量不大，这是由当时我国政府对旅游业的方针政策所决定的。当时，办旅游主要是为了争取外国人和华侨来访，使他们更好地了解、同情和支持新中国，以扩大我国的对外影响，属于友好接待性质。那时，对旅行社的要求主要是取得接待工作的政治效果而不是经济效益；主要根据政治条件选择接待对象，而不是广为招徕；旅行社的体制是行政或事业单位而不是企业。

（二）改革开放后旅行社业初具规模

1978年12月召开的党的十一届三中全会，制定了改革开放的路线，为我国旅行社的大发展开辟了新的道路。为了配合对外开放政策的实行，党中央和国务院决定，要利用我国丰富的旅游资源大力发展旅游业和大量引进海外旅游者，这样做的目的既是为广交朋友和扩大我国的国际影响，也是为国家的经济发展争取外汇和创造效益。

1979年以后，国旅、中旅和在1980年成立的中国青年旅行社系统都得到很快发展，接待量增加了，分支社增多了，职工队伍扩大了，经验也丰富了，但在一段时间内旅行社的体制基本维持原样。首先，我国旅行社行业仍由国、中、青三家垄断经营，在三个系统内，三个总社基本上垄断了海外客源的外联权。其次，旅行社仍保持行政或事业单位体制，尽管旅游业已开始转入争取经济效益的产业轨道，旅行社的经营管理还停留在计划经济的"大锅饭"体制。

1984年，国务院作出了关于旅行社体制改革的两项决定：一是对旅行社进行转制，将其从行政事业单位改为企业单位；二是将外联权下放，允许更多的企业经营国际旅游业务，并授予他们业务所必须的签证通知权。这些措施对我国旅行社业的发展具有极其重要的意义。

【链接1-1】

外联业务原指我国旅行社对海外旅行商的业务联络工作，而与国内旅行社的业务联系则称为地联业务。随着旅游业的发展以及外联业务应用的范围扩大，国内旅游业也广泛使用这种说法。所以，外联业务就是指旅行社与旅游客户（包括旅游者、旅游中间商和其它旅行社）联络并直接销售旅行社产品的活动。具体包括旅行社与旅游客户进行业务联系、信息传递、洽谈、达成销售意向、签订旅游合同等。

（三）中国旅行社发展现状

进入到20世纪90年代后期，中国旅行社业进入了一个快速发展的轨道，总体增长较快。

1. 1997年3月，经国务院批准，国家旅游局、公安部联合发布了《中国公民自费出国旅游管理暂行办法》，并于同年7月正式实施。它的颁布实施，标志着我国正式开办中国公民自费出国旅游业务，也标志着中国出境旅游市场的形成，并形成了入境、出境和国内旅游三大业务板块。

2. 1999年1月，国家旅游局和外经贸部联合发布了《中外合资旅行社试点暂行办法》，该办法对申请设立中外合资旅行社的条件及审批程序进行了明确规定。这是为了进一步扩大旅游业的对外开放而制定的。

3. 随着中国加入世界贸易组织，为适应经济全球化的需要，2001 年 12 月 21 日国务院对旅行社管理条例进行了修订，颁布了新的《旅行社管理条例》，并于 2002 年 1 月 1 日实行。同时，为了进一步扩大对外开放，促进旅行社行业发展，2003 年 6 月 13 日，国家旅游局和商务部联合发布了《设立外商控股、外商独资旅行社暂行规定》，该规定对设立外商独资、控股旅行社的条件都做了具体规定。

4. 2009 年 5 月 1 日，《旅行社条例》开始实施。标志着我国旅行社行业进入了新的发展时期。

我国旅社发展的最新情况可以通过链接 1－2 来了解。

【链接 1－2】

2008 年度全国旅行社业务年检情况通报

旅监管发[2009]113 号

各省、自治区、直辖市旅游局(委)：

2008 年度全国旅行社业务年检工作已经完成，现将有关情况通报如下：

一、旅行社业务年检结果

截至 2008 年底统计，全国有国际旅行社 1970 家，国内旅行社 18721 家，总计 20691 家。其中：有 19626 家通过年检，占总数的 94.85%；有 692 家暂缓通过年检，分别受到限期改正、警告、通报批评、限期整顿、停业整顿等处分，占总数的 3.34%；有 373 家不予通过年检，占总数的 1.80%。

二、2008 年度旅行社基本情况

(一)行业规模

2008 年度全国 20691 家旅行社，新增加 971 家，同比增长 4.92%。其中，国际社增加 132 家，同比增长 7.18%；国内社增加 839 家，同比增长 4.69%。

2008 年底，全国旅行社总资产 521.86 亿元，同比增长了 0.94%。负债 299.97 亿元，同比增长 0.22%；所有者权益 221.89 亿元，同比增长了 1.93%。旅行社总资产按形态分，固定资产 93.06 亿元，占总量的 17.83%，同比增加 1.29%；流动资产 355.85 亿元，占总量的 68.19%，同比减少 0.48%；其他类型资产 72.95 亿元，占总量的 13.98%。

旅行社直接从业人员为 321655 人，其中，导游人员 103688 人、领队人员 26632 人、会计人员 33491 人、经理人员 83108 人、其他人员 74736 人。

(二)经营规模和效益

根据 20110 家旅行社(国际社 1970 家，国内社 18140 家)填报的有效数据统计，2008 年度全国旅行社营业收入 1662.88 亿元，同比增长 1.44%，毛利润总额 115.30 亿元，毛利率为 6.93%，净利润总额 8.53 亿元，净利率为 0.51%；旅游业务营业收入 1603.30 亿元，同比增长 1.12%，旅游业务毛利润为 102.87 亿元，旅游业务毛利率为 6.42%；实缴税金为 11.29 亿元，同比增长 2.89%；外汇结汇 11.84 亿美元，同比减少 9.60%；全年促销费支出 5.94 亿元，同比增长 3.31%。

(三)旅游业务指标

1. 入境旅游业务

2008 年度全国旅行社入境旅游业务营业收入为 224.87 亿元，同比减少 15.31%，占全国旅行社旅游业务营业收入总量的 14.03%；入境旅游业务毛利润为 17.85 亿元，同比减少 6.48%，占全国旅行社旅游业务毛利润总额的17.35%。

入境外联1324.69万人次，同比减少3.52%，其中外国人613.91万人次，同比减少10.74%；外联人天数为5806.21万，同比减少0.27%，其中外国人为2830.09万人天，同比减少11.39%；接待入境旅游者2032.88万人次，同比减少6.54%，其中外国人927.38万人次，同比减少19.73%；接待入境旅游者人天数为6407.63万，同比增长0.45%，其中接待外国人3133.77万人天，同比减少9.24%。

2. 国内旅游业务

2008年度全国国内旅游业务营业收入1018.97亿元，同比增长0.99%，占全国旅行社旅游业务营业收入总量的63.55%；国内旅游业务毛利润为65.44亿元，同比增长8.87%，占全国旅行社旅游业务毛利润总额的63.61%。

国内旅游组织8541.07万人次，同比增长1.38%，共25413.99万人天，同比减少3.70%；接待10449.62万人次，同比减少了1.71%，共22966.28万人天，同比减少3.27%。

3. 出境旅游业务

2008年度出境旅游业务营业收入359.47亿元，同比增长15.59%，占全国旅行社旅游业务营业收入总量的22.42%；出境旅游业务毛利润为19.58亿元，同比增长27.20%，占全国旅行社旅游业务毛利润总额的19.03%。

2008年度共组织出境游1090.91万人次，5046.41万人天，其中：出国游603.55万人次，同比增长20.17%，共3477.00万人天，同比增长18.56%；港澳游487.36万人次，同比增长0.46%，共1569.41万人天，同比增长8.71%。另外共组织边境游42.93万人次，同比减少6.29%。

三、旅行社总体结构

（一）旅行社区域分布

旅行社数量排在前十位的省（自治区、直辖市）依次为：山东（1797家）、江苏（1630家）、浙江（1397家）、辽宁（1116家）、河北（1097家）、广东（1054家）、河南（1029家）、上海（864家）、北京（848家）、湖北（815家），十省市旅行社总量占全国旅行社总量的56.29%。

（二）旅行社经营状况分布

经对各省（直辖市、自治区）旅行社经营的旅游业务营业收入、旅游业务毛利润、实缴税金、外汇结汇、入境外联人天、入境接待人天、国内组织人天、国内接待人天等八项指标进行综合排名，前十名地区为广东、北京、上海、浙江、山东、江苏、辽宁、云南、福建、湖南。

（三）旅行社类别结构

1. 国际旅行社

国际社数量占全国旅行社总量的9.52%，人员占全国总量的40.62%，资产占全国总量的67.62%，旅游业务营业收入占全国总量的66.89%，旅游业务毛利润占全国总量的65.19%，全年促销费占总量的71.24%，实缴税金占65.73%。

其中获得国家旅游局批准的出境游组团社在2008年正式开展出境游业务的共计904家，占全国旅行社总数的4.37%，占全国国际旅行社数量的45.89%；旅游业务营业收入921.70亿元，占全国旅行社旅游业务营业收入的57.49%，占全国国际旅行社旅游业务营业收入的85.95%；旅游业务毛利润56.94亿元，占全国旅行社旅游业务毛利润的55.35%，占全国国际旅行社旅游业务毛利润的84.91%；实缴税金6.22亿元，占全国旅行社实缴税金总量的55.14%，占全国国际旅行社实缴税金总量的83.88%；外汇结汇9.24亿美元，占全国旅行社创汇总量的78.00%;入境外联人天、入境接待人天分别占全国国际旅行社总量的87.33%和83.98%。

其中获得国家旅游局批准的外商投资旅行社在2008年正式开展旅游业务的共计30家,占国际社总数的1.52%:外商独资旅行社15家、外商控股合资旅行社8家、中方控股合资旅行社7家;北京15家,广东7家,上海5家,云南、天津、湖南各1家。外商投资旅行社旅游业务营业收入占国际旅行社总量的2.63%;旅游业务毛利润占4.21%;入境外联人天占3.66%,入境接待人天占1.51%;实缴税金占2.68%;外汇结汇占12.26%。

2. 国内旅行社

国内旅行社数量占全国旅行社总量的90.48%,从业人员占全国的59.38%,资产占全国总量的32.38%,旅游业务营业收入占全国总量的33.11%,旅游业务毛利润占全国总量的34.81%,国内旅游组织人次占全国总量的62.22%,国内旅游接待人次占全国总量的65.76%。

(四)旅行社所有制结构

全国旅行社中国有独资企业占9.21%,股份制企业占78.25%,其他类型企业占12.54%。国际旅行社中国有独资企业占20.59%,股份制企业占72.62%,其他类型企业占6.79%。国内旅行社中国有独资企业占7.98%,股份制企业占78.86%,其他类型企业占13.16%。

四、年检排序项目地区分布

全国共有22个省(自治区、直辖市)有双百强旅行社,拥有双百强旅行社数量前十名的省(自治区、直辖市)是:上海、广东、浙江、北京、江苏、山东、辽宁、安徽、福建、云南。

全国三大业务十强旅行社分布在北京、上海、广东、重庆四省(直辖市);全国十强旅行社也分布在上述四省(直辖市);全国利税双十强旅行社分布在北京、上海、广东、江苏、安徽、云南、四川、天津八省(直辖市)。

特此通报。

2009年7月3日

(资料来源:国家旅游局监督管理司2009年8月20日)

【思考】

阅读以上资料,讨论并回答下列问题:

1. 通过计算我国旅行社社均资产、社均营业收入、社均毛利、社均员工数等指标,说明目前我国旅行社规模和经营状况如何。

2. 对比国际社和国内社在企业规模、经营状况等方面的差异。

3. 从所有制、地理分布等角度分析我国旅行社的结构特点。

目前我国旅行社在发展过程中也存在着一些问题,主要表现如下:

第一,市场秩序混乱,价格竞争激烈。有些线路的报价甚至降到了成本以下,即所谓的零负团费,严重扭曲了市场秩序。

第二,企业低效益运行,缺少特色产品。一方面是由于旅行社产品专利性不强,另一方面则是由于产品开发深度还不够,一些新的旅游产品还没有得到深度开发,大多还停留在传统的观光层面。

第三,企业管理体制落后,不能及时调整产品结构以适应市场需求变化。较突出的表现就是散客旅游没有得到应有的重视。

第四,企业竞争加剧,人才流失严重。特别是加入世界贸易组织以后,国外旅行社的介入,使我国旅行社在品牌、营销网络、薪资待遇等方面受到一定的威胁。

第二节 旅行社的性质和职能

一、旅行社的性质

我国《旅行社条例》中明确指出：旅行社“是指从事招徕、组织、接待旅游者等活动，为旅游者提供相关旅游服务，开展国内旅游业务、入境旅游业务或者出境旅游业务的企业法人。”由此看出，旅行社具有下述三个基本性质：

（一）营利性

旅行社作为企业，具有企业的根本性质。企业的最终目的是追求利润最大化，旅行社是一个独立核算、自负盈亏的经营性组织，因而也担负着营利的重任。目前我国旅行社的盈利能力还不强，这从“链接1－2”可以看到。

（二）服务性

旅行社作为旅游业的构成部分，具有旅游企业的共同属性，即服务性，它通过借助一定的设施设备，向顾客提供旅游服务。它不仅仅具有经济属性，还具有社会属性，它通过追求经济效益和社会效益的双重目的，向旅游者提供一种由实物和服务所构成的旅游产品。

（三）中介性

旅行社本身的运作主要是依托各类旅游吸引物和旅游供给设施，并涉及旅游需求的全部内容来组织产品和创新产品，从而完成从资源到效益的转化，因此，它的实质是“中间商”，即作为旅游消费者和旅游服务供应商之间的纽带而出现。这一性质从本章开头的“案例导读：在线旅行社向酒店宣战”中可以看到。

二、旅行社的基本职能

不同国家和地区，由于经济发展水平和分工的不同，导致旅行社的业务范围有所不同。但是，大多数旅行社在基本业务内容上是相同的。在我国，旅行社的基本业务有如下几项：产品开发、产品销售（主要包括促销和销售两部分内容）、服务采购和旅游接待等（见图1－2），也有部分旅行社从事少量非传统旅游业务。

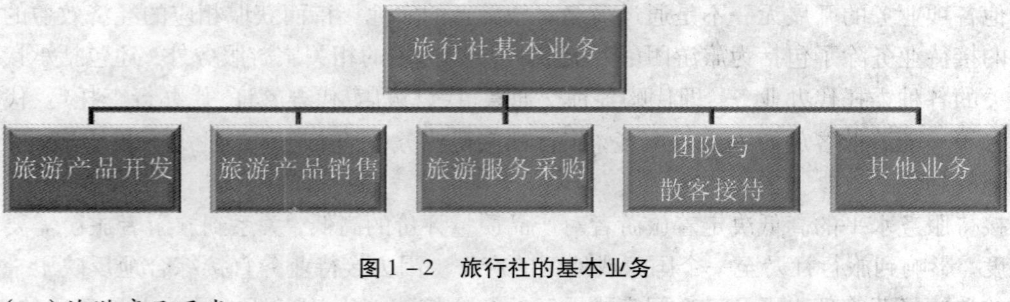

图1－2 旅行社的基本业务

（一）旅游产品开发

能否向顾客提供使之满意的产品是决定企业经营成败的关键，旅行社若要在竞争激烈的市场上立足并发展，就应该对它的产品及其质量予以足够的重视。从广义上说，凡是能向旅游者出售的任何服务和产品都可以称为旅游产品，它是由旅行社出售的能满足旅游者一次旅游活动所需的各项服务或服务组合。

旅游产品尤其是包价旅游，属于一种组合型产品，有行、游、住、食、购、娱等各项异质服务。旅游产品中的各项异质服务组合并非是数量上的简单叠加，它是有目的、经策划、按标准且受制于一定时间和空间的有序组合。在现实中多以旅行线路或旅游项目的形态出现，旅行社的经营活动主要是围绕旅游产品的组合和旅游线路（或项目）的设计而展开的。组合旅游产品、设计旅游线路是旅行社经营活动的起点，它直接影响着旅行社其他业务的顺利开展，尤其是关系到旅行社经济利益的获取。因此旅行社在组合产品、设计线路时。必须对市场进行充分的调查研究，分析旅游者的旅游动机，了解旅游者的需要，预测市场需求变化趋势及需求的数量。只有这样，才能有针对性地对各类异质旅游服务进行有效组合，设计出适销对路、质优价廉的产品，最大限度地满足旅游者的需求，提高旅游产品的效用。

（二）旅游产品销售

包括销售策略、销售渠道、销售价格和促销业务。

旅行社是旅游者与相关企业之间的中间商，旅行社要想顺利地实现产品销售，必须要重视产品的销售渠道，制定销售策略，开展促销活动，才能在市场上进一步拓展客源和业务。由于旅游产品的无形性，导致旅游产品无法以实物形态进入市场，所以促销必须要有针对性，围绕产品进行信息传递和沟通。通过促销，使旅游产品更加顺利地进入市场，提高游客对旅游产品的认知程度，在市场中赢得更大的主动。

（三）旅游服务采购

旅行社作为旅游服务的提供者，它的重要功能就是把旅游活动的各项要素组合起来，满足游客的需要。旅游服务采购就是旅行社向相关旅游企业购买各种旅游服务要素的一种活动，包括向交通、住宿、餐饮、游览部门、娱乐部门、保险公司等进行采购。另外，经营组团业务的旅行社还要向各地的接待社采购地接业务。同时，在旅游活动过程中，还要协调、处理可能发生的纠纷，在互惠互利的基础上进行合作。

（四）旅游接待业务

旅行社向旅游团（者）预售产品并安排好各项服务事宜之后，还要为其提供向导、讲解和旅途照料等相关的旅游接待服务。从实质来看，实地接待旅游团（者）的过程，是旅游团（者）消费旅游产品实现产品效用的过程，也是旅行社供给旅游服务、实现产品价值的过程。旅行社其他各项业务的开展无一不是通过最终对旅游者的实地接待而获取相应的经济效益的。旅行社的接待业务除了包括为旅游团（者）提供以导游为主的相关旅游服务外，还包括承接与旅游有关的各种委托代办业务，即代购各种交通票、代订饭店、代办签证、代办行李托运、代办接送服务等。随着散客旅游人数的增多，旅行社接待业务中的委托代办业务大量增加，并有继续增加的趋势。

接待服务水平的高低决定着旅游者对产品质量评价的高低，关系到旅游者旅游需要的满足程度，影响到旅行社乃至一个国家或地区的声誉。因为接待业务直接综合地反映了一个旅行社的总体经营管理水平及一个国家或地区的综合接待能力的高低。导游人员素质的高低，是决定接待服务质量高低的关键因素，旅行社应不遗余力地加强对导游人员的培养，以提高导游人员的素质。只有这样，才能将接待工作切实做好。

三、旅行社的主要类型

由于各国经济发展水平不同和旅行社行业发展水平以及分工的差异，旅行社分类标准存在着较大的差异。

（一）欧美国家旅行社分类

在欧美国家中，人们根据旅行社所经营的业务类型，即是经营批发业务还是经营零售业务，将旅行社划分为以下几种类型：

1. 旅游批发商（Tour Whole Seller）。低价批量预订交通、住宿、旅游设施和景点使用权，并将其组合成整套旅游产品（旅游线路、项目和日程）以包价批发形式出售给旅游经营商。根据法律规定，旅游批发商不与旅游者发生直接关系，既不出售也不从事接待业务。

2. 旅游经营商（Tour Operator）。通过自己的零售网点或代理商向公众销售旅游产品的经济组织。他们从旅游批发商中购买旅游产品后，负责组织团队和具体旅游接待服务。根据旅游产品中规定好的日程表，以提供陪同、导游员的服务形式为其经营的基本手段。

3. 旅游零售商（Tour Retailer）。是直接面对旅游者并向其推销旅游产品并招徕旅游者的旅行社。主要工作是负责旅游宣传、推销和旅行服务。旅行零售商的具体业务包括：

（1）为潜在旅游者提供有关旅游点、客运班次、旅游公司产品及旅游目的地情况的咨询等；

（2）代客预订（交通、食宿及游览和娱乐门票等）；

（3）发售旅行票据和证件；

（4）陈列并散发有关旅游企业的旅游宣传品；

（5）向有关旅游企业反映顾客意见。

以上只是对以欧美国家为代表的世界上多数国家中旅行社类型的基本划分。实际上，有不少旅行社既经营批发业务，也从事零售业务。

（二）我国的旅行社分类

1. 1996 年以前

我国将旅行社划分为三类，即一类旅行社、二类旅行社和三类旅行社。一类旅行社的经营范围是从事对外招徕和接待海外游客来大陆旅游，二类旅行社的经营范围是从事接待由一类旅行社和其他涉外部门组织来华的海外游客；三类旅行社只能经营国内旅游业务。

2. 1996 年以后

1996 年我国颁布的《旅行社管理条理》将我国的旅行社划分为两类，一类是国际旅行社，另一类是国内旅行社。国际旅行社的经营范围包括入境旅游业务、出境旅游业务和国内旅游业务。而国内旅行社的经营范围仅限于国内旅游业务。

3. 2009 年

2009 年 5 月 1 日起实施的《旅行社条例》取消了国际社、国内社的划分，规定所有旅行社都可经营国内旅游业务和入境旅游业务。旅行社取得经营许可满两年，且未因侵害旅游者合法权益受到行政机关罚款以上处罚的，可以申请经营出境旅游业务。

第三节 旅行社管理的概念、要素、方法

一、旅行社管理概念

（一）管理

一般认为，管理就是在特定的环境下，对组织所拥有的资源进行有效的计划、组织、领导和控制，以便达成既定的组织目标的过程。这一概念可以从以下几个方面加以理解：

1. 管理的职能就是建立可以运作的组织。

2. 管理过程是一系列相互关联、连续进行的活动所构成的。这些活动包括计划、组织、领导和控制。

3. 管理活动具有很强的目的性。计划、组织、领导、控制等管理的具体活动都是围绕组织的目标进行的，管理活动的目的就是实现组织的目标。

4. 管理活动要通过综合运用组织中的各种资源来实现组织的目标。管理的核心在于对现有资源的有效整合。

5. 管理活动是在一定的环境下进行的，任何组织都存在于一定的内外部环境之中，并受到环境的制约。管理活动的目的在于使组织与外部环境之间达成一种动态的平衡；同时，管理者应根据不同的环境采用不同的管理方法和管理手段，审时度势、灵活应变对管理活动的成功是至关重要的。

（二）旅行社管理

通过对管理的概念的了解，我们可以给旅行社管理下一个定义，那就是：旅行社的管理者，通过相关的组织活动，使旅行社经营达到预期的目标。它包括了管理手段、管理对象和管理目标这三个内容。

二、旅行社管理的要素

作为旅行社的管理者，必须要对旅行社管理的要素有所了解，才能管理好旅行社。具体包括以下几个方面：

（一）旅行社管理手段

1. 组织机构，通过建立一个完整、有效的组织机构，分工明确，实现各部门健康运转。

2. 奖惩制度，建立合理的奖励与惩罚机制，是调动员工积极性的一个行之有效的手段。旅行社为此要制定合理的奖惩制度，做到激励与惩罚相结合。

3. 用人机制，旅行社管理者要善于发现人才、培育人才，形成一个良好的用人机制。

4. 目标计划，管理的最终目标就是要实现既定的计划，旅行社管理者要制定企业目标，并按照目标来考核员工。

（二）旅行社管理对象

1. 人，这是管理中的基本要素，要以人为本，这个“人”就是企业的员工。管理者要善于用人、管人。

2. 财，主要是指资金，管理者要利用好企业的资金，使之发挥最大效益。

3. 物，旅行社是服务性企业，它的“物”主要是指各种办公设施、物品，要做到减少消耗、节约资源。

4. 信息，主要是指与旅行社日常经营相关的各种信息，如:关于游客的需求信息、产品的信息等等。

（三）旅行社管理目标

1. 获取经济利益，这是旅行社的最根本目标、

2. 满足游客需要，旅行社要通过旅游活动过程（游前、游中、游后），来提供优质服务，让游客满意。

3. 管理员工，旅行社管理者要通过各种措施和手段，引导员工，共同促进旅行社发展，产生目标一致。

三、旅行社管理的方法

作为一个企业来说，旅行社管理也要制定计划，根据计划去执行，并通过检查、反馈，来改进企业管理。这里主要从计划管理的角度来谈一谈旅行社管理。

（一）明确责任，落实计划

在计划制定以后，管理者要明确计划责任，加强分工管理和过程控制。

1. 过程控制

在企业计划制定完成以后，还要加强执行过程的控制，利用一些手段，如:现场查看、信息反馈等来掌握计划实施情况，并对计划执行过程中出现的问题及时加以解决（如导游带团过程中出现的一些问题）。

2. 目标控制

任何一个企业都有自己的目标，如投入一定的人力、物力、财力所要达到的目标。对旅行社来讲，要在计划制定以后，把计划目标进行分解，细化到各个部门，实施定额管理。这是保证实现总体目标的一个重要手段。

（二）建章立制

除了加强分工管理和过程控制以外，旅行社管理者还要依靠各项规章制度来保证计划的实施。如:考勤制度、奖惩制度、责任考核制度等。在计划的具体执行过程中，旅行社管理者要通过以上措施来保证各项制度的落实，同时还要注意调动员工的积极性，来推动各项制度的落实和计划的实现。

【链接 1－3】

某旅行社员工守则

1. 公司员工要遵纪守法和学习业务知识，严格执行国家的旅游方针和旅游法规，公正廉洁，坚持原则，抵制不正之风，不做有辱国格、人格之事，自觉维护公司利益和声誉，竭诚为公司服务。

2. 对工作认真负责，态度严谨，不懈怠不推诿。讲敬语、懂礼貌、有修养。规范礼貌用语，同事之间相互尊重，团结协作。待客谦和有礼，态度热诚，不卑不亢，尽力为客人排忧解难，让客人高兴而来、满意而归。

3. 忠于职守，办公时间不得在办公室内嬉笑谈天、打闹或高声喧哗，不得因私事会客长谈或占用办公电话闲聊私事，努力提高工作效率，不得在公司打麻将和扑克牌，不得在办公

桌上用食。非经公司批准不得在外兼职。

4. 工作服从领导安排，如有不同意见，允许保留，但仍应按领导指令执行(除非该指令违反有关法律或公司规章制度)。

5. 严守机密，对公司一切业务方针、帐册文件或客户资料等应保守机密。不经公司批准，不得以任何方式向外透露。

6. 清正廉洁，不得有贪污、受贿、私办公司、私自收受佣金、挪用公款或从事其他营私舞弊行为，严禁向客人索取小费、钱物等，不得滥用职权，盗用公司名义，在外从事有损公司名誉和利益的事。

7. 严格遵循“外事无小事，事事要请示”的原则，凡超越本人权限的事，应按规定请示批准后方能办理。

8. 爱护公务，不得损坏、浪费或挪为私用，凡损坏、丢失或挪为私用均要照价赔偿。

9. 不许酗酒、吸毒、参加非法帮会或从事其非法活动。

10. 举止庄重大方，谈吐彬彬有理，上班时穿戴应整洁。女员工不得浓妆艳抹；男员工不准留长发，应每天刮胡子。不得在上班时间或外事活动时穿拖鞋、短裤、背心、不准留长指甲，穿鞋应着袜，穿T恤衫应束腰，穿长袖衫不得卷袖子，穿长裤不得卷裤筒。穿西装必须打领带，扣第一颗纽扣。袜头不得露出裙脚、裤脚，袜子不得有破洞。不得在客人面前化妆、整装。佩带工作卡上班。

11. 本社所有财物必须登记注册，货物、办公用品的进出与发放必需做好登记与保管，申购办公用品，必须以书面形式报请办公室审批后经总经理签字交出纳购买。

12. 严格遵守各部门之岗位责任制，积极协作，保证完成各项工作任务。

(编者说明：选用此“员工守则”并不表示其内容本身完全正确，仅供借鉴、参考)

(三)监督计划实施

对计划的实施情况进行检查是管理者的一项重要职能。通过对计划执行情况的检查和监督，管理者可以计划的执行情况进行比较，进行相应的调整。具体可以通过以下几种形式：

1. 请示汇报

建立这样一种制度，即能够允许他们在一定范围内和程度上有随机处理的权力，同时在发生重大变故时要及时请示相关部门。

2. 现场抽查和监督

通过现场抽查和监督，可以直接、快速地了解接待服务质量和游客的评价，为改进旅行社服务质量提供有用的信息，也可以作为评价合作伙伴的依据。

3. 总结阶段的管理

主要是建立总结制度和处理游客的表扬和投诉。

第一，建立总结制度，旅行社管理者应该在接待工作完成以后对在接待过程中发生的问题及处理结果进行总结，必要时还应该写出书面报告。

第二，处理游客的表扬和投诉，对于优秀员工要予以表扬，树立榜样；对于投诉的处理，有利于改进服务工作。

本章小结

在本章内容当中，我们一起学习了旅行社的产生、发展与现状。对旅行社的概念、类型、性质、职能与基本业务进行了阐述，还分析了旅行社管理的概念、要素和方法。

这是你学习这门课程的第一章，掌握这些基础知识对以后的学习很重要。

实训练习

一、案例分析

1. 目的：了解典型旅行社的发展历程。

2. 训练方式：案例分析

3. 实训内容：阅读案例，就以下问题展开讨论。

(1)根据国旅总社产生和发展的历史，试分析一下从创立到如今，国旅的职能发生了怎样的转变？这种转变是如何实现的？

(2)假如你是一位国旅总社的导游，请向你的客人介绍一下你所工作的旅行社。

【案例正文】

国旅总社发展历史

中国国际旅行社总社（以下简称国旅总社，英文名称：China International Travel Service Head Office，缩写：CITS）成立于1954年，它的成立标志着中国国际旅游业的开始。它经历了初创、开拓、发展等历史阶段，是中国国际旅游业的缩影。伴随着中国经济的腾飞而向前发展，组织接待外国游客人数每年递增，毛泽东、刘少奇、周恩来、邓小平等党和国家领导人都曾接见过国旅总社组织来华的客人。

一、初创时期

1954年4月15日，在周恩来总理的亲自关怀下，中国国际旅行社总社在北京正式成立。同年，在上海、天津、广州、南宁、哈尔滨、南京、杭州、武汉、沈阳、大连、丹东、满洲里等12个城市成立了分支社。开始从事接待邀请客人、国际友人、互换和自费游客业务。它在成立之初，是隶属国务院的外事接待单位。在此之前，全国还没有专门管理旅游业的行政机构，国旅总社实际上代行了政府管理职能。

至1957年底，国旅在全国各主要大中城市设立19个分支社，国旅的接待业务网络初步形成。在这一时期主要以政治接待为主。

二、开拓时期

1958年1月，根据当时中国调整中央和地方的关系，以进一步发挥地方积极性，决定国旅各地分支社一律划归当地省（市）人民政府直接领导，国旅总社由原来垂直领导关系，变为业务指导关系。为了满足各国旅行者的要求，国旅在对外宾开放城市增设了分支机构，增加了旅游线路，扩大旅游者的游览范围，到1958年底发展到35个分支社。

1964年7月，中国旅行游览事业管理局（1978年3月更名为中国旅行游览事业管理总局、1982年3月为国家旅游局）成立，中国旅游业的管理体制进入了一个新的时期。这个时期实行的是政企合一的体制，国家旅游局和国旅总社是“两块牌子，一套人马”。对外招徕用国旅总社的牌子，对内管理行使国家旅游局的职能。这种局、社合一的体制，在当时使中国的旅游业有了较快的发展，至1966年，国旅发展到46个分支社。

三、发展时期

改革开放以前国旅总社的发展是中国国际旅游发展的缩影，1978 年以来中国的改革开放，旅游体制的改革，给国旅总社带来了新的发展机遇。1982 年国旅总社与国家旅游局开始按“政企分开”的原则，分署办公。1984 年，国家旅游局批准国旅总社为企业单位。从此，国旅总社从原来归口外事工作转为独立经营、自负盈亏的大型旅游企业。1989 年国家旅游局批准成立国旅集团，1992 年国务院正式批准成立国旅集团。1994 年国旅总社被国务院列为“百户现代企业制度试点企业”。1998 年底国旅总社与国家旅游局脱钩，进入中央直接管理的企业。2003 年成为国务院国资委管理的中央企业，2003 年底与中免总公司企业重组。

目前国旅总社与世界上一百多个国家和地区的一千多家旅行商社建立了业务合作关系，并在美国、日本、澳大利亚、法国、瑞典、丹麦、香港、澳门等国家和地区设立了多家子公司，在国内有 150 多家子公司、联号经营企业，形成了稳定的销售网络和完整的接待网络。国旅总社是中国 520 家国家重点企业之一，是中国旅行社业的龙头企业，也是中国非贸易创汇的主要企业，带动了一批旅游企业和相关行业的发展，为国家作出了贡献。

“国旅(CITS)”是国内外知名的中国驰名商标，已在世界 60 多个国家和地区注册。为参与国际竞争，国旅总社先后加入了 PATA(太平洋亚洲旅行协会)、IATA(国际航空运输协会)、ASTA(美国旅行代理商协会)、WTO(世界旅游组织)等国际组织，国旅总社在国内外知名度越来越高。

由于国旅总社的主营业绩在各个方面都领先于中国同行，从 1992 年全国旅行社排名开始，主要经济指标排在全国旅行社百强榜首，并自始蝉联“最佳企业奖”“旅行社最高创汇奖”“旅行社最高外联人数奖”等多种奖项，在国内外旅游业界已成为著名企业。

二、案例分析

1. 目的：了解我国旅行社的发展趋势。

2. 训练方式：课堂案例分析

3. 实训内容：阅读案例，就以下问题展开讨论。

(1) 我国目前的旅行社行业在旅游业中处于什么样的地位？你怎样看待它的产业地位和作用？

(2) 你认为旅行社行业在整个社会分工中应该扮演什么样的角色？

(3) 目前我国旅行社的主要业务有哪些？随着时代的发展，你认为旅行社是否需要调整经营范围？如果有必要，应该作出哪些方面的调整？这些调整会给社会经济发展和其他行业带来哪些影响？

【案例正文】

旅行社业务范围应与国际接轨

“花盆里的种子永远不可能长成参天大树。”广州地区旅行社协会执行会长、广之旅总裁郑烘认为，我国旅行社只有首先打破现有经营范围的局限，实现业务范围与国际接轨，才能与外国旅游经营商站在同一起跑线上，进行平等的竞争，才能有足够的空间做大做强。

郑烘建议，我国应参照国际模式，明确旅行社的产业地位和社会分工，进一步扩大和延伸旅行社的经营范围。我国可将旅行社明确定位为“旅行服务提供企业”，强调旅行社是“旅行服务”的提供者，而不仅仅是包价旅游的组织者或者是观光旅游服务的提供者。不论因私、观光旅游，还是公务、商务旅行，其出行所需的交通、酒店、餐饮的预订，以及接送、导游等服务都可以由旅行社提供。只有明确旅行社的产业地位和社会分工，将公商务旅行安排、会展奖励旅游服务、出国咨询等新业务，以及代办签证，代订机、车、船票，景点门票等单项服务明确纳入旅行社的经营范围，才能走出旅行社经营的误区，给民族旅行社品牌的培育创造一个更广阔的空间。会展服务工作是旅行社的当然强项，政府和大企业将公商务、会展服务分离出来，交由旅行社去做，通过政府服务采购支持民族旅行社业的发展。

（资料来源：中国旅游报2007年1月16日，作者：张俊）

三、社会调查

1. 目的：掌握目前我国旅行社的主要分类情况和各自的业务范围；能够对二者的主要产品和业务体系做对比分析。

2. 训练方式：调查访问，资料搜集与查询，对比分析，要求小组协作完成。

3. 实训内容：

（1）调查表格设计：根据实训题目要求，设计一份有关旅行社基本情况的访谈提纲，下面的表格供参考：

调查与访谈项目	内容
旅行社名称	
地理位置	
现有员工数量	
是否独立经营	
是否有分支机构	
主要部门设置	
主要业务模块	
主要产品体系	

（2）走访旅行社：走访学校所在地的两家旅行社（一家可经营出境业务国际旅行社、一家只经营国内业务的中小型旅行社）。完成下列工作：

①访谈门市接待人员或管理者，填写设计好的调查表格，尽量填写详细；

②收集两家旅行社门市所展示的近期主推产品的宣传品，如画册、彩页、报价单、光盘等，装入文件袋中。

将访谈与收集的资料进行归纳，分析两家企业在经营范围和基本业务方面有哪些异同，写出分析总结报告：（不少于500字）

第二章　旅行社的创立

技能目标：

能根据市场环境并按照有关规定履行旅行社设立的法律程序。

知识目标：

掌握旅行社业进入与扩张的形式；

熟悉旅行社选址的基本原则；

掌握旅行社设立的法律条件。

关键词：

旅行社设立条件、旅行社设立程序、旅行社选址。

任　务：

某企业集团是一家涵盖酒店、餐厅、娱乐、商场等多领域的综合性商业企业集团，为完善产业链，该企业集团计划进军旅行社，并且准备直接从事国际旅游特别是出境旅游业务，并进而组建旅游集团。假如你负责该项目，请问：

1. 你认为该集团可采取何种方法方能进入国际旅游业务领域？

2. 作为旅游企业集团成员的旅行社与单个旅行社相比，在市场竞争中有何优势？

案例导读：

L先生曾经在某国有旅行社就职八年，有丰富的从业经验。科班出身、经验丰富的他准备自己下海，创办一家旅行社自己当老板。他所在省份的旅行社数量已位居全国第一，但企业规模普遍较小，因此省旅游局已经开始提高审批门槛，经过大量艰苦工作，他终于拿到了旅行社业务经营许可证，在交纳了辛苦拼凑来的30万元的注册资金后，最终完成了注册手续。2009年初，旅行社正式开门营业了。曾在K旅行社多年任职国内部经理的L先生以及追随自己一起创业同事手中都握有数量可观的老客源，这为新旅行社取得开门红打下了良好的基础。

现在L先生的旅行社经营状况良好，L先生已经盘算着申请出境旅游业务领域了。

【思考】

1. 你对L先生的这次创业有何体会？

2. 你认为进入旅行社行业还有什么方式？

3. 根据最新颁布的《旅行社条例》，F先生的旅行社最快何时可以经营出境旅游业务？

第一节　旅行社创立的条件

一、进入与扩张形式

（一）进入形式

1. 设立新的旅行社

根据市场需求，按照《旅行社条例》及有关法规要求设立一家新的旅行社。具体程序后文有详细介绍，这是目前最常见的入行形式。我国大多数旅行社都属此类。

2. 并购现有的旅行社

目前我国旅行社超过两万家，在某些地方甚至出现了旅行社数量过剩的情况，因此某些地方旅游局对审批会从严掌握。这对急于进入旅行社行业的投资者来说是一个难题。这时，投资者也可以通过并购的形式取得旅行社的所有权，从而进入这一行业，这样既避免了审批难题，又可以直接获得未来开展业务所需的人力资源、管理经验和市场资源。如山东某企业集团通过收购山东某旅游公司得以进入旅行社业，并进而组建了包含酒店、餐厅、娱乐、旅行社在内的旅游集团。

课堂讨论：

对投资者来说，创立新的旅行社和通过并购进入旅行社业有何区别？

（二）扩张形式

1. 开设直营门市（服务网点）

门市均由总部全资或控股设立，总部门市经营部门负责管理，公司总部对各门市拥有全部所有权及经营权，对物流、信息流、资金流等方面实施统一的管理和监督，门市所有员工由总部统一招聘，经理由总部直接聘任委派，对所有门市实行统一目标管理及核算制度，统一考核经营业绩及管理水平，并据此核定各门市的内部分配。旅行社在区域内的扩张通常使用此种形式，图2－1是中旅在北京的门市分布情况。

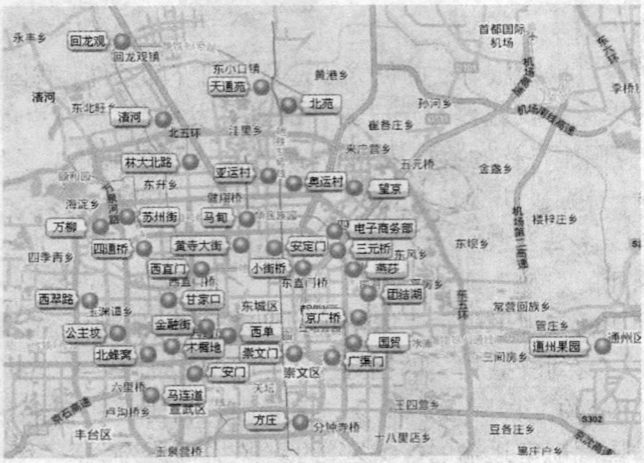

图2－1　中国旅行社北京门市分布

（资料来源：中国旅行社网站）

2. 开设分社

旅行社可以通过在异地设立分社的形式实现扩张，旅行社分社的设立不受地域限制。关于旅行社设立分社的情况后文会有详细介绍。

大型旅行社通常都有一定数量的分社以实现异地扩张，如至2009年上半年，中国国旅总社在海外设有14家分社，在全国拥有20多家控股子公司。

3. 加盟连锁

加盟的旅行社同品牌输出的旅行社(总部)达成协议，有偿使用总部的商标、商号、技术等资源。这是一种快速扩大规模的方式。一方面总部可以在不直接投资的情况下迅速复制，实现低风险、低成本扩张；另一方面加盟的旅行社也可在基本保证其独立经营的同时，分享总部品牌、服务、信息等方面的优势，降低自身经营风险。

【链接2－1】

特许连锁

直营和特许连锁这两种形式可以在一个企业中相互交叉存在。我国目前的市场竞争使得一些大型旅行社特别是大都市和沿海经济发达地区的一些大型旅行社，呈现出基于市场竞争基础上的规模化发展态势，但是，根据我国现阶段旅行社自身实力，大规模设立直营门市和分社仍然不大可能。利用零售代理商拓展销售范围应是合理的选择。所以，中国的旅行社业连锁经营最好是以大型旅行社为龙头先采取小范围直营连锁，等连锁经营体系发展到一定规模以后。在行业政策许可的前提下，引入特许连锁模式，凭借大旅行社品牌的感召力，充分吸收外部资金、资源，吸引众多的中小旅游零售商加盟，使连锁店向社会化分销方向发展，真正实现旅行社低成本、可控制的快速扩张。

以春秋旅行社为例，通过多种扩张方式的综合运用，至2009年上半年已经发展形成了一张"上海50余家直营门店、全国31家分社、3000余家代理商、3000余个电脑网络终端"的大网。代理商和电脑网络终端使春秋旅行社具备了发展特许经营的基础条件。

二、设立旅行社的宏观条件

(一)旅游业发展状况

蓬勃发展的旅游业可以为旅行社的创立创造良好的外部条件，我国改革开放以后特别是近几年旅行社数量的迅速增长就得益于旅游业的迅猛发展；相反就可能抑制旅行社的发展，比如:1989—1991年我国旅行社的数量从1617家减至1561家，减少了56家。其原因就是受当时政治风波的影响，旅游业出现负增长。

(二)国家有关政策和法律规定

1. 政府对旅行社业的宏观干预

政府对于旅行社业的宏观干预主要体现在相关的法律、法规方面。各国经营国际旅游的旅行社的行为还可能会受到一些相关的国际公约的制约，如1974年4月签订于布鲁塞尔的《关于旅行契约的国际公约》、国际饭店协会与国际旅行社协会联合会《关于饭店与旅行社合同的协议》、关于统一国际航空运输的《华沙公约》《芝加哥条约》等。

我国政府对旅行社业的宏观干预主要有：

(1)民法与商法

与旅行社业有关的民法与商法主要有《中华人民共和国公司法》《中华人民共和国合资企

业法》《消费者权益保护法》《反不正当竞争法》等。

(2)政令与条例

在《旅游法》和《旅行社法》缺位的情况下，中国对旅行社业实行行业管理的国家一级的法律法规依据来自于国务院的政令。如1996年10月25日签发的第205号国务院令《旅行社管理条例》、1999年5月14日签发的第263号国务院令《导游人员管理条例》、2009年2月20日国务院550号令《旅行社条例》等。

(3)旅游局长令与相关行政法规

以国家旅游局局长令形式发布的行政法规也是中国旅行社行业管理的法律依据之一，如1995年1月1日国家旅游局发布的第1、第2号局长令《旅行社质量保证金暂行规定》《旅行社质量保证金暂行规定实施细则》;1996年11月28日的第5号局长令《旅行社管理条例实施细则》;1997年3月26日的第7号局长令《旅行社质量保证金赔偿暂行办法》;2009年4月3日颁布,并于5月3日起施行的第30号国家旅游局令《旅行社条例实施细则》等。

(4)行业标准

根据国家技术监督局有关规定，综合类、旅游设施类、旅游服务类三大类行业旅游行业标准归口由国家旅游局管理。我国已颁布的与旅行社业管理直接有关的行业标准主要有:GB/T15731—1995《导游服务质量》、GB/T16766—1997《旅游服务基本术语》、LB/T004—1997《旅行社国内旅游服务质量》等。

三、设立旅行社的法律条件

根据2009年5月生效的《旅行社条例》，设立旅行社的条件包括：

(一)具有法定的注册资本金和旅行社质量保证金

1. 旅行社的注册资本，应不少于30万元人民币。

2. 申请设立旅行社，应当按照下列标准向旅游行政管理部门交纳质量保证金：

(1)经营国内旅游业务和入境旅游业务的旅行社，应当存入质量保证金20万元；

(2)经营出境旅游业务的旅行社，应当增存质量保证金120万元。

(二)有固定的营业场所和必要的营业设施

1. 场所条件

申请者应有拥有产权的营业用房，或者申请者租用的、租期不少于1年的营业用房。

2. 设施条件：

(1)2部以上的直线固定电话；

(2)传真机、复印机；

(3)具备与旅游行政管理部门及其他旅游经营者联网条件的计算机。

【链接2-2】

旅行社选址

选址，对旅行社的发展来说至关重要，选址差之毫厘，可能会导致业绩失之千里。旅行社的选址对于不同类型、不同规模的旅行社来说是不同的。旅行社应根据自身的条件和发展的战略，选择适合自身生存和发展的办公地址和空间。大致来说，在选址时应遵循下述几个基本的原则：

（一）市场性原则

目前我国旅行社主要经营以旅游线路和各类单项旅游服务为主体的旅游产品，在目前网络化经营尚未普及的状况下，尽可能地接近市场成为旅行社选址所要重点考虑的内容。这个市场包括了两方面的含义，一是旅游客源地市场，一是旅游目的地市场。

市场性原则还包含了旅行社的选址应当考虑市场的喜好与风格。例如写字楼的办公空间形象，应当与企业所要树立的形象相匹配，而这个形象首先基于对所在地居民的文化背景和消费取向的研究。

（二）便利性原则

旅行社的选址应当考虑到顾客前来企业进行咨询、业务办理等事项的便利程度，因此，应着重考虑下述几方面的因素：周边环境是否卫生、安全？交通是否方便？是否有多路公交线路到达？客人前来时会不会被绿地、高架桥等阻断？周边道路状况是否良好？停车是否安全便利？门头设计的视觉效果是否突出，以方便客人寻找？只有真正站在客人的角度上，才能做好旅行社的选址工作，否则只是一厢情愿，离市场越来越远。

（三）经济性原则

旅行社首先是经济实体，经济利益对于旅行社来说无论何时何地都是重要的。建设初期的固定费用，投入运行后的变动费用，产品出售以后的年收入，无疑都与选址有关。因此，旅行社在选址时，应考虑到租金、硬件设施、水电、物业管理、计算机网络使用等方面的因素，尽可能地减少不必要的开支，降低企业的运营成本。

（四）长远性原则

企业选址是一项带有战略性的经营管理活动，因此要有战略意识。旅行社在考虑选址时，应当考虑与未来企业的发展战略相结合，不能只顾眼前利益而无端增加未来发展的成本。基于此项原则，从宏观的角度应当适当考虑未来市场的迁移和发展以及本行业的发展趋势，微观的角度应考虑所选择的地址是否可以提供较长时间的使用期，写字楼的办公空间是否具有灵活性，未来有无可扩容的可能性等现实问题。

（五）关联性原则

旅行社的选址还应考虑到与其他企业之间和同类企业之间的关联性。当所选择的地址与其他企业相靠近时，应考虑到这些企业的声誉、品牌、门市状况等因素，以提升自身的形象。

至于旅行社与同类企业是否适宜接近，要根据旅行社自身以及当地旅游发展的情况而定，不能随意做出判断。一般而言，在旅游刚刚起步的城市，周边同类型的旅行社越少，自身的经营则越具有优势。而对于那些旅游相对发达的城市，规模化反而能带来效益。例如我国北京、上海都出现过“旅行社一条街”，虽后因城市规划而解体，但其集中分布产生的效益不可抹杀。云南的旅行社也有很多集中在火车站、汽车站等交通岗口，客人一下车便能迅速找到多家旅行社，进行价格、质量等方面的产品对比，为客人第一时间对比选择产品提供了很大的便利。

第二节　旅行社设立程序

一、新设旅行社的申办程序

申请设立旅行社的设立基本包含四个步骤，如图 2－2 所示。

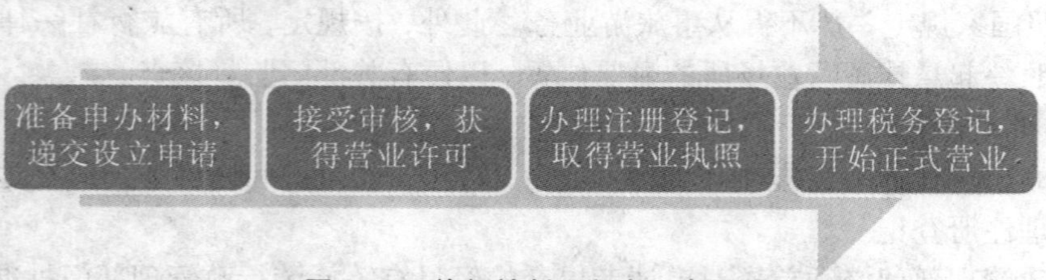

图 2－2　旅行社创立程序示意图

（一）准备申办材料，递交设立申请

申请设立旅行社，应当向省、自治区、直辖市旅游行政管理部门（简称省级旅游行政管理部门，下同）提交下列文件：

1. 设立申请书。内容包括申请设立的旅行社的中英文名称及英文缩写，设立地址，企业形式、出资人、出资额和出资方式，申请人、受理申请部门的全称和申请书名称以及申请的时间；
2. 法定代表人履历表及身份证明；
3. 企业章程；
4. 依法设立的验资机构出具的验资证明；
5. 经营场所的证明；
6. 营业设施、设备的证明或者说明；
7. 工商行政管理部门出具的《企业名称预先核准通知书》。

省级旅游行政管理部门可以委托设区的市（含州、盟，下同）级旅游行政管理部门，受理当事人的申请并作出许可或者不予许可的决定。

（二）申请营业许可

1. 接受审核

申请设立旅行社，经营国内旅游业务和入境旅游业务的，应当向所在地省、自治区、直辖市旅游行政管理部门或者受其委托的设区的市级旅游行政管理部门提出申请，并提交相关证明文件。

受理申请的旅游行政管理部门可以对申请人的经营场所、营业设施、设备进行现场检查，或者委托下级旅游行政管理部门检查，并在受理申请之日起 20 个工作日内作出许可或者不予许可的决定。

2. 获得经营许可

予以许可的，向申请人颁发旅行社业务经营许可证，申请人持旅行社业务经营许可证向工商行政管理部门办理设立登记；不予许可的，书面通知申请人并说明理由。

旅行社取得经营许可满两年，且未因侵害旅游者合法权益受到行政机关罚款以上处罚的，可以申请经营出境旅游业务。

申请经营出境旅游业务的，应当向国务院旅游行政主管部门或者其委托的省、自治区、直辖市旅游行政管理部门提出申请，受理申请的旅游行政管理部门应当自受理申请之日起20个工作日内作出许可或者不予许可的决定。予以许可的，向申请人换发旅行社业务经营许可证，旅行社应当持换发的旅行社业务经营许可证到工商行政管理部门办理变更登记；不予许可的，书面通知申请人并说明理由。

旅行社业务经营许可证是旅行社经营旅游业务的资格证明，它明确规定了各类旅行社的经营范围，许可证的获取，表明设立申请者已经具备了经营旅游业务的条件。未取得许可证的单位，按照国家规定一律不得从事旅游业务。此外，按规定，所有旅行社一律都应将许可证与营业执照一起悬挂于营业场所的显要位置，以便有关部门监督核查。

（三）办理注册登记

申请设立旅行社的单位应在收到许可证后，持正式的批件和许可证到所在地的工商行政管理部门办理注册登记。

工商行政管理部门必须首先对申请者提交的经过有关旅游行政管理部门批准的设立申请予以核准，而后才允许其办理注册登记，领取营业执照。凡符合国家有关旅行社登记规定的，应在受理申请之日起30个工作日内准予注册。

旅行社登记注册的主要事项有：企业法人名称、住所、经营场所、法定代表人、经济性质、经营范围、经营方式、注册资金、从业人数、营业期限、分支机构等。

申请单位经批准注册，领取营业执照后，即可合法开展旅游业务经营活动。具备法人条件的旅行社可取得法人资格，不具备法人条件的则可取得营业资格。未经有审批权的旅游行政管理部门批准，工商行政管理部门则不予核准登记，旅行社便不能成立。只有经批准并核准登记的旅行社，才可宣告成立。

另外需要说明的是，旅行社营业执照的签发之日就是旅行社的成立之日。换言之，营业执照的签发就是旅行社成立的标志。按有关规定，旅行社应当将营业执照与经营许可证一起悬挂在营业场所的显要位置。

（四）办理税务登记

按照我国有关规定，旅行社在领取营业执照的30个工作日内，应向当地税务部门办理开业税务登记，并在办妥银行帐号后申请税务执照。办理时应向当地税务部门领取统一的税务登记表，如实填写表中各项内容。经税务机关审核同意后，旅行社可获取税务登记证。税务登记完毕后，旅行社方可申领发票，开始正式营业。

二、旅行社设立分支机构的规定和程序

旅行社根据业务经营和发展的需要，可以设立非法人分社（以下简称分社）和服务网点等分支机构。

（一）分社的设立

1. 分社

旅行社的分社是指旅行社设立的不具备独立法人资格、以设立社名义开展旅游业务经营活动的分支机构。旅行社的分社的经营范围不得超出其设立社的经营范围。

2. 设立

旅行社设立分社的，应当持旅行社业务经营许可证副本向分社所在地的工商行政管理部

门办理设立登记，并自设立登记之日起 3 个工作日内向分社所在地的旅游行政管理部门备案。受理备案的旅游行政管理部门应当向旅行社颁发《旅行社分社备案登记证明》。

旅行社分社的设立不受地域限制。分社的经营范围不得超出设立分社的旅行社的经营范围。

旅行社每设立一个经营国内旅游业务和入境旅游业务的分社，应当向其质量保证金账户增存 5 万元；每设立一个经营出境旅游业务的分社，应当向其质量保证金账户增存 30 万元。

旅行社的分社应当接受所在地的旅游行政管理部门的行业管理。

（二）旅行社服务网点（门市）的设立

1. 旅行社服务网点

是指旅行社设立的，为旅行社招徕旅游者，并以旅行社的名义与旅游者签订旅游合同的门市部等机构。服务网点应当在设立社的经营范围内，招徕旅游者、提供旅游咨询服务，并接受旅行社的统一管理，不得从事招徕、咨询以外的活动。

服务网点的名称、标牌应当包括设立社名称和服务网点所在地地名等，不得含有使消费者误解为是旅行社或者分社的内容，也不得作易使消费者误解的简称。

2. 网点设立

设立社向服务网点所在地工商行政管理部门办理服务网点设立登记后，应当在 3 个工作日内，持下列文件向服务网点所在地与工商登记同级的旅游行政管理部门备案：

（1）设立社的旅行社业务经营许可证副本和企业法人营业执照副本；

（2）服务网点的《营业执照》；

（3）服务网点经理的履历表和身份证明。

没有同级的旅游行政管理部门的，向上一级旅游行政管理部门备案。

服务网点备案后，受理备案的旅游行政管理部门应当向旅行社颁发《旅行社服务网点备案登记证明》。

动手实践：

假如要成立一家旅行社门市，请进行调查并根据所学知识，设计一份布局合理、富有新意的旅行社门市布局图。

三、出境业务的申办

（一）基本条件

旅行社取得经营许可满两年，且未因侵害旅游者合法权益受到行政机关罚款以上处罚的，就可以申请经营出境旅游业务。

（二）申办程序

1. 提交证明

旅行社申请出境旅游业务的，应当向国务院旅游行政主管部门提交原许可的旅游行政管理部门出具的，证明其经营旅行社业务满两年，且连续两年未因侵害旅游者合法权益受到行政机关罚款以上处罚的文件。

2. 获得许可

申请经营出境旅游业务的，应当向国务院旅游行政主管部门或者受其委托的省、自治区、直辖市旅游行政管理部门提出申请，受理申请的旅游行政管理部门应当自受理申请之日起 20 个工作日内作出许可或者不予许可的决定。

3. 换发许可证

予以许可的，向申请人换发旅行社业务经营许可证，旅行社应当持换发的旅行社业务经营许可证到工商行政管理部门办理变更登记；不予许可的，书面通知申请人并说明理由。

旅行社取得出境旅游经营业务许可的，由国务院旅游行政主管部门换发旅行社业务经营许可证。旅行社持旅行社业务经营许可证向工商行政管理部门办理经营范围变更登记。

国务院旅游行政主管部门可以委托省级旅游行政管理部门受理旅行社经营出境旅游业务的申请，并作出许可或者不予许可的决定。

（三）边境业务和赴台旅游业务

旅行社申请经营边境旅游业务的，适用《边境旅游暂行管理办法》的规定。旅行社申请经营赴台湾地区旅游业务的，适用《大陆居民赴台湾地区旅游管理办法》的规定。

四、外商投资旅行社的设立

（一）外商投资旅行社，包括中外合资经营旅行社、中外合作经营旅行社和外资旅行社。

（二）设立程序

1. 投资者申请

设立外商投资旅行社，由投资者向国务院旅游行政主管部门提出申请，并提交相关证明文件。

2. 国务院旅游行政主管部门审查

国务院旅游行政主管部门应当自受理申请之日起30个工作日内审查完毕。同意设立的，出具外商投资旅行社业务许可审定意见书；不同意设立的，书面通知申请人并说明理由。

3. 国务院商务主管部门审批

申请人持外商投资旅行社业务许可审定意见书、章程，合资、合作双方签订的合同向国务院商务主管部门提出设立外商投资企业的申请。国务院商务主管部门应当依照有关法律、法规的规定，作出批准或者不予批准的决定。予以批准的，颁发外商投资企业批准证书，并通知申请人向国务院旅游行政主管部门领取旅行社业务经营许可证。

4. 申请人工商登记

申请人持旅行社业务经营许可证和外商投资企业批准证书向工商行政管理部门办理设立登记；不予批准的，书面通知申请人并说明理由。

外商投资旅行社不得经营中国内地居民出国旅游业务以及赴香港特别行政区、澳门特别行政区和台湾地区旅游的业务，但是国务院决定或者我国签署的自由贸易协定和内地与香港、澳门关于建立更紧密经贸关系的安排另有规定的除外。

本章小结

本章阐述了旅行社选址的原则，主要包括市场性、便利性、经济性、长远性、关联性原则。论述了旅行社设立的法律条件，主要有：具有法定的注册资本金和旅行社质量保证金；具有符合任职资格的经营管理人员；有固定的营业场所和必要的营业设施。阐述了旅行社设立的法律程序，主要包括申请营业许可、办理注册登记以及办理税务登记。此外，论述了旅行社设立分社以及我国关于外商投资设立旅行社的有关规定。

假如将来你要创业，去创立一家旅行社，通过本章学习你是否已经明确了创立的条件和程序？

实训练习

一、社会调查

1. 目的：旅行社设立对外部环境的要求，能够分析外部环境条件对旅行社设立的影响。

2. 训练方式：社会调查，资料分析

3. 实训内容：

(1)调查表设计：根据SWOT理论，设计一份调查表格，主要考察项目为你的家乡或者学校所在地旅行社生存的外部环境，要求所设计的项目能够涉及到旅行社生存所面临的当地经济发展、旅游法规政策、旅行社行业的人才供需、当地旅游市场供需、周边城市的旅游供需等方面的状况。

附：参考样表

旅行社生存的外部环境调查

调查项目	
本地区经济发展水平	
当地旅游发展政策	
旅行社行业的人才状况	
当地旅游供给市场	
当地旅游需求市场	
当地旅行社的竞争状况	

(2)社会调查：根据所设计表格的项目，进行当地资料的收集和整理工作，完成表格填写。

(3)资料分析：根据所收集整理的材料，运用SWOT理论，试分析：在当地条件下，是否适合建立一家新的旅行社？完成下述报告：

经过调查与分析，根据SWOT理论，现将____________市(区)旅行社设立的外部环境条件报告撰写如下：

优势(Strength)：

____

劣势(Weakness)：

____

机会(Opportunity)：

____

威胁(Threat):

总结:

二、模拟实训

1. 目的:掌握旅行社创立基本文件的准备。

2. 训练方式:资料搜集与整理,模拟练习。

3. 实训内容:

申请设立旅行社,应当向省、自治区、直辖市旅游行政管理部门(简称省级旅游行政管理部门,下同)或受其授权的市级旅游行政管理部门提交下列文件:

(1)设立申请书。内容包括申请设立的旅行社的中英文名称及英文缩写,设立地址,企业形式、出资人、出资额和出资方式,申请人、受理申请部门的全称、申请书名称和申请的时间;

(2)法定代表人履历表及身份证明;

(3)企业章程;

(4)依法设立的验资机构出具的验资证明;

(5)经营场所的证明;

(6)营业设施、设备的证明或者说明;

(7)工商行政管理部门出具的《企业名称预先核准通知书》。

(8)各地旅游行政管理部门要求的其他文件,比如:《设立旅行社可行性研究报告》。内容包括:设立旅行社的市场条件;设立旅行社的资金条件;设立旅行社的人员条件和受理申请的旅游行政管理部门认为需要补充说明的其他内容。

以上资料准备齐全后,各地旅游局一般还要求填写《申报旅行社技术报告书》,连同上述材料一同提交。

请根据本章所学内容,在进行充分准备后完成设立旅行社所需《企业章程》和《设立旅行社可行性研究报告》两项。(注:这些文件的参考格式可以从各地旅游局网站获得)

第三章　旅行社战略管理

➲技能目标：

能根据经营环境分析并提出旅行社经营战略。

➲知识目标：

掌握旅行社经营战略、战略管理、企业使命、战略目标等的内涵；

理解旅行社经营战略的特征；

理解影响旅行社经营战略的环境因素和旅行社应有的经营观念；

熟悉旅行社战略管理的基本过程；

掌握旅行社一般竞争战略和新业务发展战略。

关键词：

旅行社经营战略、战略管理、总成本领先战略、差异化战略、专一化战略、密集型发展战略，旅行社一体化发展战略、多角化战略

任　务：

某旅行社有悠久的历史，但近些年的发展遭遇不少难题，企业投资高科技、电力、房地产等领域的盈利远远超过主业，为扭转这一局面，他们投资组建了在线旅游网站，却很难与携程之类在线旅游公司抗衡；投巨资控股了若干地方旅行社、开设分社，在本市建立了直营店，却出现了外地分支社各自为战、直营门市成本过高等问题。请讨论并回答：

1. 该社主业盈利能力偏低，次业“功高盖主(业)”的情况，在不少知名旅行社存在，应如何解读这类现象？

2. 你认为“国、中、青”这一类传统旅行社要实现快速可持续发展，使旅行社业务这一主业真正成为企业支柱，应作怎样的调整、制定怎样的发展战略？

案例导读：

国旅集团牵手华侨城整体上市

2008年2月22日，同以旅游为主业的大型央企——华侨城集团和国旅集团(中国国旅集团有限公司的简称)走向强强联合。在北京签订“关于建立战略合作关系的框架协议”。双方将通过多层次多领域的合作，整合资源、优化产品、提升服务。尤其在资本合作方面，双方更会联合推动互相持股。

华侨城集团副总裁刘平春表示华侨城集团将作为国旅集团整体上市的发起人之一。

国旅集团副总裁陈荣证实：国旅集团的整体上市计划已经获得国务院的批准，该集团即将成立股份公司。这最后一个旅游业央企的上市获得了证监会的“特赦”：豁免三年盈利要求，不出意外的话，国旅集团将在半年内亮相A股市场，这意味他们将撇开国旅联合这个旧壳自行上市。在上市方案中，国旅集团有减持国旅联合股票的承诺，并逐步退出国旅联合的投资。目前，国旅集团是国旅联合的第一大股东。

自行上市

国旅集团负责运作上市工作的副总裁陈荣证实，国旅集团的整体上市计划于2月初获得国务院的批准，该集团即将改制成立股份公司，并在A股市场公开发行股票。

1月29日，国旅联合对外公告了关于股东变更的消息，国旅集团承接国旅总社成为国旅联合的第一大股东，为其整体上市扫清障碍。按照国旅集团的安排，中国国际旅行社总社（下称国旅总社）和中国免税品有限责任公司（下称中免公司）将集结国旅集团内的优质资产先行上市。

最初国旅总社拥有海外公司14家，国内各省、区、市拥有子公司和联号经营企业150家，而中免公司旗下也拥有4家全资子公司、47家控股子公司、11家参股公司。经过三年有余的整合剥离，目前国旅总社名下只剩下31家旅行社企业，其中境外企业7家，境内全资、控股企业19家，参股企业5家；中免公司则拥有5家分公司和73家子公司。率先装进上市公司的，将主要是这些资产。

放弃国旅联合

陈荣表示国旅集团的整体上市将自行申请新股代码。国旅集团绝不会长期保有国旅联合的股票，抛售只是时间问题。对此，国旅联合董秘阎先生接受记者采访时表示，即使国旅集团退出对国旅联合经营也并无太大影响。据其介绍，国旅集团与国旅联合已基本没有业务往来，上市前国旅总社投入的两项业务目前仅剩海南一个度假村的资产，天马旅游运输有限公司则已于2001年回购。“我们做的是温泉休闲，与他们业务不同”，阎晨光称，并不担心国旅集团上市会形成同业竞争。

国旅联合成立于1998年12月28日，由中国国际旅行社总社、南京市旅游总公司、浙江富春江旅游股份有限公司、杭州之江发展总公司和上海大世界（集团）公司作为发起人，共同发起设立，2000年9月22日在上海证券交易所发行股票并上市交易，现总股本为43200万股。其主营业务为休闲地产开发、彩票设备及相关服务、高速船客运服务。

牵手华侨城

这边国旅联合被弃，那边国旅集团却牵起了华侨城的手。两家集团的负责人当天解读牵手原因时表示，华侨城在旅游景区开发运营、酒店经营管理、旅游演出等方面具有明显的竞争力，而国旅集团拥有旅游客源市场、旅游网络、旅游商品销售和开发方面的优势。“两家处于旅游产业链的不同环节，双方合作的空间无可限量。”华侨城集团总裁任克雷评价。

据悉，业务合作主要是：

共享市场：国旅集团共享华侨城集团的景区资源，华侨城集团共享国旅集团的客源市场；

品牌合作：双方通过联合推出大型营销活动以及在各自的产品和销售网络上宣传双方品牌；

管理和人才合作：主要是双方在景区和旅行社管理人才上的交流、培训和互相输出；

行业标准制定的合作：主要是双方与政府有关部门合作，共同开展中国旅游市场与新旅游产品的研究、发布行业权威报告，合作创办中国旅游、休闲类期刊杂志或网站，共同研究制定、发布相关中国旅游行业标准等。

资本合作：主要是华侨城集团将作为国旅集团整体上市的发起人之一，国旅集团适时入股华侨城旗下的上市公司，双方在共同有兴趣的投资领域合作投资。

“这也是我们在市场化配置资源的又一次尝试”国资委副主任黄淑和当天在庆贺两家签署合作协议时作此表示。对此，刘平春通俗地解读为国资委在尝试让企业“自由恋爱”，而不再像以前那样通过划拨手段来进行央企的行业整合。陈荣则满意的表示，双方的合作是在尝试“客源+资源+资本”模式的可行性。

华侨城与国旅的牵手尽管出乎人们的意料，但记者从国旅方面了解到，事实上在港中旅与中旅合并之后，承受巨大压力的国旅除了与美国运通达成合作协议外，一直寻求战略合作伙伴。陈荣对此解释道，中国旅游业尤其是旅行社业必须要进一步开放，由于目前中国旅行社市场集中度比较低，竞争也非常激烈，产品同质化倾向比较严重，总体利润率不太高，需要引入国际大公司，借助这些现代科技力量整合国内的旅行社业。

背景：

1. 港中旅2005年6月合并招商国旅，2007年6月合并中旅集团。

2. 双方结构见下表：

国旅集团	旅行社	中国国际旅行社总社下属：全资企业22家（含境外企业6家）、控股企业18家（含境外企业2家）、参股企业23家
	免税集团	中国免税品（集团）总公司：全资企业6家（含境外企业1家）、控股企业56家、参股企业7家
	地产物业	中国国旅地产与物业管理公司（正在组建）

华侨城集团	房地产	深圳市招商华侨城投资有限公司、上海天祥华侨城投资公司、成都天府华侨城物业管理有限公司等
	酒店集团	深圳市华侨城国际酒店管理有限公司、深圳威尼斯酒店、深圳市华侨城城市客栈有限公司等
	旅游	深圳特区华侨城中国旅行社、深圳华侨城国际传媒有限公司、深圳华侨城欢乐谷旅游公司、深圳世界之窗有限公司、深圳锦绣中华发展有限公司、深圳市华侨城旅游策划有限公司等
	家电	康佳集团

（资料来源：2008年2月23日《北京现代商报》2003年11月21日，有改编）

【思考】

1. 双方合作的主要内容有哪些方面？

2. 从企业战略层面分析，国旅为何抛开国旅联合转而与华侨城合作并谋求上市？

第一节 旅行社经营环境

战略管理是指企业在竞争激烈的市场环境中，为谋求企业长期生存和发展而对企业的重大问题做出的长期性、全局性的谋划，是对企业战略制定、实施、评价和控制活动所进行的全面和复杂的管理过程。旅行社不但要创造和满足旅游者的需求，还要根据市场环境与客源的变化，制定经营战略、实施战略管理。可见，战略管理是旅行社经营管理的重要内容。

【链接3-1】

旅行社发展战略中的三个“三”

旅行社发展战略中主要解决三个“三”，即：

三个问题：做什么、如何做、由谁做，换言之，战略管理就是解决旅行社经营中所遇到的最根本的“方向正确、运作高效、主体投入”的问题。

三个假设：外部环境、内部实力、使命目标。

三条出路：市场定位、产品特色、优势组合。

（资料来源：张道顺《现代旅行社管理手册》旅游教育出版社，2006年3月）

一、旅行社战略管理内涵

（一）旅行社经营战略与战略管理

1. 旅行社经营战略

旅行社经营战略是指旅行社为适应未来环境的变化、寻求长期生存和稳定发展而制定的总体性和长远性的谋划与方略。

2. 战略管理

战略管理是指对战略目标形成、战略对策的制定和战略方案实施的整个过程，进行计划、组织、指挥、协调和控制的活动。

（二）企业使命

企业使命是企业的根本性质和存在理由，企业使命使企业明确自己在社会经济活动中所扮演的角色、所履行的职责。使命不清、方向不明，企业就无从正确确立自己的战略目标、做出决策。企业使命通常包括企业哲学、企业宗旨和企业形象等内容。

企业哲学是旅行社为其经营活动方式所确立的价值观、态度、信念和行为准则，是企业在社会活动及经营过程中起何种作用和如何起作用的一种反映。企业哲学的主要内容通常由处理企业经营活动中的指导思想、基本观点和行为准则构成。如济南国信旅行社把“传播优秀文化、奉献旅途温情”作为企业使命的一部分。

企业宗旨是指旅行社现在或将来从事什么样的事业活动，以及应成为什么性质的企业或组织类型。如广之旅则长期坚守“促进世界文化交融”，把“打造广州国际旅游形象”作为自己的企业使命

企业形象则是旅行社以其产品和服务所承担的社会责任给社会公众和企业员工留下的印象。好的企业形象意味着企业拥有了长期信誉，是吸引顾客的重要因素。

案例3-1

中国国旅的企业使命

专业创造价值：在客户眼里，国旅50年积累的经验和专业服务增加了旅游的价值。

工作提升生活：在国旅员工眼里，工作在国旅，不但提升自身生活品质，而且以“国旅人”而自豪。

经营保证回报：在股东眼里，能够获得稳定而有竞争力的回报。

核心理念：发展是企业第一要务。

人文理念：企业靠人，人企合一。

发展理念：高起点，高水平，高效益，可持续发展。

质量理念:质量是品牌,质量是生命,质量是效益。

营销理念:诚信为本,客户至上,真诚伙伴,互利共赢。

人才理念:发展的企业为人才的发展提供广阔的平台;

发展的人才为企业的发展创造无限的空间;

只有人的全面发展,才会有企业的更快发展。

从业理念:忠诚企业,敬业爱岗,快乐工作,提升生活。

(资料来源:中国国际旅行社网站)

【思考】

按照企业使命的内涵分析,你对昆明中国国旅的企业使命有何评价?

(三)战略目标

从广义上看,企业战略目标是旅行社战略构成的基本内容,是旅行社在实现其使命过程中所追求的长期结果,是在一些最重要的领域对企业使命的进一步具体化。它反映了企业在一定时期内经营活动的方向和所要达到的水平,既可以是定性的,也可以是定量的,比如竞争地位、业绩水平、发展速度等等。与企业使命不同的是,战略目标要有具体的数量特征和时间界限,一般为3—5年或更长。

从狭义上看,企业战略目标不包含在企业战略构成之中,它既是企业战略选择的出发点和依据,又是企业战略实施要达到的结果。而战略则是为达到其战略目标而采取的行为。

案例3-2

中国国旅发展战略

中国国旅的发展目标:中国旅游产业领域中拥有旗舰地位的企业集团

企业的愿景目标:

中央企业群体中最具市场竞争力的旅行社集团;

中国最强的跨国旅游运营商;

全球最为著名的旅游业品牌之一。

发展路径:

运用收购、合资、特许经营等手段,吸纳国旅系列的旅行社企业,形成绝对规模优势。利用央企旅游产业重组的历史机遇,扩充集团泛旅游类资源,涉足新的产业领域,形成相关多元化发展格局。根据旅游市场需求的变化,运用上市等资本市场路径调整集团发展重心。

国旅总社的企业改革与发展将实现:

体制创新,建立现代企业制度;

机制创新,以计算机网络技术整合传统经营方式;

管理创新,以财务管理为中心,加强成本核算,加强资金管理,提高经济效益;

发展创新,以旅游业为主,走旅、工、贸相结合的道路,以产品经营为主,走产品经营与资本运营相结合的道路;

服务创新,以客户为中心,开发新产品,以新产品为龙头,开拓新市场,不断提高服务质量。

未来五年,国旅仍然以旅行社为主营业务,不断向产业上下游延伸,向上控制客源,向下渗透资源,同时,扩展传统旅行社的服务内涵,成为国际上有影响力的中国第一旅游运营商。(资料来源:中国国际旅行社网站)

【思考】

小组讨论,说说你是如何理解中国国旅的发展战略的,有何启示?

二、旅游企业战略特征

企业战略是设立远景目标并对实现目标的轨迹进行的总体性、指导性谋划，属宏观管理范畴，主要具有指导性、全局性、长远性、竞争性、系统性、风险性六大特征。

（一）指导性

企业战略界定了企业的经营方向、远景目标，明确了企业的经营方针和行动指南，并筹划了实现目标的发展轨迹及指导性的措施、对策，在企业经营管理活动中起着导向的作用。

（二）全局性

企业战略立足于未来，通过对国际或国家的政治、经济、文化及行业等经营环境的深入分析，结合自身资源，站在系统管理高度，对企业的远景发展轨迹进行了全面的规划。

（三）长远性

“今天的努力是为明天的收获”、“人无远虑、必有近忧”。兼顾短期利益，企业战略着眼于长期生存和长远发展的思考，确立了远景目标，并谋划了实现远景目标的发展轨迹及宏观管理的措施、对策。其次，围绕远景目标，企业战略必须经历一个持续、长远的奋斗过程，除根据市场变化进行必要的调整外，制定的战略通常不能夕朝令改，而应具有长效的稳定性。

（四）竞争性

竞争是市场经济不可回避的现实，也正是因为有了竞争才确立了“战略”在经营管理中的主导地位。面对竞争，企业战略需要进行内外环境分析，明确自身的资源优势，通过设计适当的经营模式，形成特色经营，增强企业的对抗性和战斗力，推动企业长远、健康的发展。

（五）系统性

立足长远发展，企业战略确立了远景目标，并需围绕远景目标设立阶段目标及各阶段目标实现的经营策略，以构成一个环环相扣的战略目标体系。同时，根据组织关系，企业战略需由决策层战略、事业单位战略、职能部门战略三个层级构成一体。决策层战略是企业总体的指导性战略，决定企业经营方针、投资规模、经营方向和远景目标等战略要素，是战略的核心。本书讲解的企业战略主要属于决策层战略；事业单位战略是企业独立核算经营单位或相对独立的经营单位，遵照决策层的战略指导思想，通过竞争环境分析，侧重市场与产品，对自身生存和发展轨迹进行的长远谋划；职能部门战略是企业各职能部门，遵照决策层的战略指导思想，结合事业单位战略，侧重分工协作，对本部门的长远目标、资源调配等战略支持保障体系进行的总体性谋划，比如：策划部战略、采购部战略等。

（六）风险性

企业做出任何一项决策都存在风险，战略决策也不例外。市场研究深入，行业发展趋势预测准确，设立的远景目标客观，各战略阶段人、财、物等资源调配得当，战略形态选择科学，制定的战略就能引导企业健康、快速的发展。反之，仅凭个人主观判断市场，设立目标过于理想或对行业的发展趋势预测偏差，制定的战略就会产生管理误导，甚至给企业带来破产的风险。

三、影响旅行社经营战略的外部环境

企业外部环境是指影响企业经营活动的各种外部因素的总称。通过环境分析，企业创办者能够明确企业可以经营什么以及应当经营什么。

(一)企业的微观环境

企业的微观环境是指企业经营活动参与者的总称。

"供应商→企业→中间商→顾客"这一链条形成了企业经营的中心环节，也就是说企业经营的主要参与者是指供应商、中间商和顾客。除此以外，还有两个不可忽视的参与者，即同行业的竞争对手和社会公众。下面就这几类参与者进行分析：

1. 旅游服务供应商：如相关的旅游交通、住宿、餐饮、商品、景区等企业。

2. 旅游消费者，即顾客：顾客可以是个人，也可以是单位。

3. 竞争者：指本国或地区内提供与本企业相同或类似产品和服务的旅游企业，既有现实的也有潜在的竞争对手。

4. 公众：是指对旅行社利益和行为产生影响的群体。公众的意愿和反映，对旅行社的经营活动将带来直接的影响。公众包括：

融资公众，主要指银行和保险公司等金融机构。

媒体公众，主要指广播、电视、报纸、杂志等新闻单位。

政府公众，主要指工商、税务等部门。

公民团体，主要指消费者协会等。

(二)企业的宏观环境

企业的宏观环境是指对旅行社经营带来间接影响的环境因素的总称。主要包括：

1. 人口因素。如人口的数量及增减趋势；人口的结构；人口的地理分布及区间流动等。

2. 经济因素。主要包括：经济体制；经济杠杆，指税率、利率和汇率等；经济政策，指国家旅游产业政策、价格政策、外商投资政策等。

3. 自然环境。指企业所处的地理位置及其自然资源状况。

4. 技术环境。指当前的科技发展状况。科学技术的发展尤其是电子和通讯技术的发展推动了企业生产经营的自动化。科技的不断进步，必将为提高企业的经营管理水平创造条件。

5. 政治法律环境。指同旅行社有关的政治制度和法律制度的总称，如反不正当竞争法、商标法、专利法、广告法、价格法等，构成了企业的法律环境。企业参与竞争时，就必须遵守反不正当竞争法；在制定产品价格时，就必须按照价格法的要求行事。

6. 社会文化环境。指人们的文化水平和价值观的总称。如果企业所在地的居民文化水平较高，在需求方面就有不同的要求。价值观包括道德、宗教、风俗、信仰等。价值观不同，对企业的经营也将带来重要的影响。

四、旅行社经营观念

(一)市场观念

旅行社一切计划与策略应以消费者为中心，正确确定目标市场的需要与欲望，比竞争者更有效地提供目标市场所要求的满足。要求企业营销管理贯彻"顾客至上"的原则，将管理重心放在善于发现和了解目标顾客的需要，并千方百计去满足它，使顾客满意，从而实现企业目标。

市场观念是以满足顾客需求为出发点的，即"顾客需要什么，就生产什么"。市场营销观念认为，实现企业各项目标的关键，在于正确确定目标市场的需要和欲望，并且比竞争者更有效地传送目标市场所期望的物品或服务，进而比竞争者更有效地满足目标市场的需要和欲望。

【链接3－2】

美国的迪斯尼乐园，欢乐如同空气一般无所不在。它使得每一位来自世界各地的儿童美梦得以实现，使各种肤色的成年人产生忘年之爱。因为迪斯尼乐园成立之时便明确了它的目标:它的产品不是米老鼠、唐老鸭，而是快乐。人们来到这里是享受欢乐的。公园提供的全是欢乐。公司的每一个人都要成为欢乐的灵魂。游人无论向谁提出问题，谁都必须用"迪斯尼礼节"回答，决不能说"不知道"。因此游人们一次又一次地重返这里，享受欢乐，并愿付出代价。

(二)机遇观念

中国旅行社行业发展的最大机遇是人民生活水平不断提高、经济长期持续发展。国际投资家吉姆·罗杰斯先生预言"在未来20至25年中，他看好中国的农业和旅游业，中国人有300多年未外出旅游，现在是该旅游的时候了，中国的旅游业将有巨大发展。"在关注经济长期发展环境的同时，短期内的发展机遇则更具可操作性，它可能为旅行社带来直接的业务机会和经济效益，以2009年为例，金融危机导致的大环境使中国旅游业充满了不确定因素，但也蕴涵着许多机遇，值得旅行社经营者去期待和把握:

1."奥运效应"将长期存在，北京奥运的成功举办，在全球范围内掀起了"中国热"，这种潜在需求将有可能随着国际旅游的复苏而日渐浮出水面。

2."八大计划"将刺激旅游消费。为了配合国家扩大内需政策的需要，确保旅游业发展，国家旅游局陆续提出了"国民旅游休闲计划""全国乡村旅游倍增计划""地震灾后旅游恢复重建计划""藏区旅游发展推动计划""旅游服务质量提升计划""入境旅游发展计划""上海世博会全球推广计划""全国十万导游培训计划"等一系列计划。

3."低价旅游"将刺激旅游需求。在金融危机的影响下，许多酒店客房、景区门票和航空公司机票的价格都出现了大幅下降，国内游、出境游的总体价格与以往相比都下降了许多。

4."六十大庆"提振国民消费信心。当前，"信心比货币和黄金更重要"。2009年，我们迎来建国六十周年大庆，全国各地都围绕"六十大庆"开展一系列活动，这有助于增强国民消费信心、丰富旅游活动、吸引入境游客。

5."台湾之旅"将成新的旅游亮点。值得一提的是，3月13日，国务院总理温家宝的一席话:"我真心希望能有机会到台湾去走一走，走不动就是爬，我也愿意去。"台北股市当日应声大涨，创去年11月6日以来的新高。特别是台湾旅游类股票大涨停。

6."上海世博"等活动形成"预热行情"。2010年我们迎来"上海世博会""广州亚运会"等重大活动，这些活动的宣传以及围绕它们而进行的专门旅游营销在2009年全面展开，这将有助于吸引国内外游客，形成"预热行情"。

(三)竞争观念

竞争是市场经济的基本规律和主要法则，竞争理念是旅行社正确对待同行业之间对市场和资源的争夺，充分利用市场经济优胜劣汰的法则，在市场竞争中求得企业生存和发展的观念。

(四)创新观念

企业的创新是全方位的，包括技术的创新、管理的创新、制度的创新、文化的创新等。树立创新观念就是要在企业内外建立起创新体制，并为创新建立良好的发展环境和资源保证。

【链接 3－3】

如此创新——旅行社推出上海“塌楼游”旅游线路

“参观上海倒塌楼房，看世间人情冷暖，看史上最强豆腐渣工程，看官商勾结利欲熏心，看房奴人生百态，看玻璃为啥一块都没碎，这是为什么呢！”

——这可不是小沈阳的口头禅，而是最近一家正规旅行社在网上推荐的旅游线路介绍！这个“华东五市＋乌镇，赠送上海倒塌楼房双飞六日游”，离开上海返回沈阳前最后一天的行程安排，就是参观上海倒塌楼房。这个线路一上网，就被网友称为“史上最雷人的旅游线路”。

（资料来源：福州晚报 2009－07－22）

【思考】

你对这一“创新”有何看法？

五、旅行社企业战略层次

与其他企业一样，旅行社的战略也大致分为总体战略、经营单位战略和职能部门战略三个层次。

总体战略，是旅行社最高管理层指导和控制企业一切行为的最高行动纲领。主要是回答企业应该在哪些经营领域里进行生产经营活动，即回答“我们应当拥有什么样的事业组合”。

经营单位战略，又称事业部战略。其重点是要改进一个战略单位在它所从事的行业中，即它所回答的是“在我们的每一项事业里应当如何进行竞争”。

职能部门战略，又称职能层战略，是指为贯彻、实施和支持总体战略与经营单位战略而在企业特定的职能管理领域制定的战略。它所要回答的是“我们应该怎样支撑总体战略和事业层战略”。

第二节 旅行社战略管理过程

战略管理是一个循环往复、不断发展的过程，通常包括战略目标确定、战略规划、战略保障、战略决策、战略执行、战略控制等步骤。在战略制定与实施过程中，需将各种有关信息反馈到战略评价与监控体系之中，以保证企业对整体经营活动的有效控制。

一、确定战略目标

一个企业，必须有一个明确的长远目标。一个企业，没有宏伟的战略目标，犹如一个没有志向的人，旅行社也是这样。只有确定了宏伟的奋斗目标，才能使企业凝聚力量，众志成城，企业上下均向着一个共同方向努力。广之旅的战略目标是成为“卓越旅游运营商”，而中国国旅等旅行社的战略目标则是“中国旅游产业领域中拥有旗舰地位的企业集团”。

二、制定战略规划

战略目标是一个长远的目标，不是马上就可以实现的，在理想与现实之间，必然有一个艰苦的奋斗历程。战略规划，就是要将这个奋斗历程予以规划，以期在规划执行过程充分调动资源，沿着既定方向前进，尽快实现战略目标。

中国国旅为实现战略目标而为自己规划的发展路径是:运用收购、合资、特许经营等手段,吸纳国旅系列的旅行社企业,形成绝对规模优势。利用央企旅游产业重组的历史机遇,扩充集团泛旅游类资源,涉足新的产业领域,形成相关多元化发展格局。根据旅游市场需求的变化,运用上市等资本市场路径调整集团发展重心。

旅行社对战略规划进行深化和具体化后,要对全体员工进行宣传、鼓动,建立上下一致的奋斗方向。

三、明确战略基础

企业的核心能力构成企业的战略基础。

一个企业之所以能在市场中立足并发展壮大,是因为这个企业必定有超过别人和与众不同的地方,这个不同的地方就是企业的核心能力,这是一个企业生命力的关键,如可口可乐公司,其核心能力就是其秘密配方和品牌;微软公司的核心能力是其卓越的软件开发能力。

作为企业董事会和最高领导人,应该认真分析和判断本企业的核心能力,然后巩固核心能力、发展核心能力、保护核心能力。否则一旦丧失核心能力,企业也就如同一具行尸走肉,没有了竞争能力和生存能力。

四、构建战略保障

一个企业的发展和战略目标的实现还必须通过严格的经营管理来实现,包括:计划和预算的编制与实施、现金的控制与管理、成本与利润的分析、技术开发制度、采购与付款方式、销售与收款政策、筹资与投资决策、企业文化建设、企业形象设计等方面,这是企业成功的战略保障,也是企业战略核心能力得以发挥的基础。

五、进行战略决策

现代经济生活的发展,已经远远超过一个人的经验和能力所能控制的范围,必须建立良好的信息搜集、整理、分析、报告体制和机制,以保证决策的灵敏性、准确性。在进行重大决策时,要共同讨论,各展所长,形成科学决策。通过建立决策体系实施决策职能。经过几百年的市场经济的实践,董事会决策和委员会咨询是企业决策的有力工具。董事会中出除了应该包括股东代表、经理层代表外,更关键的是必须要有足够的专家学者组成的独立董事,独立董事不代表个别股东或高级管理人员的利益,而是代表整个企业的长远利益,为企业董事会决策提供专业意见,以弥补内部董事的种种缺陷。全体董事会成员对其决策行为承担法律责任,包括经济责任甚至刑事责任。美国法律规定:一个公司必须有独立董事和由独立董事组成的审计委员会。这是美国公司决策成功的关键之一。同样,建立各种专业性咨询委员会,容纳各方面利益的代表,进行磋商,为决策提供依据,以实现科学决策。在我国,虽然曾广泛建立深有影响的党委会集体决策模式,但是由于企业是以盈利为主要目标,而党却是以政治为主要目标,两者是有严重冲突的,本质上党委会并不是企业产权所有者利益的代表者,不符合法律和国际惯例,在市场经济高度发展的今天,无法适应经济运行规律,而导致这种决策模式失败,现在虽然建立起股东会、董事会、经理层等机构,但是,由于长时间计划经济体制的影响和长期封建社会意识的残留,现在很多企业反过来形成了厂长、经理一言堂,主观臆断,独断专行,少数民营企业尤其突出,往往造成一言兴企,也一言亡企,最高管理者的一个盲目决策，最终有可能不仅葬送了企业，也葬送了最高管理者本人。

六、落实战略执行

任何正确决策必须通过有效的执行，才能予以贯彻。通过建立执行体系实施战略执行职能。战略执行主要是通过经理层、各职能机构、各分公司、各经办人员的活动来完成。通过公开招聘和审查，选定具有专业能力的人员承担战略的执行职责，配备各种人才组成具有整体协作能力的团队，并根据企业的实际需求，科学设置职能机构，建立切实可行的制度来保证机构的运行。另外还必须建立人员的培训、考核、选拔、轮换、更新制度，如董事会董事轮换，总经理、部门经理、普通员工每年或每个季度考核一次，保证机构的活力与发展，以适应社会经济的不断发展和变化

七、实施战略控制。

战略执行结果与远期或近期目标总会产生偏差，与远期目标的偏差就是战略偏差，战略偏差幅度的确定、调整和纠正就是战略控制，战略控制通过建立控制体系实施控制职能。

通过战略决策体系、战略执行体系、战略控制体系建立战略管理联动体系，以有效防范企业风险，顺利实现战略目标。

第三节　旅行社竞争战略

旅行社要正确评估企业在现在和潜在资源及能力基础上的独特的、可持续性竞争优势，从而选择一个更好的利用企业能力的战略，以适应外部的机会，并随着时间的推移和外部环境的不断变化，继续投入加强未来竞争所需的资源，促进企业的持续发展，实现企业战略目标。

一、一般竞争战略

可使旅行社获得较好竞争位置的一般性竞争战略包括：总成本领先战略、差异化战略及聚焦战略（也称目标集中战略或专一化战略）。该理论由美国学者迈克尔·波特教授提出。

（一）旅行社总成本领先战略

1. 内涵

“总成本领先战略”要求旅行社必须形成高效、规模化的生产与服务组织，全力以赴地降低成本和包括严格控制成本、管理费用及服务、推销、广告等方面的成本费用。为了达到这些目标，企业需要在管理方面对成本给予高度的重视，确保总成本低于竞争对手。

2. 应用

该战略应用的基本条件是：(1)现有企业之间的价格竞争非常激烈；(2)企业所处产业的产品基本上是标准化或同质化的；(3)实现差异化的途径很少；(4)绝大多数消费者使用产品的方式一致；(5)消费者的转换成本很低；(6)企业具有较高的管理水平和控制成本的能力。

对旅行社而言，最重要的是要获取成本优势，主要方法有两种：一是控制成本驱动因素，企业可以在总成本中占有重大比例的价值活动的成本驱动因素方面获取优势；二是重构价值链，通过效率更高的方法来设计、生产、分销旅游产品，从而达到降低成本的目的。

【链接 3-4】

通过降低交通成本取得成本优势

从旅行社的角度出发，旅游线路就是旅行社向社会推销的产品，它是由多个不同性质的旅游点、多种旅游交通方式、若干旅游集散地、各种接待服务设施和多种劳务等因素组成，并以旅游交通运输为线索将各种有关因素串连起来。线路中环节的多样性与灵活性，就能使旅行社在线路设计中不断平衡，通过价值链的重构来降低总成本。

此外，由于旅游产品的成本中交通占了较大比例，所以具有交通背景的旅行社往往有较强的价格竞争实力，可以在交通这项成本驱动因素方面获取竞争优势，因而执行此战略的旅行社很多会在此动脑筋，建立自己的交通工具系统，更常见的则是交通大公司借助自己在交通上的优势建立旅行社，从而大大降低成本，提高价格竞争力。以我国上海市为例，就有上海航空公司旗下的上航假期，上海大众交通股份有限公司控股的上海大众旅行社，上海市铁路局下属的上海铁路旅行社等等。现在国内旅行社中知名的春秋国旅，虽然没有雄厚的交通实力背景，但它长期以来采用包机的方法来降低运营成本。并在 2005 年初成立了自己的低价航空公司，目的同样在于通过控制交通这项成本驱动因素来降低旅游产品的成本，吸引更多的消费者，形成规模经济，有机会享有同行业中的高利润，巩固和维护企业的市场地位。

（资料来源:《商业经济文荟》2006 年第 1 期作者:吴旭云）

3. 风险

旅行社应用总成本领先战略也有不少风险。

(1)降价过度可能引起利润率降低，容易引发行业恶性价格战；

(2)很容易被竞争对手模仿，从而导致企业难以实现总成本的继续领先。

(二)差异化战略

1. 内涵

“差异化战略”是将公司提供的产品或服务差异化，树立起一些在同类企业中具有独特性的东西，为游客创造价值，使之形成对本企业及其产品的较高忠诚度。该战略更直接地强调企业与顾客的关系，企业的目标是要达到较高的品牌忠诚度和较高的重复使用率。

2. 应用

实施该战略要求旅行社在旅游产品的研发上具有较强的创新能力，较高的适应能力和应变能力，旅行社要有明确的目标市场。

在差异化战略的指导下，旅行社力求就旅游者广泛重视的一些方面在业内独树一帜。这种独树一帜的特色可以表现在旅游线路设计，旅游产品的品种质量、价格，旅行社及其产品的品牌形象、服务方式、销售方式、促销手段等多方面。

最理想的状况是公司在几个方面都具有差异化的特点。但这一战略与提高市场份额的目标往往不可兼顾，在建立旅行社差异化战略的活动中总是伴随着较高的成本代价，而并不是所有游客都将愿意或有能力支付高价格。

【链接 3-5】

旅游产品的品牌差异化

品牌差异化不仅仅是旅行社给自己的产品设计一个不同的品牌名称，而且更要强调这个品牌名称必须能够让顾客对企业或企业的产品产生有效的联想，因此，旅行社必须通过各种促销活动宣传产品品牌，丰富产品品牌的内涵，提高产品品牌的定位，树立良好的产品品牌形象，不断提高产品品牌的知名度和美誉度。如深圳国旅新景界在以“新景界”为品牌的前提下，对每一种主题产品确定不同的子品牌：如针对单身老年人的“夕阳红中山鹊桥会”、针对单身青年人的“深圳情旅，阳朔有约”、针对女性消费者的“红常青丽人行”等产品品牌，每一种产品品牌都能让消费者明确该产品的核心价值与市场指向，因而也取得了广泛的市场认同与显著的市场业绩。

（资料来源：中国旅游报 作者：陈志辉）

（三）专一化战略

1. 内涵

“专一化战略”是旅行社主攻某个特殊的顾客群的一个细分区段或某一地区市场。

低成本与差异化战略都是要在全产业范围内实现其目标，专一化战略的前提思想是：旅行社业务的专一化能够以较高的效率、更好的效果为某一狭窄的战略对象服务，从而超过在较广阔范围内竞争的对手。公司或者通过满足特殊对象的需要而实现了差异化，或者在为这一对象服务时实现了低成本，或者二者兼得。从而使其赢利超过行业的平均水平。

2. 应用

对占我国旅行社绝大多数、实力和资源都有限的中小旅行社来说，实施专一化战略是重要的选项。通过该战略的实施，可以在一个小的细分市场上获得相对优势。因为小的细分市场便于旅行社集中使用企业的人、财、物、信息等资源，更容易取得产品及市场优势。

在旅行社行业，实施专一化战略的旅行社通常只做某一特定细分市场，例如近年来比较热门的红色旅游、亲近大自然的环保绿色旅游、专为老年人服务的银色旅游、服务学生的夏令营及修学旅游等，这些线路均是针对专门的细分市场并满足其个性化需求。

二、旅行社新业务发展战略

（一）密集型发展战略

密集型发展战略，是在原有产品与客源市场的框架内，来考虑旅行社战略经营单位的发展问题。密集型发展战略可以通过市场渗透、市场开发和产品开发的形式来实现。

1. 市场渗透

市场渗透是指企业在现有的市场上增加现有产品的市场占有率。要增加现有产品的市场占有率，企业必须充分利用已取得的经营优势和竞争对手的弱点，进一步扩大产品的销售量，努力增加产品的销售收入。

市场渗透有三种主要的方法：

一是尽力促使现有旅游者增加购买。其主要措施是促使现有客人增加旅游天数或提高重游率。

二是尽力争取竞争者的游客。如提供比竞争对手更为周到的服务，在市场上树立更好的企业形象和产品信誉，努力提高产品质量等，使这些游客转向购买本旅行社的产品。

三是尽力争取新的顾客,使更多从未购买过本企业旅游产品的潜在旅游者购买。市场上总存在没有购买过该旅游产品的消费者，他们或是由于支付能力有限，或是由于其他原因，旅行社可以采取相应的措施，如分期付款、降低产品的价格等，使这些潜在旅游者转变为本旅行社的游客。

2. 市场开发

旅行社尽力为现有旅游产品寻找新的市场，满足新市场对产品的需要。市场开发有三种主要方法。

一是在当地寻找潜在旅游者。这些顾客尚未购买该旅游产品，但是他们对该产品的兴趣有可能被激发。

二是旅行社可以寻找新的细分市场。使现有旅游产品进入新的细分市场。

三是企业可以考虑扩大其市场范围。建立新的销售渠道或采取新的营销组合，发展新的销售区域。如向其它地区或国外发展。

3. 产品开发

向现有市场提供新产品或改进的新产品，目的是满足现有市场的不同层次需求。具体的做法有：利用现有技术增加新产品；在现有产品的基础上，增加产品的花色品种；改变产品的外观、造型，或赋予产品新的特色；推出不同档次、不同规格、不同式样的产品。发现这些机会，企业就有可能从中找到促进销售增长的途径。然而这还远远不够，企业还应该研究一体化成长的可能性。

如上海国旅是上海市组织日本入境游最大的旅行社。为进一步开拓日本市场，该社尝试着推出了针对小众市场的细分产品，如日本女青年的上海购物游、针对福冈游客的双休日高尔夫团，以及专做包机服务日本农民团的内地自然景点观光游都开展得有声有色。

（二）旅行社一体化发展战略

一体化发展战略是指旅行社利用旅游产业社会化产业链中的直接关系来扩大经营范围和经营规模，在供产销方面实行纵向或横向联合，从而实现旅游产品产、供、销一体化经营的战略。一体化发展战略有利于旅行社提高生产经营效率、扩大经营规模和市场占有率，从而创造更高的经济效益与社会效益

旅行社一体化发展战略主要有纵向一体化和横向一体化两种形式。

1. 纵向一体化，也称为垂直一体化

即把旅游产业链上有前后关系的旅游业务环节结合起来进行整体经营和管理的一种集团化成长方向，也就是旅行社将上下游服务企业或其职能纳入到一体化组织中来，有前向一体化、后向一体化两种。

前向一体化，是指旅行社谋求与旅游产品销售企业的联合，如收购或兼并旅游客源地旅游零售商；后向一体化，是指旅行社与旅游服务供应企业之间的联合，如收购饭店、餐馆、旅游车队、旅游景点、娱乐场所等，从而为游客提供一条龙服务。

案例 3－3

旅行社一体化经营

春秋航空公司系上海春秋国际旅行社有限公司独资经营，于2004年5月获准筹建，6月获得经营许可证，并相继取的上海至桂林、绵阳、烟台、南昌等航线经营权。1年多来，春秋航空借鉴国外低成本航空公司的经验，提出“省之于旅客，让利于旅客”的“廉价运营”方案。

在一般人的印象里，旅行社就是负责组团参观旅游景点的“服务代理商”，而天津的一个旅行社投资一亿元，获得了黄山脚下的两大景点——屯溪老街及新安江屯溪城区中心段的经营权。

“吃螃蟹”的方舟旅行社的总经理徐挺介绍，这次是由旅行社和当地政府合作，组成开发公司，按照市场规律联合开发这两个旅游资源。旅行社前三期投入一亿元，占公司80%的股

份，获得30年的经营权限。

黄山旅游景点是世界级旅游胜地，每年吸引大量客流。黄山脚下的屯溪老街作为国家级重点文物保护单位，在宋代就已经成型。其独具特色的古民居、林立的各色店铺，浓缩了徽州文化的精髓。当地政府受人力、财力所限，没有将其作为一种旅游资源加以开发，每年投入大量的维护费用，却没有产出。旅行社和政府联手之后，将致力于保护古民居，恢复前店后坊、商贾云集的人文景观。

为何旅行社要转换职能？徐挺说，目前全国各家旅行社都在销售路线，产品雷同，比拼服务也缺乏核心竞争力。加入WTO后，外资旅行社规模大、服务好、实力强。在实力相差悬殊的竞争中，与其鏖战“产品销售”市场，不如抢占“上游”，及早获得旅游景点这些不可再生资源。

对于旅行社开发景点的新业态，天津市旅游业内人士也纷纷看好此项作为。旅行社与政府的合作开发本身就可以获得双赢；由市场化的开发公司经营旅游景点，可以更加贴近旅行社的服务要求。

（资料来源：新华网2002年1月14日，作者：嵇哲）

2. 横向一体化，也称为水平一体化

是指旅行社通过收购或兼并同类旅行社以扩大经营规模的发展战略。通过横向一体化，不仅可以扩大服务与市场规模，增强经营实力，还可以避免与实力相当的旅行社竞争。

案例3－4

旅行社的并购浪潮

2005年7月，连续多年全国排名第六位的广东中旅先后收购控股贵州中旅、广东三茂铁路国旅、茂名中旅、韶关中旅等4家旅行社。此前，广东中旅已成功控股深圳罗湖国旅、珠海石景山国旅、湛江中旅、云浮中旅、重庆快达旅行社及香港华达旅行社等省内外6家国际社。通过收购、兼并，逐步实现其“深耕广州、布点全省、布局全国”的扩张部署。广东中旅还将继续对全省21个地市实行网点布控，并在全国重要的行政区域城市和旅游目的地城市完成网络建设。广东中旅旗下的广东中旅管理有限公司是全国第一家旅行社管理公司，专门从事对外投资收购、兼并、重组等形式的资本扩张及输出品牌和管理。

不仅广东中旅，“国中青”三大旅行社巨头更是掀起并购浪潮，据了解，国旅总社已开始在重要的出入境口岸和重要的旅游城市并购一批旅行社。中旅总社已相继完成了对大连、河北、甘肃、新疆绿洲等国内10余家地方中国旅行社的控股、重组及改制，并在境外对瑞典中国旅行社实现整体收购。中旅总社初步形成了以北京为中心，以资本为纽带，辐射全国各大区域的新型旅行社网络。

近两年，中青旅也频频出击，对国内一些青旅进行了股权收购。中青旅先后控股了广西青旅、江苏青旅、浙江青旅、广州青旅、新疆青旅、重组深圳金方舟国际旅行社等，其旅游经营网络初具规模。（根据有关资料整理）

（三）多角化战略

1. 含义

多角化经营是指企业跨行业生产经营多种多样的产品或业务，扩大企业的生产经营范围和市场范围，以充分发挥企业特长，充分利用企业的各种资源，提高经营效益，保证企业的长期生存与发展。企业通常是在原有的市场经营领域无法发展、原有的市场经营领域盈利水平大幅下降时，或当原有市场经营领域以外又有较好的市场机会时采取该发展战略。

2. 形式

旅行社的多角化发展战略具有同心多角化、水平多角化和综合多角化三种形式。

同心多角化是指旅行社对新市场及新顾客以原有的技术、特长和经验为基础或圆心，开发与原产品服务技术相似但用途不相同的服务产品。例如，旅行社经营票务代理、信息传播、对外翻译服务和咨询服务等业务。由于同心多角化是从同一圆心逐渐向外扩展其经营范围，因此没有脱离原来的经营主线，经营风险较小，有利于企业发挥资源优势。

水平多角化是旅行社针对现有的市场和现有顾客，采用不同的专业技术增加新业务。例如，旅行社可经营餐馆、饭店、旅游车队、商场和娱乐场所等。

综合多角化是旅行社以新的业务进入新的市场。新业务与现有的旅行社技术和市场没有任何关系。例如，旅行社经营出租汽车业务、房地产业务等

本章小结

企业战略并非虚无缥缈，对旅行社而言也是如此，而“战略决定成败”是一句经常听到的话。

通过本章学习，我们掌握了旅行社经营战略、战略管理、企业使命、战略目标等基本概念。理解了旅行社经营战略的特征、理解影响旅行社经营战略的环境因素和旅行社应有的经营观念，熟悉了旅行社战略管理的基本过程。

作为重点，还学习了旅行社一般竞争战略和新业务发展战略。经过学习，我们不仅要掌握知识，更要树立旅行社经营需要战略的意识，并在未来工作实践中加以应用。

实训练习

案例分析

1. 目的：能够对旅行社经营战略进行正确分析。

2. 训练方式：分组讨论案例分析

3. 实训内容：阅读案例，回答问题

中青旅的产业链整合战

收购国家AAAA级旅游景区乌镇，推出自营的“山水时尚酒店”，开通大型旅游网站。中青旅的种种动作表明，这家老牌上市公司，开始了一场旅游产业整合战。

中青旅是《新财经》杂志第三届“漂亮50”上榜企业，也是一家沪市的老牌上市公司，上市十年来，主营业务一直围绕着传统的旅游接发团打转转。2007年，中青旅在成为奥运官方接待商的同时，悄悄将国家AAAA级旅游景区乌镇收归旗下，成为首家控股旅游景区的上市旅游公司；同时推出自营的“山水时尚酒店”，成为首家拥有连锁酒店的旅游企业；之后再介入网上旅游业务，开通大型旅游网站，拓展散客资源。种种迹象表明，这家老牌上市公司，开始了一场旅游产业链的整合战。

借势奥运，抢占旅游客源

2008年年初的中青旅大厦，在2008号房间，一个与奥运关联度极高的吉利数字，成为中青旅总裁张立军实施旅游产业整合的司令部。

张立军驻扎在2008房间，不知是巧合，还是有意为之。但即将到来的2008年北京奥运会，对地处北京的中青旅来说，确实是充满了诱人的商机。中青旅是奥运会期间的接待服务

供应商，被指定在奥运会期间为各国奥委会官员和各国媒体记者提供接待服务。“官方接待商”身份的获得，如同一张闪光的名片，为中青旅拓展奥运商机带来了契机。“能够获此殊荣，奥组委看重的是中青旅成立三十年来形成的强大入境体系，产品研发能力和完整的多语种专业导游人才。”

张立军说：“许多奥运官员和他们的家属到中国之前，并没有明确的旅游目的。而我们恰恰具备这种迅速成团，迅速作出旅游线路的能力。我们将在奥运会期间设置专门的柜台，派出专业人员为他们提供专项旅游服务。”

2008 年的北京奥运会无论对北京市场，还是在全国旅游市场，都会迎来一个历史上的旅游高峰期。当记者问起：“中青旅在抓住了官方旅游市场的同时，又是怎样去‘分食’奥运民间旅游这块大蛋糕呢？”

张立军说：“这方面，我们已经做了充足的准备。去年 12 月 3 日，我们推出了一个面对境外散客的网站——中国旅游大卖场。这个网站的推出，可以使外国游客在自己的家里就能选择自己喜爱的中国旅游产品，非常轻松地来中国旅游。”

说起网站，张立军总裁很兴奋。他说：“如果一个日本游客想到中国来听京剧，他只需要在网上预订，机票、酒店都会在第一时间订下来，送到客人的手里。到达中国的时候，会有专人接待，免去国外组团的中间环节。”

毫无疑问，网络消费的跨地域和快捷方便，在省去客人时间的同时，也将中青旅的旅游收入价值链延伸到了海外，并进入到家庭个性化的消费终端。

张立军总裁很有兴致地向记者介绍起了中文名为“中国旅游大卖场”的网站，这是一个面向外国散客的商务旅游网，游客们可以在网站上预订自己来中国的行程、酒店及机票。这个网站的推出，填补了入境旅游网络化的市场空白。

收景建店，整合旅游产业链

乌镇，是我国江南著名的旅游景点，至今仍然保持着两千年前水乡古镇的风貌格局。2000 年正式推向市场的乌镇，目前已是国家 AAAA 级旅游景区、全国黄金周预报景点之一。美丽的乌镇，诱人的市场，这个千年古镇，在 2007 年被中青旅收入囊中。乌镇景区，2007 年全年游客接待总量达到了 200 万人次。

过去，旅游市场的收入一直被地接、组团平分。也就是说，一个游客在北京报团要去乌镇旅游，由北京报团的旅游社和乌镇接待的旅行社平分接团收入，导致利润分流。中青旅看中了乌镇地接的潜在能量，将其一举纳入囊中。在各家组团旅行社和乌镇地接为了收入分配而“拼杀”的时候，中青旅却利用打通资源的优势，将过去分散的收入合并收入自己的腰包。

中国人做生意讲究“天时、地利、人和”。中青旅是国内第一家收购旅游景区的旅游公司，多年来一直是国内接待游客最多的旅行社，在旅游资源的“人和”上，具有得天独厚的优势。2008 年的北京奥运会，中青旅因地处北京又独占“天时”。那么，“地利”之棋中青旅又是如何布局的呢？乌镇的成功收购，无疑使中青旅尝到了不动产的丰硕收益之果。2007 年，中青旅办起了自己的连锁酒店——“山水时尚酒店”，开始了旅游产业链上的深度拓展。

如今，如家、锦江之星、速 8 等中外连锁酒店在我国大江南北各地城市遍地开花。中青旅在北京推出的酒店仅有两家店，目前基本没有什么竞争优势。

当记者提出这个问题时，张立军并不回避。他说：“山水酒店发展的速度是不快，但我们与其他经济型酒店有着明显的区别。经济型酒店面向旅客的是单一产品，即只能提供住宿。

我们的酒店却是依托在中青旅的整个产业链上，可以为旅客提供行、住、玩、吃的全流程服务。山水酒店的定位是‘时尚商务’酒店，在价格上与普通经济型酒店差别并不是很大，但时尚的风格和服务可与四星级酒店媲美。”

2007 年，中青旅对山水酒店的项目拓展、设计施工、采购招标、团队建设等进行了流程梳理和管理优化，出台了一系列标准化手册，推出了酒店中央预订系统，为下一步的投资拓展和经营做好了准备。中青旅凭借自己庞大的接待优势，对黄金旅游线路上的景点、酒店资源进行全面整合，随着这条产业链条的完善和壮大，其资源连锁的经营效益，将大幅提升企业的营收水平和盈利能力。

盯住散客，“客散利不散”

1999 年，国家长假制度的推行，给我国旅游行业带来了一场及时雨，使得大大小小的旅行社如雨后春笋般发展起来，中青旅也乘着这场春雨长成了茂盛的竹林。从 2008 年起，国家取消了“五一”长假，这无疑给习惯了长假旅游消费的游客和市场带来了一次震荡。2008 年的“五一”将近，中青旅又该怎样应对市场的突然变化呢?

面对这个问题，张立军总裁显得很从容:“假期的调整，对旅游行业，尤其是对长线旅游会有一定影响，但对中青旅而言，机遇大于挑战。为什么这么说? 所谓的‘机遇大于挑战’是指假期的变更会引发旅游消费方式的变化。面对新增的小假期，消费者更需要旅游供应商的引导、规划和帮助，中青旅已经根据新假期设计出新的旅游线路。比如，小假期的增加将有助于短途旅游的开展，而这正是中青旅的优势所在。在自助游渐成主流的市场消费状态下，中青旅通过全线产品的联动提供，为游客节省大量旅游中转时间，为短线旅游提供更方便、更快捷、更舒适的旅游出行套餐。”

目前，中青旅已与全球 1083 家企业结成战略伙伴关系或业务合作关系，通过全面合作，实现全球旅游产业链上的价值共享。

(资料来源:《新财经》2008 - 10，有改动)

【思考】

1. 从战略管理角度分析，中青旅为何会收购 AAAA 级旅游景区乌镇、推出自营的“山水时尚酒店”并开通大型旅游网站?

2. 从 2008 年起，国家取消了“五一”长假，这给习惯了长假旅游消费的游客和市场带来了一次震荡，旅行社应如何应对诸如此类的挑战?

第四章　旅行社组织管理

技能目标：

可以分辨常见的旅行社机构形式，了解其优缺点；

能根据工作需要提出旅行社机构设置的基本框架；

能为旅行社各部门、岗位制定业务范围和岗位职责。

知识目标：

能分清组织机构模式与组织管理模式的异同；

理解影响旅行社组织设计的因素；

熟悉旅行社人力资源管理的基本过程。

关键词：

组织管理、机构模式、管理模式、岗位职责

任　务：

某校旅游管理专业准备申请设立一家国内旅行社，由该专业师生参与经营管理。一则可以成为教师"双师"素质培养的平台，提高旅游专业教师的教学水平，；二则为学生提供校内专业实践的场所，甚至为学生毕业后提供就业机会；三则可以方便学校师生各类差旅、会议、郊游等旅游活动。假如你负责该项目，请你和你的同学们根据该旅行社的具体情况一起完成以下任务，并说明理由：

1. 为这家旅行社设计组织机构、画出示意图；

2. 为每一个部门制定部门职能；

3. 为每一个部门的部门经理制定岗位职责。

案例导读：

旅行社承包挂靠，承包者携款潜逃

黎某、杜某等人，以北京某旅行社接待部的名义，租用北京某饭店203房间作为经营场所，并以北京某旅行社的名义发布广告，在不到两个月的时间内，收取旅客大量旅游款或购票订金后携款潜逃，此案共涉及游客355人，金额99万余元，堪称旅游业大案。此案系北京某旅行社内部管理混乱将部门随意承包所造成的，北京市旅游局在认定责任后，依据有关规定对该社进行了停业整顿，并动用了其10万元服务质量保证金对游客进行补偿。（资料来源：《人民日报》2001年4月，作者：龚雯，有删减）

【思考】

1. 北京某旅行社在内部管理上存在哪些不足，才导致此事的发生？

2. 应从案例中北京某旅行社吸取什么教训，旅行社应该怎样加强对门市等营业部门的管理？

第一节　旅行社组织机构设计

正如美国管理学家哈罗德·孔茨所说:为了使人们能为实现目标而有效的工作，就必须设计和维持一种职务结构，这就是组织管理职能的目的。旅行社也是如此，建立必要的组织机构是旅行社一切经营管理活动赖以存在的物质载体。著名管理学家吉尔摩曾经说过:人们在精力与能力上的最大浪费是由组织不良产生的。可见优秀的组织机构设计会在很大程度上影响旅行社经营管理的水准。旅行社组织机构的设计必须遵守以下基本原则。

提示:由于我国旅行社的组织结构还处在快速发展阶段。还未最终形成公认的旅行社组织管理模式，而且我国旅行社在企业规模、业务范围等方面差别很大，也不应强求所有旅行社在机构设计、组织管理上一致。

一、旅行社的组织设计原则

1. 目标任务

旅行社组织机构都是为完成自己特定的任务与目标而设立的，故组织机构设置、调整、合并乃至撤消，都应以有利于实现自己的目标与任务为宗旨。通过前面的学习我们知道，旅行社主要业务是销售旅游产品和招徕旅游者，为旅游者提供旅游服务和组织旅游活动。旅行社又是一个自主经营、自负盈亏的经济主体，通过招徕和接待旅游者获取旅游收入，追求利润最大化。因此，为了实现上述任务与目标，旅行社须设立相应的市场销售、服务采购、导游接待等业务部门。随着内外部环境的发展变化，旅行社组织结构也可做出适当调整。例如经国家旅游局批准可经营中国公民出境旅游业务的旅行社，可相应增设出境旅游部门。

目标任务原则的总体要求是旅行社在进行组织设计时应以事建机构、以事设职务、以事配人员。

2. 分工协作

一般而言分工越细则责任越明确，专业化程度越高，企业生产效率也越好。但是分工太细也容易形成机构臃肿、效率低下、组织成本增加的弊病。因此，旅行社的分工粗细要恰当，要以能否提高工作效率及经济效益为准则。分工的目的之一是有助于员工提高工作的专业化水平。就我国多数旅行社而言，还也有少数旅行社将销售、接待、计调等职能混在一起，忽视员工专业化技能与水平的提高。

协调搞不好，分工再合理也难以取得良好的整体效益。对旅行社管理而言，有时协调之所以困难，问题正在于分工不尽合理。制定详尽的企业规章制度可以使内部协调走上规范化的道路，但是还应指出的是，有许多协调问题来自人们的利益冲突。因此，公平合理的分配制度有利于组织内部良好合作的实现。

3. 统一领导

该原则要求在管理工作中实行统一领导，建立起严格的责任制，消除多头指挥和无人负责的现象，以保证旅行社全部经营活动正常有效地进行。具体而言有以下几方面内容:

(1)从组织结构的最高层到最低层之间必须形成一条连续的等级链，上下级之间职责、权力要明确;

(2)任何一级组织只能有一人全权负责。下级组织只接受上级唯一的指挥与命令，上级不能越级指挥下级，下级也只能向直接上级请示汇报，不得越级请示工作；

(3)上级可以越级进行检查，下级若有不同意见可越级上诉；

(4)职能管理部门作为主要领导的参谋，无权直接对业务部门及其下级发布命令和指挥。

提示：

前文提到了职能部门、业务部门的概念，你能分得清楚吗？旅行社中哪些部门是职能部门，哪些部门是业务部门？

4. 集权与分权原则

集权和分权是旅行社经营管理权限的分配方式。集权是把企业经营管理权限较多集中在企业上层的一种组织形式。其优点是：有利于集中领导，协调各部门的活动；有利于管理工作的专业化，提高管理活动的效率。缺点是：由于经营决策权大多数集中在高层领导手中，不利于发挥下级的积极性。

分权是把企业的经营管理权适当的分散在企业中下层的一种组织形式。特点是：中下层有较多的决策权，在统一规划下可以自主经营。

一个企业的权力集中到何种程度，应以该组织的决策是否有效率为标准；而权力的分散则应以不失去有效控制，同时又能充分发挥下属工作积极性为尺度。其影响因素见表4－1。

表4－1　　影响集权与分权的因素

因素	集权	分权
企业规模的大小	小	大
企业产品种类的多少	少	多
企业经营单位的数量、区域分布	少、集中	多、分散
企业的产品市场范围	小	大
企业发展战略	一体化	多元化

5. 执行监督分设原则

它要求组织设计时应将执行机构与监督控制机构分开，只有机构分设才能使组织监督机构起到有效的控制作用。例如旅行社的服务质量及成本效益都需要设立专门的机构进行监督控制，片面强调下属自我约束与自控，把监督职能并入业务部门之中，带来的只能是权力滥用与失控。监督并非就是单纯地对下属行为制约，其更是一种对监督部门的服务。暴露问题的目的是解决问题，而不是人为制造部门之间的矛盾和人际关系的紧张。

6. 精干高效

要求组织设计遵循用最少的人办最多的事的原则，改变过去那种人多热气高、干劲大的小农生产管理方式。精干高效原则不仅要求组织内每个成员满负荷工作，而且还应杜绝“一线紧、二线松、三线肿”的现象，改变政府与企业上下对口，滥设职能机构与临时机构的弊端。

7. 稳定与适应

频繁的企业组织变动只会增加组织的管理成本，导致人心不安定和组织无效率。然而稳定是相对于一定的企业目标与任务而言的，是相对于旅行社生产经营的内外部条件来说的，稳定并不等于不变，更不是组织结构的僵化。一个旅行社组织的僵化，可以由以下预兆表现出来：

领导层决策缓慢，无法抓住各种市场机会，严重时常造成旅行社经营决策失误；

部门职能得不到正常发挥，互相推诿扯皮、效率低下；

组织内部纪律涣散，成员贪图安逸；

企业缺少创新，员工缺乏工作积极性与创造性；

由此可见，旅行社组织设计必须兼顾企业经营目标的长远性与外部经营环境变化的随机性，以稳定为基础，提高企业的适应能力。

二、旅行社的组织结构

（一）影响组织结构的因素

1. 部门集中形式

（1）事务集中。这是一种按业务职能划分部门的方法，是生产与经营活动专门化的具体表现。每个部门都有自己的主要职能，如接待、销售、计调等等。在一些中小型旅行社中，这种部门划分占主导地位。

（2）市场集中。这种部门设置通常按本社主要客源市场或地区进行划分。例如，欧美部、亚太部、日本部等的设立，这在一些规模较大、拥有一定市场占有率的旅行社中经常可以见到。

（3）产品集中。这是一种按不同产品或服务进行的部门集中。由于我国旅行社目前提供的产品多为观光型包价团体旅游，相互间没有太多的差别，故这种集中方式尚不多见。在少数散客业务、订票业务开展得较好的旅行社，可以见到产品集中划分的尝试。

而现实中有为数不少的旅行社，部门的划分采用的是一种混合集中方式，这类混合集中方式如果使用得当，能使旅行社组织具有更为灵活的适应性。

2. 下级从属形式

其一是单线从属，这种从属可以保证每个岗位或部门只有一个上级指挥，权力支配与信息传递是高度统一的。但是，单线从属在旅行社规模较大时，限于管理跨度的制约会导致企业组织“中间层”趋厚，常造成非生产与经营的管理人员剧增、信息传递失真、决策不够及时等问题。

其二是多线从属，这意味着同一岗位可能有不止一个的上级指挥，权利行使与信息传递路径是不完全一致的。应该指出多线从属虽然容易引起多头指挥的混乱现象，但是只要部门划分恰当、岗位设置合理、各级管理者责权统一，多线从属并非一定是一种违背命令统一原则的从属形式。目前比较流行的矩阵组织普遍采用多线从属。

3. 权力实现形式

从现象上看，权力的实现形式可分为独裁式的集权与民主式的分权。但是，正如我们已经指出的那样，这种分权与集权其实并不是由人们的主观意志所能决定的。可以将权力的实现形式分为行政权力与市场力量两种。管理者拥有的权力大小，除了受制于他所拥有的各种资源（包括能力）以外，还取决于他所面对的市场力量强弱。如果我们将企业组织不是理解为一个完全封闭的系统，而是将其视作与市场融为一体的开放系统，同样的部门在不同权力支配下会成为各不相同的责任中心。

4. 生产的专业化

“专业化”是指一个人或组织减少其生产活动中不同职能的操作的种类，或者说，将生产活动集中于较少的不同职能的操作上；而“分工”作为专业化生产的基础，则是指两个或两个以上的个人或组织，将原来一个人或组织生产活动中包含的不同职能的操作分开进行。

生产的专业化的优点：(1)使复杂的工作变得简单；(2)使具体操作环节便于人们掌握；(3)有助于操作精度与速度的提高；(4)便于对从事每一具体环节操作的人进行工作考核与指导。

不足之处：(1)工作变成了简单机械的重复，易使人产生厌烦情绪；(2)从事具体环节工作的人难以看到自己工作的完整意义，无法体验成就感。

5. 管理跨度

一个管理人员所拥有的直接下属的数量。以“合适”为宜。要确定合适的标准，就要考虑不同组织的具体情况，包括管理人员的能力、工作性质与任务量大小和人员素质等，而机构扁平化是组织设计的重要趋势。

表 4－2　　管理跨度举例

组织层次	跨度为 4	跨度为 8
最高层	1	1
第二层	4	8
第三层	16	64
第四层	64	0
管理人员数	21 人	9 人

从表 4－2 可见，在人数一定的情况下，管理跨度大的比跨度小的可以减少一个管理层次，且管理人员减少了 12 人，说明扁平化机构更有效率。

6. 社会适应性

组织设计应与当地政治、经济及社会制度保持同步，与其它相关旅行社具有一定的相似性。

(二) 组织结构的基本模式

1. 直线制

直线制组织机构是指只设立业务部门、不设或尽量少设职能部门的组织机构。较适用于小型旅行社。一方面总经理高度集权，另一方面员工有较大的自主权和能动性，最大限度地降低成本，属于较典型的扁平化组织机构，见图 4－1。

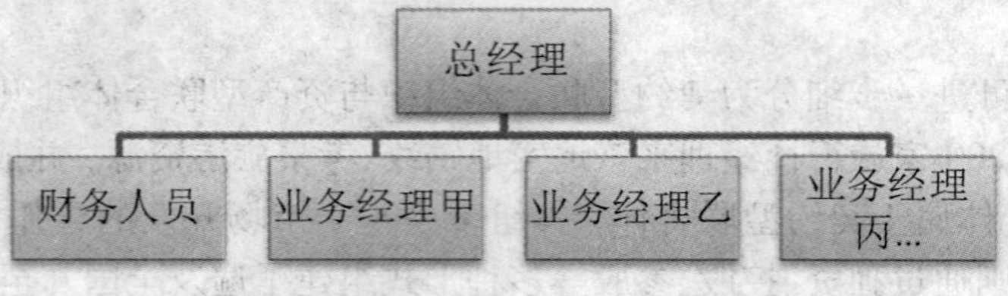

图 4－1　小型旅行社的组织设计

2. 直线职能制

直线职能制是比较常见的旅行社组织结构模式。它的基本特征是权力高度集中统一，企业领导拥有全部权限，尤其是经营决策与指挥权。各部门按事务集中方式划分，上下级实行单线从属形式管理。直线职能制通常设立若干职能管理部门，为旅行社经营管理提供保障和咨询、监督等作用。通常职能部门不拥有对业务部门直接指挥的权力，如图 4－2 所示，财物、人力资源、办公室等属于职能部门。

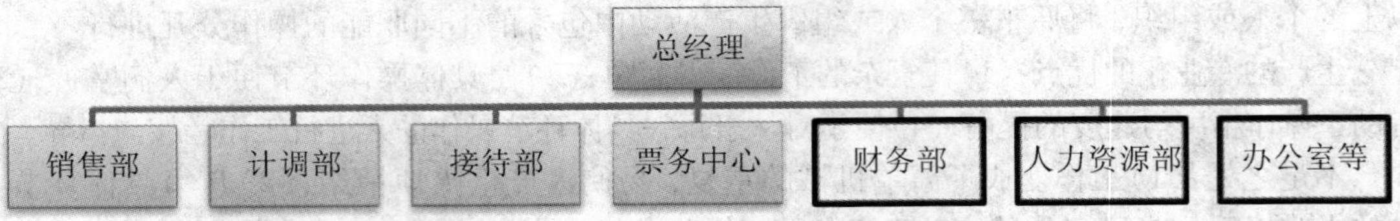

图 4－2　直线职能制组织形式示意图

3. 事业部制

旅行社通过对不同地区或产品的业务进行划分，从而形成各不相同的事业部，实行集中指导下的分散经营。该模式通常适用于业务较全面的大型旅行社。旅行社通过放权使每个事业部成为相对独立的盈利中心。由成本中心向利润中心的转变，由部门向事业部的转变，绝不是因为企业最高管理的民主，而是出于旅行社发展的内在要求，出于企业对效率与效益的追求。事业部与一般旅行社的不同之处主要在于它不是一个独立的法人实体，不具有投资决策权，但它拥有开展旅行社经营业务所需的其他全部权力，可形成外联、接待、计调，以及人、财、物等统一运作的体系。如图 4－3 所示。

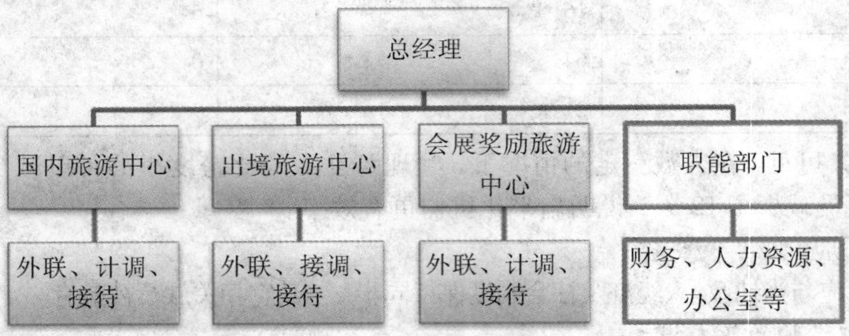

图 4－3　事业部组织形式示意图

4. 超事业部制

超事业部制是一种以资产、契约与协作关系为基础的，包括旅行社在内的多法人的联合体组织模式。机构内的成员已不再是旅行社自身的部门，而是通过品牌、资产、协议等纽带连结在一起的若干企业。

超事业部制又可进一步细分为契约型联合体组织与资产型联合体组织。如 2010 年 4 月，秦皇岛迎来中国近 200 家旅行社经理来该地实地踏线、考察旅游资源，并成立“锦绣中华旅游联合体”，这一联合体属于契约型联合体，其纽带是基于市场开发的合作协议。港中旅集团等大型旅行社集团则通过独资、控股、参股等多种形式组建了遍及全国乃至海外的大型旅游企业集团，成为资产型联合体。

动手实践：

通过走访、图书信息资料查询等方式，收集几家旅行社的组织机构设计进行比较分析，并做成课件在课上向同学们作介绍。

三、我国旅行社的组织管理模式

在旅行社组织结构确定后，其组织功能的发挥就取决于管理，取决于领导者的管理水平高低。组织只是企业管理的载体，没有组织便没有管理；但组织又要依赖管理，因为没有良好的管理，组织就很难发挥自身的作用。与其他企业一样，旅行社组织管理的根本问题是如何充分调动员工的积极性与创造性，并把这种宝贵的人力资源与企业目标有机地结合起来，使企业实现最佳的经济与社会效益。因此，组织管理的关键是正确处理组织内员工的责权利相统一问题，具体而言，就是如何建立有效的企业决策机制、激励机制及整合机制。

（一）岗位责任制

1. 基本内容

该模式的基本内容为：旅行社总任务量分解落实到每个部门与岗位；为了提高每个部门的工作效率，旅行社依据科学手段与经验，测定估算单位时间的工作量，然后以工作量为依据定编定岗，确保每个在岗成员满负荷工作；旅行社对每个岗位的工作质量、操作规程及有关制度和纪律等做出规定，并根据每个员工完成工作任务的多少和好坏给予不同的工资与适度的奖金。

岗位责任制与传统的组织管理不同之处在于每个人的工作不仅有了质的规定，而且有了量的要求。这种量的要求并不是由少数人凭借其个人经验获得的，而是借助科学方法测定获取的。

2. 不足之处

在旅行社推行岗位责任制常常缺乏准确的数量指标，这种组织管理方式带来的只是每个岗位的工作责任感增强了。在以事务集中划分的部门，采用岗位责任制管理方式只能使部门成为企业的“责任中心”。一旦出现责任事故，管理者可以根据有关规章制度给以处罚。但这种管理方式也有以下的不足之处：

（1）管理只是管理者的事，人为地增添了少数管理者与多数被管理者之间情感上的隔阂与沟通障碍。为了避免相互敌视与对立的局面，有不少管理者的心态是“大事化小，小事化了”。因为处罚员工的风险远远超过这一行为给其带来的收益，至少在经济学意义上是不可取的。如果没有足够的敬业精神支撑管理者，岗位责任制常常会形同虚设。

（2）在岗位责任制的组织管理模式中，企业的经营决策仍然是少数领导的工作，多数员工只是任务的执行者，这势必使企业主要领导很少有时间顾及外部企业环境的变化和研究企业生存发展的重大问题。有些企业领导者也想放权，但是在权力缺乏约束机制条件下，赋予下属与其责任不一致的权力对企业并无好处，相反会导致不必要的风险。因此，被管理者积极性不高，企业创新精神不强，组织适应能力较差，领导决策迟缓。

（3）由于岗位责任制涉及的只是企业部门的工作效率，建立的只是责任中心，原有的分配制度改动不大，有限的和带有平均主义色彩的奖金难以充分调动多数人的工作积极性。旅游服务中出现的小费、佣金现象屡禁难止，实际上已成为旅行社一部分人的主要收入来源，这使分配的矛盾进一步激化。

（二）目标责任制

1. 基本内容

部门的划分以市场集中为主。这种划分方法为部门成为“利润中心”创造了必要条件；企业经济指标，尤其是利润指标被相应地分解落实到每个部门；作为“利润中心”，企业部分经营管理权限被下放到每个部门，旅行社主要掌握企业重大经营活动的决策权。旅行社实行以各业务部门为单位的二级核算制度，部门拥有包括市场开发、客户促销、产品定价、服务采供等方面的经营管理权限；分配依照各部门对企业的贡献、按照利润指标等因素进行，使奖勤罚懒有了客观依据；由于部门内机会趋于平等，在各部门内部因分配不均带来的心理失衡现象减轻了。但是部门之间，业务部门与职能管理部门的不平衡依然存在。

目标责任制相对于岗位责任制而言，责权利相统一的问题获得了较大程度的改进。实践表明实行目标责任制后，企业活力增强了，人们积极性提高了，企业经济效益也不同程度增长了。

2. 不足之处

(1)由于部门利益被强化，各部门之间的利益关系日趋复杂，尤其是企业内一些公共服务的职能部门与完成情况较好的业务部门收入差距增加了，这在一定程度上削弱了职能部门工作的积极性。其次，由于各个部门经营管理的外部条件不尽一致，市场有好坏之分，经济指标又难以准确表明每个部门的努力，同样的劳动难以获得相同的报酬，表面上的平等掩盖了事实上的不平等。

(2)目标责任制尚不能有效地对下放给部门的权力进行约束与控制。有些旅行社为了对权力进行有效的约束，采取了收回部门某些职能的办法，如对外报价最终审核权集中在总经理手中，部门经理工资分配由旅行社总经理决定，订房、订餐、订票等服务采供依旧由旅行社统一掌握等等。实践表明，过度地放权与收权对部门与企业的经营管理都是有害的。

(三)承包责任制

它是在目标责任制或部门承包责任制基础上发展起来的一种管理模式。是旅行社将其业务经营特许权和旅行社名称全部或分部门“租赁”给一个或多个人。发包人(即旅行社)依据承包合同获取一定数额的经营利润，从而实现经营风险转嫁或分摊的目的。

实行承包责任制虽然有助于调动一些人，尤其是那些“能人”的积极性与创造性，有助于经营活动中多种成本的节约及经营管理水平的改善与提高，但是，这种组织管理模式会给旅行社经营管理带来极大的危害性：

(1)短期行为问题。很多承包者为了争取承包期内利润最大化，在法制不健全、企业对其行为缺乏有效的监督控制情况下，不惜采取一切手段，包括降低服务质量、克扣游客各种费用、取消已做出承诺的旅游活动项目等，来获取不义之财。这不仅严重侵犯了旅游者权益，也使得国家与旅行社声誉蒙受了不应有的损失。从有形资产看，很多承包者都不遗余力地加快固定资产损耗，其结果必然导致国有资产的流失与贬值。几乎所有承包者都很少考虑旅行社长远发展的问题，如新产品的开发、市场的拓展、对外宣传、人员的培训等等。

(2)财务管理问题。由于承包者的财务相对独立，因此有很多承包者另设或不设账户、账册，实行财务体外循环，为偷税漏税、各种潜在的拖欠款提供了现实可能性，为承包期满后旅行社的发展设置了暗礁与险滩。

(3)不正之风问题。如果说承包者是依法经营获得较多的收益，这还是无可厚非的问题，但是，也有承包者的部分收入来自倒买倒卖外汇和免税指标，索要小费佣金，克扣旅游者和拖欠其上游企业的周转资金。

鉴于这些问题，旅游行政管理部门已经在旅行社行业叫停了承包制的应用。

第二节 旅行社人力资源管理

人力资源管理对旅行社具有重要意义，因为人力资源管理不当很容易引起员工流失，以及由此带来的客户资源等企业资源的流失。这种由员工流动导致的商业机密泄漏现象不仅与不合理的旅行社业务流程设计有关，也反映出我国旅行社人力资源管理工作的弊端。

一、旅行社人力资源管理特点

旅行社中从事人力资源管理的传统部门是人事部。目前，少数规模较大的企业设立了人力资源部。作为旅行社的管理者，必须牢固树立人力资源管理的观念。传统体制下人事部门所从事的员工户籍、编制、工资级别等工作，在市场经济条件下变得不再那么重要。现代管理中，越来越多地把人看做是与资本一样可以为企业创造财富的不可或缺的要素。

人力资源管理指的是通过人力资源的计划、招聘、选拔、培训和发展、业绩评估、制定工资和福利制度等一系列活动，向组织提供合适人选并取得高水平绩效和职工最大满足的过程。其目标是提高团队工作的效率，实现员工和企业的共同发展。与其他企业的人力资源管理相比，旅行社的人力资源管理具有其自身特点。

(一)企业规模偏小，个人工作繁杂

在我国现阶段，中小旅行社占行业的绝大多数。企业规模偏小，导致人员分工不够明晰，员工往往需要一专多能，并在不同情况下从事不同工作，比如既做计调又带团做导游。这种情况，从某种意义上讲，节约了一定的人力成本。但由于分工的不明确，人员归属的不确定，使各部门的管理往往难以奏效，增加了人力资源管理的难度。

(二)工作内容灵活，绩效考核不易

旅行社的业务涉及方方面面，旅行社员工的工作性质也非常灵活。尤其是导游人员，经常性地在外面带团，在社里时间很少，管理者很难了解员工工作的全过程；同时，旅行社对旅游者提供的是无形的服务，对其服务质量的评价标准很大程度上来自于旅游者的感受，不像有形产品一样易于按照明确的标准来考核。这就增加了旅行社人力资源管理部门对员工绩效考核的难度。

(三)人员流动性大，培训任务加重

旅行社行业是一个人员流动极大的行业，企业间、行业间的人员流动现象都很突出。这样，旅行社的人力资源管理部门就要经常性地招募新员工补充到员工队伍。同时，各行业、各企业的操作规范和企业文化都有所区别，旅行社管理者还必须对新加盟的员工进行必要的培训。

二、旅行社人力资源管理过程

旅行社人力资源管理主要有五项内容，如图 4－4 所示。

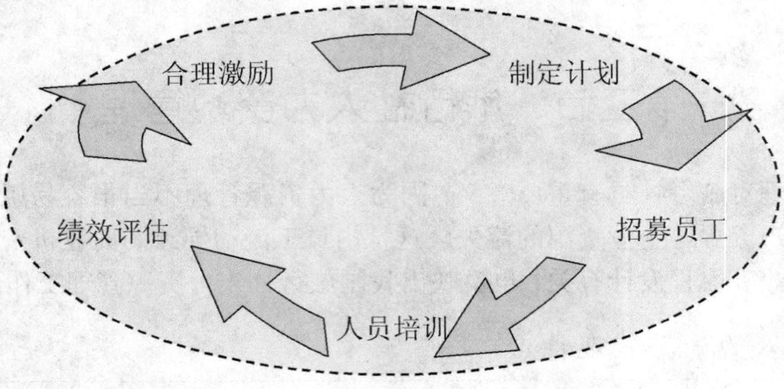

图4－4　旅行社人力资源管理过程示意图

（一）制定计划

人力资源管理部门首先要根据旅行社的经营目标确定现在及未来对员工数量与质量的需求情况，并据此制定详尽的计划。管理人员根据企业目标设定部门、细分岗位之后，对每一职务都要进行职务分析，确定该职务的工作目的、职责、工作内容、工作环境、所需具备的知识与技能要求等。制定人力资源计划可以使旅行社的人力资源配比更加合理。

（二）招募员工

旅行社的招募工作就是要对组织中的空缺加以补充或是在旅行社要扩大规模时壮大员工队伍。根据招募人员数量以及岗位的区别，旅行社可以选择广告、员工推荐、教育机构选拔及委托中介机构介绍等方式进行征召。各种方式费用不同，适用对象也不同。总之，在员工遴选阶段，最重要的就是看应聘者是否符合职务要求。旅行社可以通过填申请表、面试、知识或技能测试、核实材料、体格检查等环节来确认应聘者的任职资格。在选拔环节应坚持以下原则：有些素质极高的应聘者，如果不能适应岗位要求，也要勇于割舍；注意旅行社各部门的整体年龄、性别比例；对特殊岗位一定突出强调应聘者是否能够经常出差等具体条件；由于旅行社的员工经常要与各方面打交道，人员必须具备比较开朗健康的心态，同时具有较强的与人交往的能力。

（三）人员培训

这是旅行社人力资源管理的一项长期的重要内容。培训的内容不仅包括知识与技能，还可以在培训中宣传企业历史，介绍先进员工事迹，宣扬企业价值观念和企业文化，促进员工思想转变，同时也有助于增加企业凝聚力和向心力。培训一般分为在岗培训和脱产培训两大类。在旅行社中，大量的是在岗培训。在岗培训可以利用工余时间、晚上或节假日时间进行，有示范、指导、岗位轮换等多种方式。脱产培训则可以采用课堂教学、多媒体教学、模拟训练、角色扮演、案例分析等多种方式。

（四）绩效评估

依据一定标准对员工在工作岗位上的行为表现进行衡量与评价，以形成客观公正的人事决策。进行绩效评估可以促进员工提高工作效率，改进工作方法；可以使企业的奖惩具有客观依据；可以为企业人事变动提供基础；还可以更有效地安排员工培训。绩效评估常用的方法是分类评估法。这种方法首先明确考核要素，如工作态度、出勤情况、专业知识、服务对象反映等，然后，依据各要素的重要性设定每一要素在这个评估中所占权重，之后逐项打分，各项加总后得到总分。

（五）合理激励

合理激励能够充分调动员工积极性，而且有利于吸引人才、留住人才。讲到激励，比较容易让人联想到工资与福利待遇。制定合理的工资与福利待遇是保证员工积极性的基础。但人的心理需求是多样化的，替员工设计一个比较明确的职业轨迹，给予员工到外地或出国深造培训的机会，提供奖励旅游等，都可以激励员工。在坚决贯彻多劳多得原则的前提下，旅行社管理者必须要重视员工的心理感受，这样才能使员工得到更高层次上的、全面的心理满足，也才真正留得住人心。

【链接 4－1】

国际旅游企业集团职业经理人业绩评估体系

在国外旅游企业集团中评估系统的名称是非常繁多的，有的称之为 PDR（performance development review），有的是 PAS（performance appraisal system），而更为普遍的则使用 PMS（performance management system）即表现管理系统。虽然这些评估系统的名称各异，但核心的内容却大致相仿，下面就国际旅游企业集团中评估系统的八个重要组成部分做一简要的介绍。

首先是设定经理级人员在单一财政年度的主要工作目标。对于旅游企业的管理者在制定年度工作目标时大致是从以下几个方面去考虑的：提高客人满意度；提高员工满意度；加强质量管理；经营毛利达到预算的百分率；市场份额比例的攀升；运营成本和花费指标的降低。旅游企业在下一财政年度最急需解决的其他问题也当列入当年的主要工作目标。应该说这种目标管理体系是一个纯粹的量化管理过程，因为制定目标的第一原则是 SMART（specific——具体性，measurable——衡量性，achievable——操作性，relevant——相关性，timebound——时限性），同时任何一个目标完成的结果都将以相应的百分比记录在案，当然，盈利（主要指经营毛利）指标是一切指标的基础。

其次是进行半年工作表现的回顾。这种评估和回顾主要是帮助高级管理人员反思，同时确认半年前制定的目标是否需要修正，而集团也会在可能的情况下为旅游企业的总经理提供人力和系统上的支持。例如“9·11”事件后我国大城市集团管理下的旅游企业都在修改原有的预算（2002 年度）以适应新形势的要求，同时开拓新的市场（如商务散客、团队、会议和长住等）在当前的情况下也会升级为下半年的首要执行目标。

第三是全年个人表现及发展目标的自我鉴定。各集团的区域总部会在对旅游企业总经理进行年终评估之前，要求其个人首先进行自我评估。它主要是针对总经理在完成上一年度目标情况以及自我能力提高方面进行自我评估。其中旅游企业经理人能力方面的评定可为国内旅游企业提供相当的借鉴作用。它主要包括：达到预期目标的能力；以客户为中心的意识；对不同市场中生意的透彻理解；解决问题的能力（内部与外部）；做出有效及时决定及判断的能力；创造团队协作环境的能力；对不同地域市场的适应能力；对不同文化（不同国别）的认同能力和创新的能力等。国际旅游企业集团正是依据这些能力年度评估的结果制定对下属旅游企业高级行政人员的发展计划和总体的培训计划的。

第四是全年目标回顾和表现评估。作为全年的鉴定，集团或区域人力资源部会根据个人自我估计的情况做出修正或补充意见，大致上与自我评估的结果相差不大，除非是自评与总部评估的等级标准发生了不同的理解时，评估分数被修正的比例才会大一些。

第五是制定员工的发展计划。此项计划一般由经理人的直接主管就参评人今后 12 个月当中技能与知识上所需提高的方面，同时依据个人的特点提出相关的发展计划：降级使用；平级调动以继续加强锻炼；去其他国家的不同品牌的旅游企业进行学习；参与专业培训和课程等等。更为重要的一点是在制定发展计划时首先要了解员工对今后5年内的事业预期，并把它视为今后提拔、调职乃至进一步进行智力投资最基础的参照物。

第六是员工年度奖励方案的实施。年度奖励方案也是绩效管理的核心，即在员工固有的工资和福利系统（健康保险、人寿保险、养老金计划、配偶及子女待遇等等）之外的奖励方案。这主要是以集团认定的个人表现及绩效评估分数为依据，同时参照当前个人不同的年薪标准和员工在旅游企业中的工作时间进行具体的计算。这一幅度可能占员工年薪的5% ~30%不等，但是奖励的基础依旧是是否达到预算的经营毛利为基础。另外在实施奖励的过程中，除个人绩效之外，还要参照各地区人力资源流动率和国家之间的通货膨胀率等诸多因素，同时奖励的幅度还会考虑到合资方或业主方的意见等因素。所以在年度奖励之外，工资的调整并不是每年都进行的。

第七是职业经理人的任免和全球人力资源调动系统。如果我们从国际旅游企业管理集团在中国的实践上看，调动、任免与业绩的评估是绝对紧密地联系在一起的。在一位总经理完成一任或两任（以2年为任期）后，将依据他的能力和评估记录对其工作进行调整，很显然在许多旅游企业集团中能力与业绩都不能胜任的总经理将会从此失去工作，这也就引出了下面的另外的一套系统。

最后是旅游企业总经理的筛选和鉴别过程。不同的旅游公司都有着各具特色的遴选办法。例如有的集团会对学历和工作经历有相当明确的要求；有的公司会将鉴别的主要工作交专业猎头公司完成；而有的公司会对资历、学历和推荐人的意见进行全面的调查核实（尤其是前两任的任职经历）；也有的集团会让专业公司对相关人选进行第一次的全面测试：包括旅游企业知识、个人能力、逻辑思维、形象思维、财务课题、投资管理等方面的内容进行测试。

在测试和背景调查结束后，集团出具聘用意见，候选人一旦获准录用则会开始加入集团的背景教育和相关的培训，这些培训一般会在集团总部或区域总部进行，这中间还包括对集团主要系统的学习及集团内各部门的熟悉过程。另外也有可能出现暂时的代理性职务如代理总经理（适用期的职务），或以高级经理人的角色先在其他旅游企业学习一段时间，如在大型旅游企业内先担当住店经理/饭店经理（RM/HM）或是行政助理经理（EAM）一段时间。但以目前的情况看，旅游企业管理集团基本采取的是一旦录用就即行实授，并无试用期的问题。

（资料来源：戴斌，杜江：《旅行社管理》高等教育出版社，2005年8月）

三、部分岗位人力资源管理

（一）职业经理人

旅行社职业经理人又分为高级职业经理人和职业经理人。旅行社高级职业经理人是指具有较高的理论知识和实践能力，以自己的管理才能为业主服务，能够在业主授权范围内从事高层次战略管理和整体运作的旅行社经营管理人员。在现实中表现为旅行社总经理、副总经理以及不设副总经理的旅行社总监级管理岗位。旅行社职业经理人是指具有一定的理论知识和实践能力，以自己的管理才能协助旅行社高级职业经理人员为业主资产的保值、增值服务，能够从事旅行社某一部门或某一职能的管理工作的经营管理人员，在现实中表现为旅行社部门经理、副经理、经理助理以及大型旅行社主管级管理岗位。现代旅行社的管理者应该成为旅行社职业经理人。虽然目前我国旅行社的很多管理者达不到这一标准，但随着时代的进步、行业的发展成熟，也由于中国加入世界贸易组织（WTO）之后对旅行社业造成的强烈观念冲击，未来的旅行社管理者必然是与国际惯例接轨的职业经理人。职业经理人要具有对投资人负责的态度、高度的敬业精神，保证投资人的资产保值、增值；职业经理人要具备丰富的知识与出色的管理能力，能够通过科学管理，实现企业的经营目标。职业经理人要善于协调投资人、员工、旅游产品供应商、旅游者之间的复杂关系。在对不同旅行社的管理过程中，职业经理人以自己的经营管理业绩得到他人的认可或排斥，影响投资人对其的信任程度，失败者会被淘汰出职业经理人市场，而成功者将获得相应收益。

（二）导游人员

他们是旅行社中与旅游者直接接触最多的人员，往往代表了企业形象。导游工作的特点使得旅行社很难全面掌握导游人员的工作情况。因此，对导游的管理是旅行社人力资源管理的重点和难点。

对导游人员的管理首先要强调职业道德教育。导游的职业特点决定了他们经常会面临各种诱惑，而他们一旦抵挡不住诱惑，就会损害旅游者的利益和旅行社的声誉。要采取措施对导游服务过程加以监控，对那些索要小费、回扣的恶性行为，要严惩不贷。其次，要加强对导游的培训。导游工作中经常会出现一些突发事件，这就要求从业人员具有相关知识，并能够随机应变处理问题。现在社会上成立了一些专门的导游公司，专门为旅行社提供导游服务。于是有一些旅行社自己不再配备导游，或是只有少数导游，有了团就到导游公司去聘请导游。这样做节约了一些人力成本，但不易控制服务质量。对于一些小语种导游，某一个旅行社如果一年只有一两个团，也确实是一种浪费，这样有利于资源共享。由于这一趋势体现了专业分工，也为旅行社提供了很多方便，将来还会有很多旅行社乐于采用这一做法。

（三）一般业务人员

他们主要是外联、计调等部门的员工。相对于导游人员，他们不直接对旅游者提供服务，属于旅行社的二线员工。但是，他们的工作也是至关重要的。他们的工作直接影响到旅行社的销售业绩，也是导游顺利接待游客的后勤保障。对这类人员，要充分认识到他们工作的重要性，培养他们的敬业精神。同时，要加强流程管理，分清责任，层层把关、步步负责，提高工作效率。作为管理者，要协调导游与一般业务人员的矛盾，有条件的情况下，尽量让各部门人员有机会轮岗，促进他们互相理解，以利于更好地开展工作。

本章小结

本章介绍了旅行社设立组织机构应遵循的基本原则和影响机构设置的因素，在此基础上，要求重点掌握旅行社常见的几种组织结构形式。旅行社三种组织管理模式：岗位责任制、目标责任制以及承包责任制也是需重点掌握的内容。接下来简单了解了旅行社人力资源管理的基本程序，最后重点强调了对职业经理和导游员这类重点人物的管理。合理的机构设置和员工配备，是旅行社取得成功的重要前提条件，通过本章学习，你同意这样的说法吗？

实训练习

一、案例分析

1. 目的：了解旅行社组织设计及部门职能。

2. 训练方式：案例分析

3. 实训内容：

首先找到三家旅行社的组织架构图，其中一家为全国知名大社（如中国国旅、广之旅、春秋国旅等），一家地区级大社（如某省、市国旅），一家普通中小型旅行社。搜集或绘制以上三家旅行社的机构示意图，回答以下问题：

（1）三家旅行社的规模、业务有何不同？

（2）设立旅行社机构时考虑了哪些因素？

（3）根据所学内容，判断三家旅行社机构所属组织机构模式。

二、课堂讨论

1. 目的：关注旅行社员工流动问题思考解决之道。

2. 训练方式：分组讨论代表发言

3. 实训内容：

旅行社员工流动率过大，一直是业内讨论的热点话题，试问造成这一问题的原因有哪些，又该如何克服？请进行分组讨论，并制作课件在课堂上进行展示交流。

第五章　旅游产品设计与生产

技能目标：

能对旅游产品进行多维度分类并举例；

能运用旅行社市场细分和目标市场选择知识服务于旅行社经营管理；

能够进行旅行社产品设计与生产。

知识目标：

熟悉旅行社产品的类型；

掌握旅行社市场细分的依据、方法；

掌握旅行社目标市场选择的策略和目标市场定位的程序；

掌握旅行社产品（旅游线路）设计开发的步骤。

关键词：

旅行社市场的细分、旅行社目标市场的选择、无差异目标市场策略、差异化目标市场策略、集中性目标市场策略、旅行社市场营销组合、旅行社产品、单项服务、团体包价旅游、旅行社新产品

任　务：

阅读下文，完成任务。

2009 年底，海南建设国际旅游岛建设上升为国家战略。海口市旅行社协会、海南省旅游发展研究会发出倡议书，推进“点入线中、以线串点、以线托面”的新模式，开展“2010 海南国际旅游岛十大特色主题产品走进世博”活动。

国务院《关于推进海南国际旅游岛建设发展的若干意见》发布，为海南旅游业的腾飞添加了双翼；被称为“世界最大自由贸易区”的中国——东盟自由贸易区于2010 年1 月1 日全面启动。海南省处于中国——东盟自贸区的中心区位，可以近水楼台先得月；2010 年上海世博会，是又一个世界盛会，将为中国旅游业发展注入新的活力，国家旅游局已经将 2010 年确定为“中国世博旅游年”。这三大利好为海南旅行社发展提供了良好机遇。

海口市旅行社协会、海南省旅游发展研究会决定开展“2010 海南国际旅游岛十大特色主题产品走进世博”活动，着力构建海南国际旅游新产品体系，包括：

滨海度假休闲游；海岛温泉度假游；海南婚庆蜜月游；特色高尔夫游；海南度假购房游；海南节庆活动游；特色美食购物游；热带雨林探奇休闲游；豪华邮轮度假游；海南民俗体验游等。

同时，遵循“点入线中、以线串点、以线托面”联合营销原则，整合海南旅游宣传促销资源。点是指景区、酒店、餐馆店、购物点、娱乐点等旅游接待企业，线是指某条主题线路，而面则指的是海南国际旅游岛建设整体形象。

（资料来源：《海口晚报》2010 - 01 - 10，记者祝勇，实习生李里）

领会上文，并结合本地及周边地区旅游资源、市场需求等要素，在进行认真调查研究的基础上，按照本章有关内容的要求，设计一条旅游线路，须包括：

线路名称；目标市场；日程详细介绍、成本构成、线路特色、旅游注意事项等内容。将线路

设计的有关内容制作成课件进行展示，并请老师和同学们点评、提出意见，加以修改。

案例导读：

中国长航长江海外旅游总公司以新产品激活长江旅游市场

长江是大自然赋予我们的“资源之江”，不仅具有得天独厚的航运、水电等资源，而且具有丰富的旅游资源。从上世纪80年代初“昆仑”号以包租的形式经营长江旅游开始，经过20多年的发展，长江旅游逐步走向健康持续发展的轨道。但与国外内河旅游相比，不论是旅游资源的开发，还是旅游接待收入，都还存在一定差距。2005年，长江游轮游客接待量仅为密西西比河的1/3，莱茵河的1/5，尼罗河的1/9。要使长江旅游的发展进入快车道，赶上和超过国外内河旅游发展的规模和速度，还需要各方面的不懈努力，就市场开发而言，不断创新和推出新产品、新线路是不可忽视的重要环节

产品单一老套不利发展

长江旅游，精华区段在三峡。长江旅游从起步之日起，人们的目光便聚焦在长江三峡，目前在市场上推出的线路和产品，多数是以三峡为主体包装的渝宜线、宜渝线等常规线路。

长江三峡作为闻名于世的黄金旅游线，中国首批评选的旅游风景名胜四十佳之一，对海内外游客无疑具有极大的吸引力，长江旅游产品以三峡为主体进行包装理所当然。问题在于，产品若年年如此，一成不变，在市场的卖点就会大打折扣，长期下去，也不利于长江旅游的发展：

1. 从游客的心理看，外出旅游追求的是“新”和“奇”，特别是一些回头客，更不希望重走老线路，即便是老线路，也希望所看的景点和以前有所不同，而回头客在长江游客流量中占到一定比重。

2. 从长江旅游发展现状看，随着三峡大坝的建成，长江三峡景区已发生了巨大变化，许多原先藏在深山人未知的景点随着水位的上涨可以得到深度开发和包装，如香溪、神女溪等；许多邻近长江三峡的景点景区如神农架、天坑地缝等随着库区水位的上涨和旅游基础建设的加强，也与三峡连成一片，构成了一个新的更大的景区带；而雄伟的三峡大坝工程本身就是一处对世人有巨大吸引力的新景点，长江三峡旅游产品的设计和包装要随着三峡景区的变化而变化。

3. 就整个长江而言，从重庆到上海，千里长江璀璨亮丽的景点无处不在，在“世界遗产委员会”发布的我国《世界遗产名录》的27个项目中，有12个分布在长江流域，占总数的44.4%。在我国公布的两批共84个国家级风景名胜区中，有33个分布在长江流域，占总数的39.3%%。丰富的长江旅游资源为设计和包装长江旅游新产品创造了条件。长江旅游产品既要突出三峡这一核心景区，也要注重向长江中下游延伸，这样才能使长江旅游的发展保持良好的势头和后劲。

因此，发展长江旅游必须立足当前，着眼长远，立足现实，着眼发展；要研究市场的变化，分析研究游客的心理和对产品的需求，在推出和维护常规线路的同时，不断创新产品，推出新线路，以增强长江旅游发展的活力。

政府主导产品创新

对开发长江旅游新产品，许多旅行社和旅游船公司在发展长江旅游的过程中曾经做过尝试。1997年，长江上最大的游船公司——长江海外与台湾一家旅行商合作，共同设计推出长江三峡全游览产品，该产品把三峡区段多处著名景点全部包装在一起，在行程安排上比常规线路多出三至四天，使游客一趟三峡游能游览更多的景点，这一产品在台湾市场一推出，就受到客人的欢迎。

近年来，随着长江旅游市场出现的变化，以及长江三峡旅游市场曾一度出现的疲软现象，许多游船公司为激活长江旅游市场，在开发长江旅游新产品上动起了脑筋。2003 年，三峡大坝蓄水至 135 米后，大型游轮可从长江进入香溪，为游客乘游轮到神农架游览提供了便利，长江海外经过认真策划后，于当年下半年推出长江“双神线”（长江三峡 + 神农溪 + 神农架）产品，受到客户和游客的欢迎和推崇，现在这一线路已成为长江旅游的精品线路之一。之后，又先后设计和推出了长江“神九线”（长江三峡 + 神农架 + 九畹溪）、“长江三峡佛教文化之旅”“长江故事馆”等多条新线路和新产品。这些具有个性化特色的产品对激活长江旅游市场均起到了一定的拉动作用。

除了旅游企业在创新长江旅游产品中扮演重要角色外，各级政府和旅游主管部门在开发长江旅游新产品中也充分发挥了主导和推动作用。

2005 年，由武汉市旅游局发起，联合中下游 12 个省旅游主管部门，共同设计推出了“长江自然文化之旅”产品，这一产品以长江为纽带，将中下游的名山、名城包装在一起，以“国宾”系列游轮为交通工具，这一产品的推出标志着长江旅游线路向中下游延伸迈出了实质性的步伐。这种以休闲和观光结合在一起的产品在市场上的认可程度是显而易见的。当时，台湾有 10 多家旅行商组成联合体代理销售此产品，国内东北、华南、华中等地的旅行社也纷纷签署协议，推销这一产品，一年中，这条旅游线接待海内外游客达 1000 余万人。

2006 年初，重庆市旅游局根据三峡大坝蓄水后，三峡景区出现的新变化，联合台湾旅行业品质保障协会、港龙航空公司、四川航空公司和长江海外重庆旅游公司共同设计推出了“新三峡环湖游”产品，这一新产品的最大特点是将长江三峡旅游起始点变为一地，即由重庆发航，顺江而下，至三峡大坝而返，再回到重庆结束行程，保证了丰都鬼城、忠县石宝寨、云阳张飞庙、奉节白帝城、巫山小三峡、三峡大坝和瞿塘峡、巫峡、西陵峡三段峡谷等多个景点都能在白天游览，这一产品推出后，在台湾、香港和东南亚等地旅游业者中得到了极大的回应，仅台湾一地在今年就计划包租 20 个环湖游航次。

产品的开发上要有新辐射

从长远的观点看，从吸引海外游客这一点考虑，必须要在不断延伸长江旅游产品上做文章，因为每一位海外游客来中国旅游，都希望多看一些地方，他们在选择了游览长江之后，还希望多游览几处中国的名胜古迹。国内游客也有此心理。鉴于此，在开发长江旅游新产品时，要注重向横、纵方向辐射。

从区段思考，可以长江三峡为轴心向周边辐射，如将长江三峡游和乌江游连成一条线，组合成“两江游”产品，将长江三峡，神农架，武当山进行组合，形成“一江两山游”产品。

从长江旅游整体上思考，可以长江为依托，将旅游线路向四周延伸。如向西延伸，与峨眉山，九寨沟等著名风景区进行组合，向南延伸，与张家界、桂林等著名风景区进行组合，向东延伸，与上海、杭州等旅游城市进行组合，形成多条全线自联游产品。这样不仅能增加长江旅游产品在市场上的卖点，也大大提升了长江旅游产品的附加值。

在新产品的宣传推广上要开拓新思路。前些年，有些长江沿线部门策划推出的长江旅游新产品，之所以没有取得较好的效果，其中一个重要原因，就是忽视了宣传推广这一环节。

宣传推广既要依靠企业自身的手段，通过印制宣传品、招贴画或新产品说明会等方式进行促销，也要注重借助社会的力量，利用互联网这个重要阵地，更要注重发挥境外媒体、网络和旅行商在产品宣传推广中所起的作用。旅游行业主管部门要注重组织协调作用，并在经费上给予一定支持。

通过不间断宣传，让客户和游客了解新产品新在哪里，奇在何处，从而使一个个富有特性的长江旅游新产品引起游客的关注，得到市场的认知。

长江旅游新产品的开发是长江旅游发展的方向，应坚定不移地走下去。

（资料来源：《长江航运报》2006 年 6 月，作者胡怀生，有删改）

【思考】

1. 线路设计要考虑那些因素？

2. 为什么渝宜线、宜渝线等长江游经典线路也需要不断创新求变？

3. 你对政府主导线路创新有何看法？

第一节　旅行社目标市场的确定

在旅游需求日益多元化、个性化的今天，旅行社要为旅游客源市场上所有的游客提供产品与服务几乎是不可能的。旅游经营企业在做营销规划时，必须确认在市场中最具吸引力且本企业能最有效提供服务的市场区划，满足一部分人的需求。现代企业管理中，把这种企业选定的销售活动对象称为“目标市场”。目标市场的选择是在市场细分的基础上进行的，即第一步进行市场细分化，第二步选择目标市场。

一、旅行社市场的细分

旅游市场细分在旅游目标市场的选择中占有重要的地位和作用，是旅游企业长期发展的关键，也是决定旅游企业营销成败的关键。现代旅游市场发展过程中，市场细分化的趋势不断增强。由于人们的需求存在差异性和类似性，所以我们必须按类似性进行聚和，按差异性进行细分。旅游企业通过市场细分，制定不同的营销组合，即不同的旅游产品、价格、营销渠道、促销方法等，以便更好地满足各种旅游消费者的不断变化着的需求。

（一）旅游市场细分的概念

市场细分又称市场分割，是指企业根据顾客购买行为与购买习惯的差异性，将某一特定的整体市场分割为若干个消费者群体，以选择确定目标市场的活动。

旅行社市场细分是将属于某一整体客源市场的旅游者，按一种或几种因素进行分类并形成不同特点的各个子市场，它不是由人们的主观意志决定，而是由旅游需求的多元化，以及商品经济内在矛盾引起的。

（二）旅行社市场细分的作用

1. 有利于旅行社确定经营的总方针

市场细分是旅行社经营战略与策略决策的集中体现，它显示了旅行社当前与未来经营行为的基本特征。旅行社经营的核心问题，是向哪些旅游者提供什么样的产品，只有通过科学的市场细分，旅行社才能从众多的细分市场中选择适合本企业的服务和经营对象，从而确定旅行社经营的总方针。

2. 有利于寻找最佳的市场机会

不同旅游形式之间的市场需求量，以及对旅游者的满足程度，存在着一定的差异，任何一家旅行社在市场的优势都只是某一方面的相对优势。旅游市场上存在着大量的市场机会，但这些机会能否成为旅行社最佳的市场机会，取决于旅行社资源的潜力，市场的适应性和市场的选择性，通过市场细化，可以选择适应旅行社资源潜力的最佳市场机会。

3. 有利于旅行社制定市场竞争的策略

旅行社的经营效益取决于客源量，各家旅行社为了争夺客源，市场竞争十分激烈励。旅行社只有通过市场细分，才能发现目标群体的需求特点，从而调整自己的产品结构，形成自己的特色，并立足于市场，发挥经营优势。

4. 有利于在旅行社内部制定专门的策略，提供特色化服务

众多旅行社产品同一化、普遍化的历史经验告诉我们，同一车、同一房、同一景点、同一口号、同一标准，已不再是人们选择旅行社的标准。而满足个性化消费、特色化消费需求已经成为了人们选择的重点。我们只有通过市场的细分，把客源逐一分类，才能够有的放矢，增加我们的经营策略和经营效益。

旅行社市场的细分已经成为旅行社经营策略中的重中之重。

（三）旅行社市场细分的标准

要进行有效的市场细分，必须找到科学的细分依据。每个旅游者都具有许多特点，如年龄、职业、文化程度、购买习惯等，这些特点正是导致顾客需求出现差异的因素，每一个这样的因素都可以作为对市场实施细分的依据。不同类型的市场，细分的因素也有所不同，而且这些因素又处于动态之中，因此被称为“细分变量”或“市场细分标准”。总体上来说，旅游市场可以按照以下几类标准进行细分。如表5－1所示。

表5－1　　旅行社市场细分标准

	细分因素
地理细分	地区、人口密度、气候、城市大小、自然环境、经济环境、空间位置、地形地貌等
人文统计细分	年龄、收入、性别、职业、种族、宗教、家庭结构、社会阶层、国籍、民族、文化与血缘等
心理细分	旅游动机、生活方式、兴趣爱好、价值取向、旅游习惯、个人气质、性格等
行为细分	出游形式、品牌忠诚度、对营销因素（服务、价格、广告等）的敏感度、对产品的认知状态等

1. 地理细分

旅游活动本身是以旅游者的空间位移为典型特征的，因此按照地理因素对旅游市场进行细分有着非常重要的意义。例如，世界旅游组织（WTO）根据地区间在自然、经济、文化以及旅游者流向等方面的联系，将世界旅游市场细分为六大区域旅游市场：欧洲市场、美洲市场、东亚及太平洋市场、南亚市场、中东市场和非洲市场。我们通常所说的“国内旅游市场”和“国际旅游市场”是按国界进行市场细分，这是旅游目的地国家或地区细分国际旅游市场最常用的形式。此外，地区、城市、乡村、不同的气候带、地形地貌等都可以作为地理细分的标准，如上海2010世博会的客源可划分为本地客源、长江三角洲客源、国内客源、海外客源，也是一种地理细分。

2. 人文统计细分

人文统计细分是将旅游市场按照人文统计学变量如年龄、收入、教育程度、职业、种族、性别、宗教、家庭规模、社会阶层等为基础划分成不同的群体，这些变量往往易于识别且便于衡量，是划分旅游者群体很常用的方法。一般情况下，旅游企业选择其中的一个或几个变量作为划分的标准。例如，按照人口年龄段，旅游市场可细分为老年人、中年人、青年人、儿童四

个子市场。旅行社也可以按照家庭生命周期将旅游市场划分为新婚家庭、中年家庭和老年家庭，从而相应地推出“新婚旅游”“合家欢旅游”和“追忆往昔旅游”等不同的旅游产品来满足个性化的需要。

3. 心理细分

旅游者在心理上也具有许多不同的特征，如旅游动机、生活方式、兴趣爱好、价值取向、旅游习惯等。心理细分就是按照这些标准对旅游市场进行细分。人们在旅游活动中更多地获得心理上或精神上的满足，而人与人在心理满足上又有很大的差异性。例如，有的人旅游是为了寻求刺激，有的人旅游是为了寻求安宁。因此，旅游经营者应利用这种差异对市场进行细分，创造不同的市场特色。不同的心理需求、不同的个性，产生了消费者不同类型的购买动机，有的追求新颖、有的追求实用，有的对质量要求很高，有的则只求物美价廉。由于消费者心理需求具有多样性、时代性、可诱导性等特性，因此有时心理因素是很难严格加以判定的，很难量化和把握。但它对旅游市场划分却是极为有效的。

4. 行为细分

不同的旅游者在行为上往往会有很大的差异，因此按照旅游者的行为进行市场细分是很有效的。依据购买组织形式变量将旅游市场细分为团队市场和散客市场，是旅游市场最基本的细分形式之一。而近些年来散客市场得到很大的发展，成为世界旅游市场的主体，在这一市场中，形式也日益复杂多样，出现了独自旅游、结伴同游、家庭旅游、小组旅游等形式。又比如，有些旅游者在旅游时只乘坐某一家航空公司的飞机或只住一家旅店，因此，旅游企业可以按照这种行为习惯将旅游者分为坚定的品牌忠诚者、转移型的忠诚者和无品牌偏好者，然后通过一系列市场营销活动来扩大市场占有率。

一些旅游方面的专家认为，随着旅游市场全球化进程的加快，用来划分国际市场的一些传统变量，如地理变量和国家界限等，将会逐渐被心理变量、行为细分所代替，因为它能够更加准确地反映游客之间的文化异同，从而更加有利于确定目标市场。在西方发达国家里，新出现的一些细分市场包括：老年人市场、年轻的单身者、旅游探险者、文化探索者、高尔夫爱好者以及其他特殊兴趣团体。

（四）旅游市场细分的步骤

根据美国营销专家麦克阿瑟的观点，市场细分一般由以下七个相互关联的步骤组成，如图5－1所示。

1. 选定市场范围，确定经营方向

旅游经营者在确定了总体经营方向和经营目标之后，就必须确定其经营的市场范围，这项工作是企业市场细分的基础。市场范围是以旅游者需求为着眼点确定的，因此通过调查工作分析市场需求动态是必要的。同时，企业应充分结合自己的经营目标和资源，从广泛的市场需求中选择自己有能力服务的市场范围，不宜过窄或过宽。

2. 了解客源市场，确定潜在市场需求

在确定适当的市场范围后，根据市场细分的标准和方法，了解市场范围内所有现实和潜在游客的需求，并尽可能地详细归类，以便针对旅游者需求的差异性，决定采用何种市场细分变量，为市场细分提供依据。

3. 分析可能存在的细分市场

通过分析不同旅游者的需求，同时找出旅游者需求类型的地区分布、人口特征、购买行为等方面的情况，做出分析和判断，构成可能存在的细分市场。

4. 确定主要的市场细分标准

企业应分析哪些需求因素是重要的，通过与企业实际情况和各个细分市场的特征进行比较，寻找主要的细分因素，筛选出最能发挥本企业优势和特点的细分市场。

5. 为可能存在的细分市场命名

旅游经营者可以根据各个细分市场的主要特征，用形象化的语言或其他方式，为各个可能存在的细分市场确定名称。

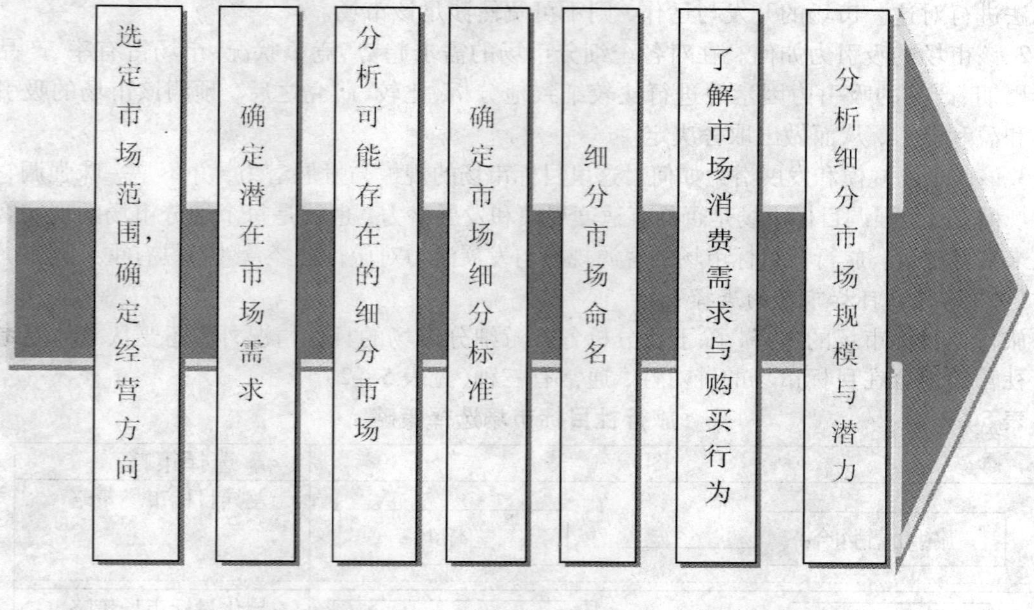

图 5－1　旅行社市场细分步骤

6. 评价初步细分的结果，进一步了解各细分市场的消费需求和购买行为

通过深入分析各细分市场的消费需求，了解旅游市场上消费者的购买心理、购买行为等，对各细分市场进行必要的分解或合并，这项工作将帮助饭店寻找并发现最终的目标市场。

7. 分析各细分市场的规模和潜力

在前面六个步骤完成后，各细分市场的类型已基本确定，此时企业应估算各细分市场的潜在销售量、竞争状况、赢利能力、发展趋势等，并找出市场的主攻方向，进而确定目标市场。

市场细分的以上步骤有利于企业在市场细分中正确选择营销目标市场，但无须完全拘泥于某一种模式，可以根据实际情况进行简化、合并或扩展。

二、旅行社目标市场的选择

旅行社的市场细分与目标市场的选择既有联系，又有区别。旅行社的市场细分是按一定标准划分不同旅游者群体的过程，而目标市场的选择是旅行社选择细分市场的结果和做出经营对象决策的过程。由此可见，旅行社目标市场的选择是在市场细分基础上进行的，市场细分是旅行社选择目标市场的基础，目标市场的选择则是旅行社市场细分的结果。

(一)旅行社目标市场的含义

所谓目标市场是指企业作为销售目标的消费群体。一个企业往往根据自己的条件确定一个或几个细分市场，作为自己的目标市场。如美国运通的目标市场是知名大公司差旅外包服务、旅游金融等，携程的目标客户主要是喜欢网购、电话订购且预算有限的零散游客。

旅行社的目标市场，是指旅行社准备用其产品与服务来充分满足的一组或几组特定的旅游者群体，又或者说，目标市场是旅行社准备在其中从事经营活动的一个或几个特定的细分市场。

（二）旅行社目标市场选择的依据

1. 该市场是否符合本企业的整体经营目标、资源状况和营销能力。如果旅行社的经营状况无法进行对这一市场的开发与运作，则不可贸然涉足该市场。

2. 该市场的吸引力如何。在对各个细分市场的需求趋势、竞争状况、市场占有率、产品的生命周期、产品的吸引力因素等进行比较细致地分析、比较、研究之后，预测该市场的吸引力大小和盈利能力，从而做出取舍决定。

3. 该市场的规模和发展潜力如何。这里目标市场的规模与发展潜力，并不是一味强调它的绝对规模，而是强调目标市场是否具有适度规模和发展潜力，也就是每个细分市场的现实客源量与未来客源量。旅行社目标市场的客源规模与发展潜力对旅行社经营效益具有重大影响。

（三）旅行社目标市场的选择策略

旅行社目标市场的选择，除了要分析各旅游细分市场的具体情况外，还要从总体上考虑旅行社营销组合在目标市场的针对性，通常有三种（见表5－2）。

表5－2　**旅行社目标市场选择策略**

图示	选择策略
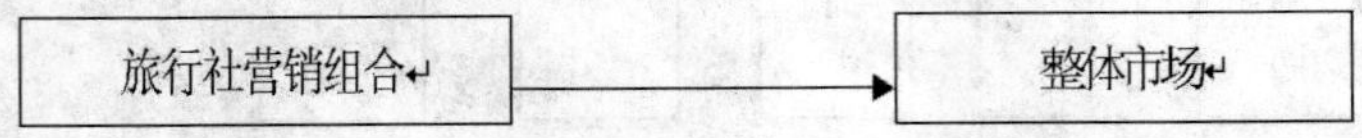	无差异目标市场策略
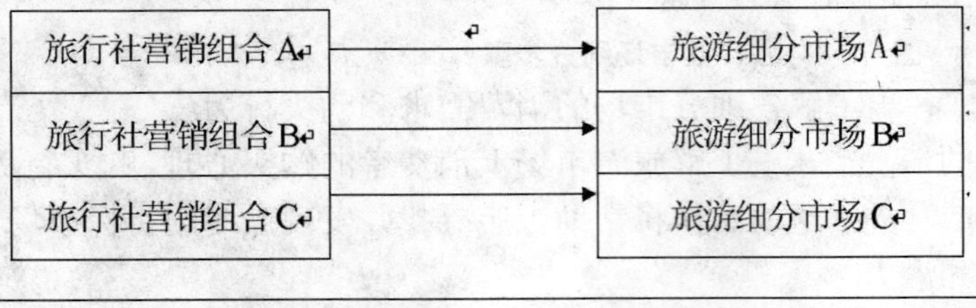	差异化目标市场策略
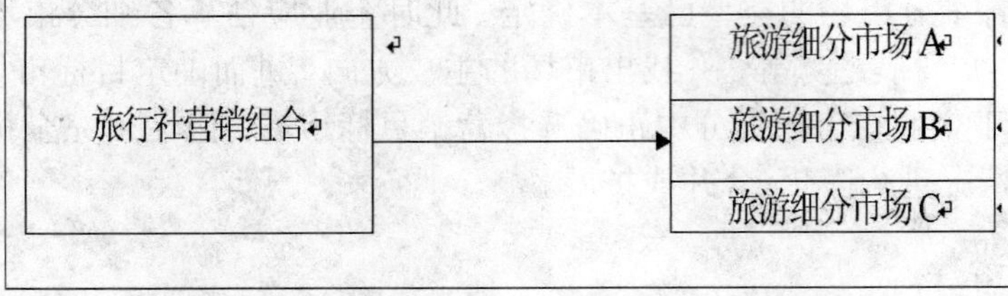	集中性目标市场策略

1. 无差异目标市场策略

无差异目标市场策略，也称整体市场策略。即忽略市场内旅游者需求的差异性，把整体市场作为本企业的目标市场，只推出一种旅游产品，运用一种统一的营销组合。好比当年福特提供T型汽车给所有的顾客。顾客从它那里可以得到的汽车“除了黑色以外没有其他颜色”。可口可乐公司也在相当长的一段时间里开展了大众化营销，它曾经只卖一种6.5盎司一瓶的可乐。

该策略的优势在于:向市场提供标准化产品，简化分销渠道，节省产品开发、广告促销、市场调研以及市场管理的各项费用;大规模销售，有利于形成规模效应。无差异目标市场策略适用于以下三种情况:(1)整个客源市场的需求虽有差别，但需求的相似程度较大;(2)客源市场的需求虽有实质上的差别，但各个需求差别群体的经济规模较小，不足以使旅行社通过某个细节市场的经营取得效益;(3)旅行社业内竞争程度较低，客源市场的需求强度较高。

2. 差异化目标市场策略。

差异化目标市场策略是根据消费者的不同需求特点，对整体市场进行细分，对于不同细分市场，设计不同的产品，采取不同的营销策略，以满足每个市场的需求。比如旅行社同时推出观光旅游、健身旅游、经济团旅游、豪华团旅游等产品及其营销组合，采取的就是差异化目标市场策略。

该策略的优势在于:更能满足市场的需要，增加销售量;提高企业抗风险能力。旅行社差异性目标市场策略适用于以下三种情况:(1)客源市场的需求存在着明显的差异;(2)按细分因素与细分标准划分的各类客源市场都具有一定的经营价格;(3)旅行社规模较大，且产品经营能力足以占领更多的细分市场。

3. 集中性目标市场策略。集中性目标市场策略又称密集性市场策略，即在市场细分的基础上，企业选择一个或很少几个细分市场作为自己的目标市场，然后集中企业的全部优势实行高度专业化经营，充分满足一类或几类消费者的需求。

该策略的优势是:由于目标市场明显集中，可以实行针对性较强的经营方案，这将有助于旅行社提高产品的市场形象和市场占有率，同时，还有利于旅行社降低产品经营成本。密集性目标市场策略是中、小型旅行社经常采取的一种目标市场策略。其不足之处是经营风险较大。旅行社密集性目标市场策略适用于以下两种情况:(1)细分市场具有明显的、实质性的需求差异;(2)旅行社规模较小，且经营能力有限。

三、旅行社的市场定位

(一)旅行社市场定位的含义

所谓市场定位，即是根据所选定目标市场竞争者现有产品所处的位置和企业自身的条件，从各方面为企业和产品创造一定的特点，塑造一定的市场形象，以求在顾客心目中形成一定的偏好，留下一个最佳位置。简单地说，市场细分是让你如何找准你的顾客，市场定位是让你如何博得顾客的“芳心”。

旅行社市场定位，实质上是将本企业置于某一选定的细分市场之中。因此，旅行社在进行市场定位时，必须研究旅行社的竞争潜力、竞争对手的市场位置以及所表现出来的特征，同时确定自己的市场地位并有效地向目标市场表明本企业市场定位的观念。

(二)旅行社市场定位的步骤

1. 收集有关信息

旅行社的市场定位是建立在对相关信息和资料分析研究基础之上的，因此，信息收集是旅行社进行市场定位的重要环节。这些信息应该能够回答以下的问题:

(1)目标市场旅游者群体的需求特点，以及主要的或敏感的需求特性是什么？旅游产品的哪些特性对目标市场最为重要？哪些产品特色最能引起旅游者的兴趣？

(2)在目标市场经营的其他旅行社的产品情况如何？其特点何在？

(3)目标市场上的哪些需求没有得到充分满足？

(4)与竞争对手相比，本企业产品的优势与劣势有哪些？

2. 分析并确定竞争对手的市场位置

旅行社在全面掌握了主要竞争对手的各种有关信息后，要运用市场细分的因素对竞争对手的产品加以描述，从而正确地确定竞争对手在特定目标市场上的位置。一般来说，在确定竞争对手的市场位置时，要综合考虑各种细分因素及细分标准，全面评估竞争对手的市场定位。

3. 确定本旅行社的市场位置

旅行社在确定了竞争对手的市场位置后，可以进一步按这些细分因素与标准全面分析目标市场中哪些需求还没有得到充分满足，目前哪些产品要素在市场上还存在空白点，然后再确定本旅行社的市场位置。

四、旅行社营销要素组合

旅游市场营销组合是指旅游企业为增强竞争实力，实现营销目标，在选定旅游目标市场的基础上，综合运用企业可以控制的各种市场营销因素(产品、包装、价格、服务、广告、销售渠道、企业形象等)，实行最优化组合，以实现旅游企业的营销目标。

旅行社营销组合是指旅行社为达到目标市场上所追求的销售水平，针对产品、价格、销售渠道和销售促进四个因素进行组合，使之互相配合，综合性的发挥作用的整体营销策略。如图5-2所示。

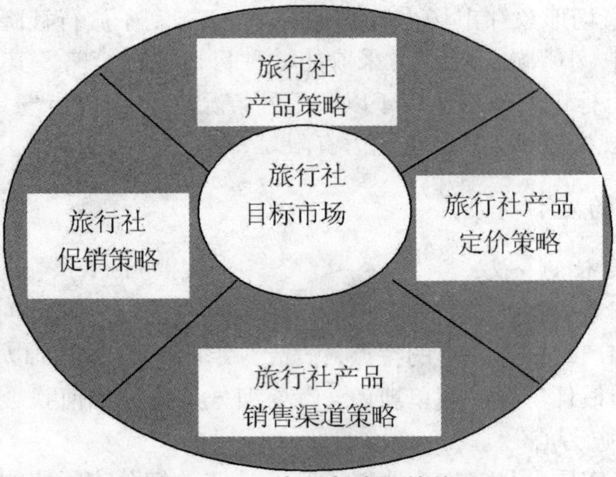

图5-2 4P与目标市场的关系

其中，旅行社产品策略直接涉及到旅游者需求与欲望的满足。它是旅行社市场营销组合中的一种重要策略，是旅行社制定相关营销策略的基础，主要包括旅行社产品寿命周期策略、旅行社产品组合策略、旅行社新产品开发策略等。

一种旅游产品的价格是否适应，往往影响该产品在旅游目标市场中的竞争地位和市场占有率，对旅行社的营收和利润关系很大。产品定价策略主要包括产品定价目标、产品定价方法、产品定价技巧等可控因素的组合和运用。

旅行社产品销售渠道策略是指怎样以最低的成本，通过最合适的途径，将自己的产品及时送到旅游者手中。旅行社产品销售渠道策略包括旅游经销商、旅游批发商、旅游零售商的选择，产品销售网络、范围、渠道的选择，产品销售管理等。旅行社促销的目的在于扩大旅游产品的销售，它是提高旅行社经济效益的重要途径。旅行社促销活动利用信息传播手段刺激消费者购买欲望，促进产品销售来实现其营销目标，其中包括对同促销有关的广告、人员推销、营业推广、公共关系等可控因素的组合和运用。这些内容会在后面的章节中详细介绍。

【链接 5－1】

4Ps

营销中 4Ps 是一种流行的营销组合理论，通常简称 4Ps，由美国密西根大学教授杰罗姆·麦卡锡 1964 年提出，主要有：

1. 产品不单单是产品本身，它是一个产品体系，从产品层次来讲，包括核心产品、实际产品、外延产品三个层次；从产品系列组合来讲，包括产品的广度、长度、深度和相关性等要素；具体地讲，还包括品牌、特色、质量状况，甚至包括产品的售后服务。

2. 价格也不单单是价格本身，而是一个价格体系，它应该包括出厂价格、经销商出货价格、零售价格，还包括企业的价格政策里面的折扣、返利等指标，这样的要素才构成了整个的价格体系。

3. 渠道也不单单是渠道本身，它包括了公司的渠道战略，是自己建设渠道还是通过总经销建设渠道，是总经销还是小区域独家代理，还是密集分销。产品要占领哪些终端，终端的策略怎样，渠道链的规划、客户的选择怎样。客户的管理和维护、渠道的把握、渠道客户的切换等等方面的问题。

4. 促销也不单单是促销活动本身，而是广义上面的对消费者、对员工、对终端、对经销商的一个促销组合，这样的促销才是完善的。

4Ps 理论诞生于饱和经济时代，它强调以企业为中心，对当时的营销理论与实践起到了不可磨灭的作用，对今天的企业营销管理也有重要的指导意义。

（资料来源：选自东北教育网 edu. northeast. cn）

第二节　旅行社产品

一、旅行社产品的内涵

（一）旅行社产品的含义

对于什么是旅行社产品，国内旅游理论界有诸多不同的看法，如有的学者直接把旅游产品作为旅行社产品，也有的学者和业界人士直接把旅游线路作为旅行社产品。目前国内旅游界普遍认同的是杜江教授给出的定义，即旅行社产品是指旅行社为满足旅游者在旅游过程中的需要而向旅游者提供的各种有偿服务。它是由实物和服务综合构成，是向旅游者销售的旅游项目，其特征是服务成为产品构成的主体。其具体展示主要有旅游线路、旅游活动、食宿和单项服务等。

旅行社产品的内涵包括以下三个方面：

1. 旅行社生产和服务的目的在于满足旅游者旅游过程中食、住、行、游、购、娱等多方面的需求。

2. 旅行社产品的形态是服务，而非物质产品。即使旅游者在使用产品过程中消费物质产品，也不过是旅行社用于达到服务目的的工具，其产品的核心和灵魂仍然是服务。

3. 旅行社提供的各种服务是有偿的。

（二）旅行社产品的构成

旅行社产品不同于一般的物质产品，它是一种以无形服务为主体内容的特殊产品，它是由食、住、行、游、购、娱各种要素构成的有机“组合产品”。旅行社产品的生产者，都是从这一构成出发，去从事旅行社产品的生产的。因此，我们应该认真研究构成旅行社产品的诸多因素。一般由三部分构成：核心部分、外形部分和延伸部分。如图 5－3 所示。

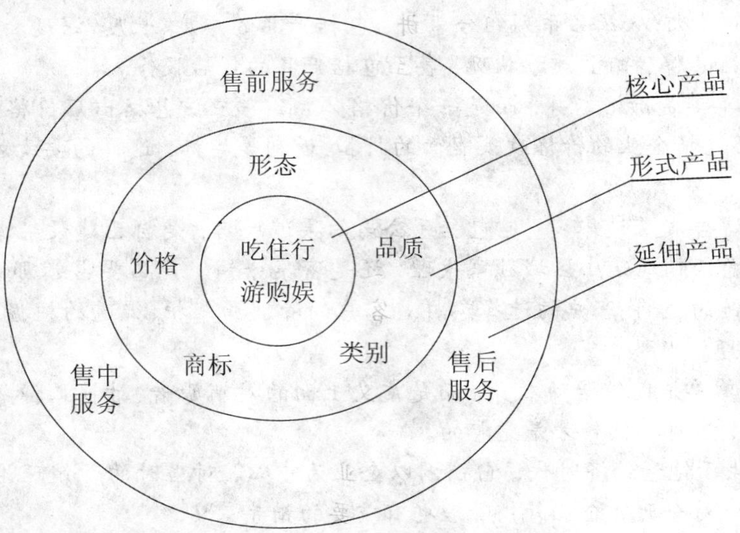

图 5－3　旅行社产品构成

1. 核心部分是向顾客提供的基本的旅游服务或核心利益。核心部分往往是无形的，它包含的是顾客感受到的基本需求或其追求的基本利益。可以借助精心设计的语言和画面将这些利益表达出来，以刺激消费者的购买行为。

2. 外形部分是指旅游产品向市场提供的实体和旅游产品的外观。它是旅游产品基本功能和利益借以实现的载体，如旅游产品的质量、风格、声誉、品牌等，景区的环境、门票价格、服务设施等。通过这些因素游客才会更认识产品的核心利益。形式产品说明了企业能提供给顾客何种产品，顾客付钱后能得到什么。旅游业中形式产品之间的差别是很小的。

3. 延伸部分是提供给游客的外加利益或优惠条件，如安全保障、信息服务、信贷服务、便利设施等。它既是有形的，又是无形的。顾客感受到延伸产品的存在，是由顾客所体验到的、与产品有关的利益及约定的有形产品基本要素之间的差别引起的。

旅游产品通过产品外形部分和延伸部分形成自身差异化，以赢得竞争优势。增加游客利益是实行差异化的重要手段。

例如，有一家饭店向市场推出了一项包括两晚住宿和两顿早餐的周末度假产品，那么其核心产品可认为是饭店向顾客提供了一个周末放松、休息和娱乐的机会，而其形式产品则是顾客周末在饭店的两晚住宿和两顿早餐，还有饭店的各种设施、服务及饭店建筑和名称等。其附加产品可能有多种选择，可向消费者赠送一些免费的小礼品，或实行更优质、更完善的服务等。

从上述实例中可以更清楚、更全面、更完整地理解旅游产品。旅游企业应该认识到核心产品应反映顾客的特征和核心需求，企业所设计和生产的旅游产品首先要保证能满足顾客的基本需求，并保持不断改进和完善核心产品的能力；形式产品在旅游业中的差别较小，应围绕核心产品有目的地设计和开发；延伸产品能有效增加对目标市场顾客的吸引力，也是形成与竞争对手产品差异化的重要途径，但始终仍应以核心产品的开发为中心。

二、旅行社产品的类型

旅行社产品类型很多，人们往往从不同角度以各种方法对旅行社产品进行分类。在实际经营中，有些旅行社根据旅游者的旅游动机对旅行社产品进行分类，称为旅游动机分类法；另一些旅行社则按照旅游活动包含的内容对旅行社产品进行分类，称为产品内容分类法。

(一)旅游动机分类法

根据旅游动机分类法，旅行社产品被划分成观光旅游、度假旅游、商务旅游、会议旅游、奖励旅游、探亲旅游、专业旅游、修学旅游、宗教旅游、探险旅游等十大类型。

1. 观光旅游

观光旅游产品是指旅行社利用旅游目的地的自然风光、文物古迹、民情风俗等旅游资源，设计成各种观光旅游线路，组织旅游者前往参观游览。观光旅游产品是旅游活动中最普遍的一种形式，属基础旅游层次范畴。其特点是旅游者通过观赏风光达到求新、求奇、求知、求美等目的，是许多旅行社的主要经营产品。但观光旅游很少回头客。

2. 度假旅游

度假旅游是近年来颇受旅游者青睐的一种旅行社产品，在旅游市场上占据的份额不断扩大，成为许多旅行社的主营产品。度假旅游产品的出现同现代社会城市化进程的加快有着密切关系。生活和工作的双重压力使得人们需要放松身心，释放压力。利用假期到有阳光、海水、沙滩的海滨度假地，或者山间、湖边等其他风景优美的地方度假，使疲劳的身心得到休整。度假旅游以散客旅游为主要旅游方式，多为家庭集体外出，其消费能力比较强，对旅游设施和服务水平的要求较严格。度假旅游是21世纪旅游发展趋势之一。

3. 商务旅游

商务旅游是指以经商为目的、将商业经营与旅行游览结合起来的一种旅游频率高、经济效益好的旅行社产品。商务旅游者多为企业的管理人员或销售人员，其消费水平往往高于其他类型的旅游者。商务旅游盯住的是豪华市场。商务旅游在许多方面不同于观光旅游或度假旅游。第一，商务旅游主要目的地是城市特别是商业城市，对某一目的地重游率很高；第二，商务旅游对季节和气候考虑因素较少；第三，商务旅游一般预定时间较短，往往需要旅行社在很短的时间里为其办理相关事宜；第四，商务旅游者对相关价格不敏感；第五，在旅游目的地期间，商务旅游客人往往需要诸如汽车租赁，以及饭店里的商务设施等服务。

4. 会议旅游

会议旅游是指旅行社在会议期间或会后组织会议参加者进行参观游览活动的一种旅行社产品。参加会议旅游的旅游者消费水平比较高，购买力强而且在旅游目的地停留的时间一般较长，所以组织或接待会议旅游活动，能够给旅行社带来较高的经济效益。

5. 奖励旅游

奖励旅游是近年来发展很快的一种旅行社产品。按照国际奖励旅游协会的定义：奖励旅游是现代的管理法宝，目的在于协助企业达到特定的企业目标，并对该目标的参与人员给予一个非比寻常的假期，以作为鼓励。也包括大公司安排的以旅游为诱因，以开发市场为最终目的的客户邀请团。由于许多企业对旅游活动的安排和接待工作不熟悉，所以它们常委托旅行社进行安排。

6. 探亲旅游

探亲旅游是旅行社组织旅游者到达旅游目的地走访亲友的一种旅游活动。探亲旅游是一种目的明确的旅游活动，人们参加探亲旅游的主要目的就是探望自己的亲属或朋友，同时也可能进行其他形式的旅游活动。探亲旅游的人均旅游支出相对较少，不少旅游者住在被探访的亲戚朋友家里，无须住饭店也很少到餐馆就餐。在国外的某些私人汽车普及的国家或地区，旅游者还可能乘坐亲友的私人汽车游览参观，不需要由旅行社安排交通工具。对于旅行社来说，利润低，但可以联络客源，以期为旅行社其他旅游产品争取潜在客户。

7. 专业旅游

专业旅游是一种具有广阔发展前景的旅行社产品，包括卫生专业旅游、法律专业旅游、教育专业旅游、农艺专业旅游、科技专业旅游等。参加专业旅游的旅游者以考察和交流知识为旅游活动的主要目的，同时也进行其他形式的旅游活动，如观光游览、度假休闲等。专业旅游多采取团体形式，旅游团多由同一职业或具有共同兴趣的人员组成。旅行社在组织和接待专业旅游团时，除安排他们到普通旅游景点参观游览外，还应该设法为他们联系和安排到与其专业对口的单位参观访问及同旅游目的地的该专业人员进行座谈交流。这样，可以使旅游者认为不虚此行，增强他们对旅行社服务的满意程度。

8. 修学旅游

修学旅游是以外出学习为主要目的的一种旅游活动。修学旅游产品的主要购买者是青年学生。另外，也有一部分中年人和少数老年人参加修学旅游。修学旅游的时间一般比较长，短期修学旅游至少为一至二周，长期修学旅游的时间可达到数月甚至一年。修学旅游者在旅游目的地学习的同时，还会利用周末，寒、暑假的时间到旅游景点游览观光。修学旅游的种类很多，如针灸修学旅游、书法修学旅游、绘画修学旅游等。我国目前的一些旅行社利用当地的修学旅游资源，大力开发修学旅游，取得了良好的经济效益。

9. 宗教旅游

宗教旅游是最古老的旅游形式之一，旅游者的主要目的是到宗教圣地进行朝拜活动，同时也在旅游过程中游览某些沿途的景点。宗教旅游者来自社会的各个阶层，对旅游服务的要求也迥然不同。富有的宗教旅游者往往要求旅行社安排他们住在高档的饭店里，在豪华餐厅就餐，乘坐高级轿车和飞机的头等舱；普通的宗教旅游者则多要求住在经济的旅馆或普通客店，在普通餐馆用餐，外出时乘坐普通大客车和火车。然而，他们向旅行提出的共同要求就是满足他们朝圣的愿望。只要能够满足这一愿望，他们对其他的活动安排往往不十分计较。对于位于宗教旅游目的地的旅行社来说，宗教旅游是一种客源稳定的旅游产品。

10. 探险旅游

探险旅游是指出于对新颖未尝试过经历的探索，寻找刺激感受，从经历中进行知识的积累，能力的提高，满足自我实现的需求等动机，进行的有别于常规大众旅游的风险较高的新兴旅游活动。探险旅游活动从空间上划分可以分为四种：空中的，陆地的，水中的，水、陆、空混合的。探险旅游地往往不需要进行任何人工开发，而保持当地的原始自然地貌、植被条件，使旅游者通过自身努力跨越考察地段。具体项目包括徒步旅行、艰辛跋涉旅游、激流探险、岩洞探险、矿井探险、航海探险、海底探险、登山运动、森林探险等。

（二）产品内容分类法

1. 单项服务

单项服务是旅行社根据旅游者的具体要求而提供的各种有偿服务，旅游者需求的多样性决定了旅行社单项服务内容的广泛性，但其中常规性的服务项目主要包括：

（1）导游服务；

（2）交通集散地接送服务；

（3）代办交通票据和文娱票据；

（4）代订饭店客房；

（5）代客联系参观旅游项目；

（6）代办签证；

（7）代办旅游保险。

2. 团体包价旅游

团体包价旅游（Group Inclusive Tour）包括两层含义，其一是团体，即参加旅游的旅游者一般有 10 人或更多的人们组成一个旅游团；其二是包价，即参加旅游团的旅游者采取一次性预付旅费的方式将各种相关旅游服务全部委托一家旅行社办理。团体包价旅游所包括的服务通常有：①饭店客房；②早餐、正餐及饮料；③市内游览用车；④导游服务；⑤交通集散地接送服务；⑥每人 20 公斤的行李服务；⑦游览场所门票；⑧文娱活动入场券。

3. 散客包价旅游

散客包价旅游同样包括两层含义，其一是散客，这里的散客并非我们通常所说的零散旅游者，而是指 10 人以下的旅游团体，它是与团体包价旅游相对应的一个概念；其二是包价，这里的包价同样是指参加旅游团的旅游者采取一次性预付旅费的方式将各种相关旅游服务全部委托一家旅行社办理。其它内容与团体包价旅游并无两样。

4. 半包价旅游

半包价旅游是与上述全包价旅游相比较而存在的一种产品形态。它是指在全包价旅游的基础上，扣除中、晚餐费用的一种包价形式，其目的在于降低产品的直观价格，提高产品的竞争能力，同时也是为了更好地满足旅游者在用餐方面的不同要求。团体包价旅游和散客包价旅游均可采取半包价旅游的形式。

5. 小包价旅游

小包价旅游（Mini—Package Tour）又叫可选择性旅游（Optional Tour），它由非选择部分和可选择部分构成。非选择部分包括接送、住房和早餐，旅游费用由旅游者在旅游前预付；可选择部分包括导游、风味餐、节目欣赏和参观游览等，旅游者可根据时间、兴趣和经济情况自由选择，费用既可预付，也可现付。

小包价旅游对旅游者具有多方面的优势：

（1）经济实惠，明码标价；

（2）手续简便，机动灵活；

（3）舒适方便，安心旅游。

小包价旅游最早由香港和海外的旅行商建议，由于其独特的优势而逐步普及全国。小包价旅游每批旅游者一般在10人以下。

6. 零包价旅游

零包价旅游(Zero Package Tour)是一种独特的产品形态，多见于旅游发达国家。参加这种旅游的旅游者必须随团前往和离开旅游目的地，但在旅游目的地的活动是完全自由的，形同散客。参加零包价旅游的旅游者可以获得团体机票价格的优惠，并可由旅行社统一代办旅游签证。

7. 组合旅游

组合旅游(Joint Tour)介于团体旅游和散客旅游之间，旅游者分别从不同的地方来到旅游目的地，然后由当地事先确定的旅行社组织活动。组合旅游具有以下特点：

(1)组合旅游团内无领队；

(2)组团时间短，客人只要办妥手续后，最多一周之内即可成行；

(3)易于成行，改变过去不足10人不成团的做法；

(4)旅游者选择性强，既可参加团队活动，亦有相当多的自由时间。

(三)其他分类

根据消费水平分类:豪华型旅游产品、经济型旅游产品、标准型旅游产品；

根据目标市场分类:蜜月旅游产品、暑期旅游产品、夕阳红旅游产品、家庭旅游产品、会奖旅游产品等；

根据游客组织形式分类:团体旅游产品、散客旅游产品；

根据销售渠道分类:同业批发旅游产品、零售旅游产品；

根据所所使用的主要交通工具分类:航空旅游产品、火车(专列)旅游产品、邮轮旅游产品。

另外，我们还可以按照旅费来源(公费旅游产品、奖励旅游产品、自费旅游产品)、行程距离(短程旅游产品、中短程旅游产品、长线旅游产品)、销售季节(根据季节特点设计旅游产品，如：春季赏花旅游产品、夏季避暑旅游产品、秋季采摘旅游产品、冬季避寒旅游产品)等进行分类。

了解旅游产品分类，对后续的旅游产品设计和销售都有重要的意义。

案例5-1

组合旅游

T市的GZH旅行社经过市场调查发现，随着人们环境保护意识和返璞归真需求的提高，回归大自然的生态旅游已经成为一种新的旅行社产品。于是该旅行社的鲍总经理试图推出一条西宁—日月山—可可西里无人区的生态旅游线路。然而，经过一段时间的广告促销，报名参加旅游团的人只有7人，难以组成规模较大的旅游团，从而造成旅行成本居高不下，无法成行。该社的经营顾问李先生建议鲍总经理向邻近的B市和H省旅行社求援，招徕当地的旅游者，改变由T市出发的计划，让旅游者在指定日期到西宁集合，由GZH旅行社派人在西宁等候旅游者，将他们组成一个旅游团，进行旅游。鲍总经理采纳了这个建议。很快，一个由三省(市)25名旅游者组成的旅游团就出现在可可西里地区。(案例来源:《旅行社运行与管理》，梁智，东北财经大学出版社，1999年第一版)

【思考】

通过该案例，对于组合旅游方式有怎样的认识。试与一家旅行社的工作人员交流，了解该社组合旅游的开展情况。

【链接5-2】

我国旅游产品的结构特征

据有关专家测算，目前我国非观光市场比例为30%，东亚非观光市场比例为81%，世界非观光市场比例为77.5%，比较可见我国旅游产品结构明显向单一观光型倾斜。我国旅游产品结构另一个特征就是团体旅游比重高，散客旅游比重低，产品结构向团体型倾斜，这也是我国旅游产品初级性的表现。

【**链接**5-3】

散客时代到来

旅游市场正在进入“散客时代”。在此背景下，旅游行业以旅行社为主要渠道、专注于团队市场的营销模式和传统理念，正面临着巨大的挑战。

旅游市场正在进入“散客时代”

大连市旅游局副局长刘晓滨说，自上世纪80年代以来，世界旅游市场呈现出“散客化”的趋势，目前，欧美各主要旅游接待国的散客市场份额占到了70%至80%，经营和接待散客旅游的能力，已经成为衡量一个国家或地区旅游业成熟度的主要标准。

他说，近年来，我国散客旅游市场发展迅速。据权威部门预测，我国散客旅游的比例虽然低于旅游发达国家，但近年来发展十分迅速，已超过市场的半壁江山，特别是一些大中城市和沿海地区，散客比例更大。

刘晓滨认为，随着散客自主意识和自主能力的不断增强，外部约束条件的降低以及旅游供给的增加，消费主权真正从供给者向消费者转移，旅游的方式正由团队主导型转向散客主导型。今后几年，我国散客旅游的比例将会逐年提高，成为旅游市场的主角。

同时，旅游者日渐成熟，他们开始不满足于规范化团队旅游对个性的压抑，而收入水平的提高、现代通讯、交通等科技手段及服务设施的完善为这种个性化需求的实现提供了外部条件。由于许多地方政府开发旅游的力度不断加大，越来越多的景区被开发出来，消费者有了更大的选择范围。

散客旅游设施不足营销服务模式落后

在过去很长一段时间，由于价格便宜、方便省心等原因，大部分游客选择了跟团旅游。旅行社因此也成为景区销售的主要渠道。当“散客化”时代到来、外部环境发生重大变化时，制约散客旅游发展的问题逐步暴露出来，主要有：

对散客市场的认识还不到位。大连市旅游局国内市场处处长张峰说，目前，国内一些城市及许多旅游企业对散客市场的研究还不够，对散客市场的消费特点、服务需求、产品需要、价格策略、销售渠道还缺乏真正了解，对它的认识还有偏差，许多人的思维模式还是“旅游=团队旅游”，导致散客市场的开发工作滞后。

面向散客市场的交通、住宿等基础设施建设没有完全跟上。刘晓滨认为，目前，航空公司对散客优惠太少，经济型航空公司刚刚起步，支线航空不足，铁路运输不能网上订票，购买返程票还不能全部解决，高速公路仅仅停留在解决长途客货运输，还没有介入旅游市场，海运方面没有面对散客的邮轮，经济型旅店刚刚兴起，还没有形成网络化和连锁化。

为散客提供的旅游服务还比较欠缺。刘晓滨认为，当前存在的主要问题是旅游信息化服务设施比较落后。面向散客的旅游信息不灵，全国还没有统一的旅游信息查询系统，咨询服务中心也不多，预订系统还不健全。另外，景区景点、车船公司、商场等针对散客的服务项目和措施还不到位。

传统旅游业的经营模式已经不能适应当今旅游业的发展变化。博思艾伦咨询公司有关负责人黄敬义说，大多数景区的营销，还是以旅行社为主要营销渠道，利用价格折扣的优惠，来争取进入旅行社推出的线路，形成了很强的路径依赖。

制定相应策略应对“散客时代”

在一些旅行社眼中，散客市场利润薄、业务零碎，同时，散客的要求灵活多变，不宜满足。但在专家们看来，重团体轻散客只会让利润空间有限，对散客的漠不关心，失去的是最大的市场蛋糕。应对散客时代，需要的是各地政府和旅游企业的创新思维。

首先，有关部门及各级政府应及早准备，加大面向散客的基础设施建设力度。

其次，各地应加强旅游信息化服务建设。还可以在火车站、机场、港口提供免费旅游资料或内容丰富的城市自助游手册，向游客介绍自助游线路，并提供优惠的自助游套票。

亚太旅游协会中国代表常红说，各大旅游城市要加强研究，关注散客旅游市场，做好数据收集、整理，对未来发展做出预测，以研究结论指导营销实践。

散客时代的来临，也意味着旅行社提升服务水平时代的来临。日本交通公社(JTB)旅行业本部有关负责人石田恒夫认为，旅行社可以为散客提供充实的各种信息，帮助游客制定当地出发的旅游行程安排等，还可以根据游客的需求，提供“量身定做”的旅游。因此，中国旅游业界人士应尽快完善接待服务体制，在提高旅游服务品质、旅游信息发布等各个方面多下工夫。

第三，政府和企业共同进行旅游目的地推广。

张峰认为，要在构建完善的散客服务体系的基础上，进一步加大度假市场开发力度，实现由观光市场向观光度假市场的转型。

第四，景区营销应走出对旅行社的过度依赖，逐步向散客市场倾斜。常红说，散客旅游的关键词是“方便、自由”，因此，如何让游客方便、如何让游客自由自在地旅游是旅游行业研究的重点。目前旅游者的出游方式趋向自主、自组、自助式，旅游产品的主导权正逐步转向消费者。

(资料来源：作者闫平《经济参考报》，2008－03－14)

【思考】综观全球发达国家的旅游发展轨迹，可以清楚地发现，旅游方式是从团队旅游向散客出行逐步演进的。目前在我国一些大中城市，人们的旅游观念和需求正发生着深刻的变化，散客旅游渐成趋势，其市场潜力不可估量。试辨析一下你所在地旅游市场散客旅游发展现状及趋势，并谈一下你的看法。

第三节　旅行社产品的设计与开发

提示：

这里的旅行社产品或旅游产品，除非特别说明，均指旅游线路。

【链接5－4】

影响旅行社产品开发的因素

1. 资源禀赋，包括自然资源、人文资源、社会资源、人力资源和资本资源；2. 设施配置，主要包括住宿、交通、餐饮和娱乐；3. 旅游需求，指具有一定支付能力和余暇时间的消费者，在一定时间内以一定价格购买的旅游产品的数量。

(资料来源：《旅行社运行与管理》，东北财经大学出版社，1999年第一版，作者：梁智)

一、旅游新产品

旅游新产品，是指旅游企业向市场推出的以前没有生产和销售过的旅游产品。它并不完全指一种全新产品的出现，只要对产品中某个部分有所创新或改革，都可称之为旅游新产品。主要有四种类型。

（一）全新型产品

是指为满足旅游者需要而完全创新的旅游产品。如“锦绣中华”“民俗文化村”的出现，在旅游产品的生产上带来了新的革命。

（二）换代型产品

这是在对现有旅游产品进行较大改革的基础上推出的新产品。如我国在最初观光型旅游产品的基础上，将旅游城市西安、兰州、张掖、敦煌、哈密、乌鲁木齐、喀什等连接起来推出大型旅游产品——丝绸之路游，这是一种经过组合的主题观光型产品，是一种换代产品。而在主题观光产品之后，我国又陆续推出主题旅游年，也是一种换代型产品。

（三）仿制型产品

是指对市场上已有的新产品进行模仿的旅游产品。这种旅游新产品在旅游市场上极为普遍，仿照“锦绣中华”“民俗文化村”而产生的北京“世界公园”等一批人造景观即属此类。

（四）改良型产品

即对原有产品进行局部和形式上的改良。如三峡旅游，初期只有两艘豪华游轮，为适应市场需求，在游船的规模、登记、游线的安排上进行改进和提高，现在的三峡游又加上了巫溪的小三峡，以此延长游客的逗留时间，提高食、宿、行、游、购、娱的规格档次。

由于旅游新产品的范围广泛，因此对于旅游经营者来说，不一定要追求完全创新的产品，重要的是新产品要能满足顾客需求；同时开发新产品不只是单个部门的事情，还需要企业的全员支持。构思和技术只是实现产品开发的手段，而详细的市场调研、正确的经营策略是新产品开发的前提。产品开发出来后，还要有优质的服务作为保证。没有这一系列的配套工作，新产品开发只能是一句空话。

二、旅游线路设计原则

（一）以满足游客需求为中心的市场原则

旅游线路的设计的关键是适应市场需求，具体而言，即是它必须最大限度地满足旅游者的需求。

旅游者对旅游线路选择的基本出发点是：时间最省、路径最短、价格最低、景点内容最丰富，最有价值。

由于旅游者来自不同的国家和地区，具有不同的身份以及不同的旅游目的，因而，不同的游客群有不同的需求。总的来说分为：观光度假型、娱乐消遣型、文化知识型、商务会议型、探亲访友型、主题旅游型、修学旅游型、医疗保健型。

如每年春秋两季交易会期间，不少外商到广州洽谈生意，平时为了业务也需要到内地旅行，他们的旅行多是出于商务方面的动机。商旅的特点是消费较高，喜欢住高级套房，为业务交往需要经常在餐厅宴请宾客。他们来去匆匆，说走就走。

国内旅游者多数人外出旅游是为了游览名山大川、名胜古迹，轻松、娱乐、增长见识是他们的主要需求。并且现在越来越多的年轻人喜欢富于冒险、刺激的旅游活动，一种国外很流行的健身方式被引入国内，这就是包括野外露营、攀岩、漂流、蹦极、沙漠探险等为一体的户外运动。由于这项运动既充满挑战性，又满足了人们的猎奇心理，很快得到年轻人的喜爱，成为流行时尚。所以旅游线路设计者应根据不同的游客需求设计出各具特色的线路，而不能千篇一律，缺少生机。

（二）人无我有，人有我特的主题突出原则

世界上有些事物是独一无二的，如埃及的金字塔，中国的秦始皇兵马俑，这就是特色。

由于人类求新求异的心理，单一的观光功能景区和游线难以吸引游客回头，即使是一些著名景区和游线，游客通常观点也是“不可不来，不可再来”。因此，在产品设计上应尽量突出自己的特色，唯此才能具有较大的旅游吸引力。

国内一次抽样调查表明，来华美国游客中主要目标是欣赏名胜古迹的占26%，而对中国人的生活方式、风土人情最感兴趣的却达56.7%，而民俗旅游正是一项颇具特色的旅游线路，它以深刻的文化内涵而具有深入肺腑，震撼心灵的力量。如云南的少数民族风情旅游线路，

昆明—大理—丽江—西双版纳旅游线路展现了我国26个少数民族绚丽的自然风光、浓郁的民俗文化和宗教特色。如古老的东巴文化；大理白族欢迎客人寓意深长的“三道茶”；“东方女儿国”泸沽湖畔摩梭人则以母系氏族的生活形态闻名于世界；美丽而淳朴的丽江古城，以及纳西族妇女奇特的服饰“披星戴月”装等等。这些都以其绚丽多姿的魅力深深吸引着广大的中外游客留连忘返。这些旅游线路和旅游项目在世界上都是独一无二的，具有不可替代性，这也即人们常说的“人无我有，人有我特”。

（三）生态效益原则

生态旅游的产生是人类认识自然、重新审视自我行为的必然结果，体现了可持续发展的思想。生态旅游是经济发展、社会进步、环境价值的综合体现，是以良好生态环境为基础，保护环境、陶冶情操的高雅社会经济活动。生态旅游是现代世界上非常流行的旅游方式，在国外尤其是美国、加拿大、澳大利亚以及很多欧洲国家已经发展得非常成熟。它所提倡的“认识自然，享受自然，保护自然”的旅游概念将会是新世纪旅游业的发展趋势。专家认为，草原、湖泊、湿地、海岛、森林、沙漠、峡谷等生态资源和文物一样，极易受到破坏，并且破坏了就不能再生，甚至可能在地球上消失。

云南丽江是一个易受破坏的老城镇，但1999年竟有200万人去那里观光，经常是游客比本地人还多。在北京，人们不得不拓宽建于15世纪的天坛（1998年被列入世界文化遗产）周围的矮墙，以容纳更多的游客。有人抱怨说：“天坛上的人太多了，就好像在东京的马路上一样。”敦煌因游客“超载”导致窟内空气湿度过大，对壁画造成损害。华山旅游超载开发，造成许多古树古松的死亡。

现在人们已经开始认识到生态对于景区可持续发展的重要性。

从2000年7月1日起，九寨沟将实行游客限量入景区制度。如果你是当日排名在1.2万名之外的游客，将被拒绝进入景区。由此，九寨沟成为全国第一个对游客实行限量入内的景区。九寨沟做出这一决定，主要目的就是为了更好地保护好九寨沟这个不可再生的世界自然遗产，避免因游客过多而对景物产生破坏。特别是每年的“五一”、“十一”两个旅游黄金周，游客量猛增，最多时游客竟然达到了3万多人。为避免游客超量，九寨沟管理局目前正在制订预售门票方案，与各旅行社实行联动。另外，一旦游客超量，九寨沟管理局将通过网络、报

纸等媒介及时向社会公布。也许有一天，游客要想去九寨沟需要提前预订门票。

除了景区开始限制人数以外，部分旅行社也纷纷设计出生态旅游线路。如北京的一家名为“绿色地带生态旅游”的咨询公司煞费苦心地设计出几条生态旅游路线，并严格采用国外的生态旅游办法规章，例如限制人数、讲解生态知识等。

（四）进得去、散得开、出得来的原则

一次完整的旅游活动，其空间移动分三个阶段：从常住地到旅游地、在旅游地各景区旅行游览、从旅游地返回常住地。这三个阶段可以概括为：进得去、散得开、出得来。

没有通达的交通，就不能保证游客空间移动的顺利进行，会出现交通环节上的压客现象，即使是徒步旅游也离不开道路。因此在设计线路时，即使具有很大潜力，但目前达不到交通要求或交通条件不佳的景点、景区也应慎重考虑。否则，会因交通因素导致游客途中颠簸，游速缓慢，影响旅游者的兴致与心境。

（五）推陈出新原则

旅游市场在日新月异地发展，游客的需求与品位也在不断地变化、提高。为了满足游客追求新奇的心理，旅行社应及时把握旅游市场动态，注重新产品、新线路的开发与研究，并根据市场情况及时推出。一条好的新线路的推出，有时往往能为旅行社带来惊人的收入与效益。即使一些原有的旅游线路，也可能因为与当前时尚结合而一炮走红。

如广东“国旅假期”借电影《卧虎藏龙》问鼎奥斯卡最佳外语片和最佳摄影等四个奖的东风，在全国率先推出一条“卧虎藏龙”徽州古民居旅游线路，让更多的游客步入“中国画里的乡村”，观赏被称为“徽州三绝”的牌坊、古祠、民居。皖南徽州古村落的民居群，虽时有所闻，但与黄山的盛名相比，所知者却不多。但联合国专家大河直躬博士、建筑大师贝聿铭、台湾作家琼瑶、导演张艺谋和李安等有识之士不远千里到黄山脚下寻找“中国画里的乡村”，对他们而言，徽州古民居是世界文化的遗产、建筑的立体史书、梦中的世外桃源、《菊豆》的拍摄地、《卧虎藏龙》的梦工场。也正因为此，这条旅游线路一经推出便成为旅游热线，为旅行社创下了不菲的经济效益。

（六）旅行安排的顺序与节奏感原则

一条好的旅游线路就好比一首成功的交响乐，有时是激昂跌荡的旋律，有时是平缓的过渡，都应当有序幕——发展——高潮——尾声。在旅游线路的设计中，应充分考虑旅游者的心理与精力，将游客的心理、兴致与景观特色分布结合起来，注意高潮景点在线路上的分布与布局。旅游活动不能安排得太紧凑，应该有张有弛，而非走马观花、疲于奔命。旅游线路的结构顺序与节奏不同，产生的效果也不同。

目前，中国旅游者越来越多地将目光投向具有独特风情的澳洲。以澳洲经典十日游的日程安排为例，一般在经过10小时的长途飞行之后，首先安排旅游者在墨尔本市区观光，参观教堂、艺术中心等景点。这是因为旅游者旅途劳顿，并且环境生疏，故先安排以艺术之都著称的墨尔本市内景点游览。这样体力消耗较少，也便于熟悉环境。然后去被喻为“考拉之都”的布里斯班观赏澳洲特产的动物；在冲浪者天堂（Surfers Paradise）——黄金海岸，参加对游人极具吸引力的水上活动如沙滩排球、游泳、冲浪等；加上到悉尼参观举世闻名的悉尼歌剧院，形成旅游三大高潮。作为尾声，则安排堪培拉市区观光，堪培拉以宁静的“大洋洲花园之都”著称。此时旅游者的情绪有所放松，几天紧张而兴奋的旅游活动之后，体力和精神都能够得到调整，结束愉快的澳洲之旅。

案例 5－2

旅游线路实例：丝绸之路十三日游

时间	活动内容	住宿
第一天	于指定时间、地点集合乘车前往深圳机场，乘 XO9304（15:30/22:30）航班飞乌鲁木齐市自由活动。	徕远宾馆
第二天	09:00 早餐，09:30 前往天池游览，13:30 在蒙古包用餐，17:30 回乌市。	徕远宾馆
第三天	08:00 早餐，08:30 赴吐鲁番（190 公里）参观火焰山、葡萄沟，13:30 葡萄沟用餐，14:30 参观坎儿井、交河古城。	徕远宾馆
第四天	08:30 早餐，09:00 赴石河子。	石河子宾馆
第五天	09:00 早餐，09:30 前往南山牧场（70 公里），13:30 返乌市用餐，晚餐后 19:58 登 K890 列车赴柳园。	火车软卧
第六天	列车上早餐后，约 08:25 抵柳园，乘空调旅游车至敦煌，午餐后参观中国最大石窟艺术馆——敦煌莫高窟。	敦煌大酒店
第七天	08:00 早餐后游览沙漠奇迹——鸣沙山和月牙泉，骑骆驼（自费）领略大漠风光，午餐后乘空调旅游车赴嘉峪关，参观嘉峪关雄伟壮观的城楼和城墙、长城博物馆。晚餐后乘 T658 火车（21:42）赴兰州	火车软卧
第八天	约 07:30 抵兰州，早上在酒店休息，午餐后市内参观五泉山公园、黄河母亲雕像、黄河第一桥。下午乘 T655 次火车往西宁（15:48/18:48）	西宁宾馆
第九天	早餐后游览塔尔寺，它为我国著名的喇嘛寺院，是喇嘛教黄教创始人宗喀巴诞生地，亦是西北地区佛教活动的中心。后前往我国最大内陆咸水湖——青海湖。之后日月山、倒淌河、藏民家访、塔尔寺。晚餐后乘 K424 次列车前往银川（18:01）	火车软卧
第十天	早上 07:00 到达后休息，游览沙湖，后游览西夏王陵，有“东方金字塔”之称，是西夏历代帝王陵墓所在地。	银川长相依宾馆
第十一天	早餐后自由活动，午餐后游览华夏西部影视城，又称“东方好莱坞”。晚餐后乘 K2587 次列车（18:42）列车前往西安。	火车卧铺
第十二天	早上 08:50 抵达西安，参观张学良公馆和大雁塔，下午参观古丝路起点石雕群。	古都大酒店
第十三天	早餐后参观著名的兵马俑、华清池和五间厅等，午餐后游明城墙、碑林。乘 CZ3252（17:20/19:30）	飞机返深圳

三、旅游新产品的开发过程——以“香港重塑美丽之旅”为例

旅游新产品的开发过程可分为循序渐进的多个阶段。如图 5－4 所示，从确定方向到组织实施、供应市场，中间要经过分析构思、方案筛选、试产试销、投放市场和检查评价五个阶段。以下结合江门中旅开发新旅游线路的实例来说明旅游线路设计的过程。

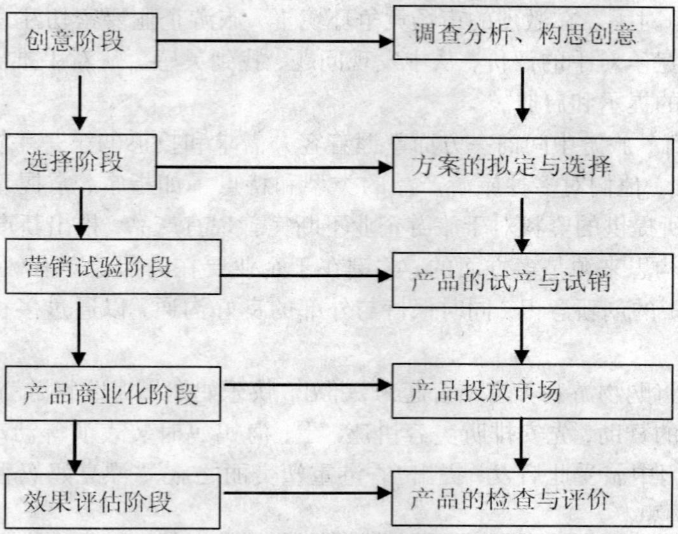

图 5－4 旅游新产品的开发过程

（一）创意阶段——分析构思

一个地区在一定的时期内，旅游资源、旅游服务设施和其他客观条件是相对稳定的，关键就在于旅行社如何根据市场需求，经过科学的分析和巧妙的构思，设计出各种吸引旅游者的旅游线路。旅游线路设计的分析构思主要从调查分析和构思创意两方面来把握。

1. 调查分析

设计一条旅游线路首先要分析市场行情，了解各类旅游群体的不同需求，然后对旅游交通状况、旅游区（点）状况、可进入性、旅游设施、服务状况等进行详尽的研究和精心的选择。信息资料的来源尽可能全面、准确，可以从自己的考察实践中获得，也可以从管理人员、研究人员或推销员、旅游者或中间商甚至竞争对手那里获得，还可以从网络、报纸、旅游局、旅游开发商、饭店宾馆及交通管理部门那里获得。要特别注意铁路、民航部门的时刻表，一定要掌握最新的动态信息。

经过调查分析，江门中旅认为：香港素有“购物天堂”之称，香港时尚界引领大陆时尚潮流。香港观光旅游与此结合，对大陆爱美的女士会有很大的吸引力。香港旅游交通状况、旅游区（点）状况、旅游可进入性、旅游设施和服务状况均能满足开发生产此类产品的需要。

2. 构思创意

根据调查分析掌握的情况，就可以提出旅游线路的设计构思，即确定旅游线路的主题。构思越多，旅行社选择的余地就越大。旅行社只有具备创造性的构思，才能拟订出具有竞争力的线路设计方案。构思来源主要如下：

（1）顾客。顾客的需求是寻求新产品构思的起点。他们的要求和建议应成为旅游新产品构思的重要来源。旅游企业可通过询问调查，征询顾客对现有产品的意见和看法，以确定他们的需求。通常向顾客征询意见和有效处理顾客投诉，都是获得旅游新产品构思的重要渠道。

（2）旅游营销人员。由于这些人员长期从事旅游工作，与顾客的交往联系频繁，因此他们提供的资料和反馈的信息往往有利于新产品构思的产生。旅游企业的经营者应充分调动员工的积极性，让员工积极参与旅游新产品的构思。企业可建立一个建议处理体系，提倡和鼓励员工的创新意识，对员工提出的合理化建议给予一定的奖励。

(3)同行业竞争对手。在激烈的市场竞争环境下，旅游企业要密切注意同行业竞争对手的新产品及顾客对竞争对手的评价，从中发现问题，找到灵感。从对手推出的新产品中往往也能得到一些有益的提示和启迪。

(4)旅游中间商。旅游中间商一方面掌握着客人需求和投诉的第一手资料，了解顾客的需求所在；另一方面，他们对多种旅游产品的类型和特点了如指掌，掌握着大量供给方面的信息。因此，他们所提供的资料对于旅游企业不断完善现有产品，推出新产品大有益处。

旅游新产品的构思来源是多方面的，关键在于企业要在内部建立有效的、制度化的建议处理体系，鼓励员工的创新意识，同时保持与外部的良好沟通，以通过多种渠道形成有关旅游新产品的构思。

某旅行社曾经将购物游和美容结合起来，推出“快乐妈妈上海购物游”活动，该线路得到了漂亮妈妈女装店的赞助，先安排听美容讲座、看上海妈妈时装表演等活动，再进行快乐购物，反响很好。江门中旅受此启发，提出“香港重塑美丽之旅”“漂亮妈妈香港购物游”“香港美丽之旅”等7个构思。

课堂讨论：

分小组讨论，为本地或你熟悉的某地发表你的旅游线路创意，并说明你的创意来源。

(二)选择阶段——方案的拟订与选择

1. 方案的拟订

构思并不等于方案，构思只有经过专业技术人员的筛选和可行性论证，才能最终确定其价值。通过第一阶段的工作，往往会产生大量新产品构思，然而，并非所有这些构思最后都会付诸实现，需要结合市场特点和企业实际条件，选择一些有发展前途、切实可行的产品创意。

筛选就是旅行社专业技术人员根据直观的经验判断，剔除那些与旅行社发展目标、业务专长、接待能力等明显不符或不具备可行性的构思，缩小有效构思的范围。筛选过程中要防止两种失误：一是“误舍”，即把本来很好的产品构思误认为是不可行的而舍弃掉；二是“误用”，即把错误的构思转入生产，造成时间和成本的巨大浪费。

江门中旅的专业技术人员根据经验对7个构思筛选后，剔除了2个，保留了5个。

更进一步的筛选应更具科学性，一般应由营销人员、管理人员、有关专家共同参与，慎重进行，通常要考虑企业的生产能力、技术水平、资金情况，分析市场需求和竞争态势，判断新构思与企业发展目标和规划之间的适应程度。通常可以对初步筛选出的构思进行等级评定，并根据等级系数的高低，确定可行性论证的顺序。表5-3为江门中旅的专业技术人员对构思1“香港重塑美丽之旅”的评价。

表5-3　　构思1评价

影响因素	重要性系数	评价等级					得分
		5	4	3	2	1	
销售前景	0.25		√				1.00
盈利能力	0.25			√			0.75
竞争能力	0.20			√			0.60
开发能力	0.20		√				0.80
资源保障	0.10		√				0.40
合计	1.00						3.55

$$等级系数=\frac{得分总和}{评价等级数量}=\frac{3.55}{5}=0.71$$

对5个构思评价后得出：构思1等级系数＝0.71

构思2等级系数＝0.65

构思3等级系数＝0.55

构思4等级系数＝0.68

构思5等级系数＝0.64

可行性论证简单地讲就是搜集信息、评价信息和做出判断的过程。从构思到方案拟订的论证过程中，旅行社需要把握的信息主要包括以下几个方面：

(1)发展前途方面。包括产品市场的大小，打入市场的可能性，需求的持久性，仿制的困难性，此类产品的发展趋势等。

(2)销售市场方面。包括产品的需求量和需求时间，产品的销售范围和目标市场，此类产品的销售数量和市场占有率，潜在旅游者数量及旅游者实际购买能力，旅游者对新产品的要求和希望，季节变动对销售的影响，与旅行社现有产品的关系以及产品的销售渠道等。

(3)竞争态势方面。包括生产和销售类似产品的竞争者数量，各竞争对手的销售数量、产品系列、产品特点及差异程度，各竞争对手采用的竞争策略、手段及其变化情况；竞争对手的市场占有率和价格差；潜在的竞争对手及他们加入该种新产品市场的可能性等。

(4)价格方面。包括竞争产品价格的变动情况，旅游者对此类产品价格的意见和要求，此类产品的价格弹性等。

(5)内部条件。包括旅行社设计新产品所需人、财、物的保证程度；旅行社的信誉与管理水平，所需各种服务设施的供应能力和服务质量等。

旅行社在信息搜集过程中，必须注意以下几点：

(1)贯彻国家旅游发展的方针政策和有关法律，这是旅行社新产品设计中必须首先考虑的因素。

(2)各类旅行社在业务范围和专长方面都存在差异，旅行社应根据自身的条件和特点开发新产品，有针对性地搜集资料。

(3)各种信息必须全面、系统，避免挂一漏万，支离破碎。

旅行社通过广泛搜集与新产品开发有关的信息，对构思进行可行性分析和研究，便可得出不同设计方案。

江门中旅通过对5个构思的可行性分析后，认为构思3在发展前途、销售市场、竞争态势、价格、内部条件方面明显差于其他4个构思。经过研究后，剔除了构思3，保留了4个构思，相应地设计出了4个方案。

2. 方案的选择

方案的选择是一个极为复杂的问题，因为每个方案都有其合理方面。这就要求旅行社在方案选择过程中采用定性和定量相结合的方法，对各个方案进行综合评价和比较分析，在注重宏观效益的基础上，强调各方案的经济效益。

从定性分析的角度来看，旅行社在方案选择过程中应考虑以下标准：

(1)有利于当地市场经济的发展。

(2)有利于占有市场，增加销售。

(3)有利于提高旅行社的竞争能力。

(4)有利于刺激中间商或代理人的销售热情。

(5)有利于保证原有产品的正常发展。

从定量分析的角度来看，核心是准确计算各种方案所需成本和将要达到的利润额。对此，可运用许多现代化分析方法，如等概率法、最大最小值法、最大最大值法、乐观系数法、最小最大后悔值法、贝叶斯法、决策树法、马尔柯夫决策法、模拟决策法等。

江门中旅采用等概率法进行定量分析。

江门中旅对拟开发的新的香港旅游线路的需求量估计为高、中、低和很低4种情况。为开发此线路，该旅行社设计出4种方案，计划经营3年。根据计算，各方案的损益额分析对比如表5-4。

表5-4： 线路设计方案损益分析对比表

方案 / 损益额值	1	2	3	4
高	600	800	350	400
中	400	350	220	250
低	0	-100	50	90
很低	-150	-300	0	50

方案3的收益值在4种自然状态下都小于方案4，故首先舍弃。

等概率法，即假定每种市场需求状况发生的概率是相同的。由此可得出每种方案的收益的期望值：

$$方案1=\frac{1}{4}\times(600+400+0-150)=212.5$$

$$方案2=\frac{1}{4}\times(800+350-100-300)=187.5$$

$$方案4=\frac{1}{4}\times(400+250+90+50)=197.5$$

方案1"香港重塑美丽之旅"最优，所以最终产品定名为"香港五天重塑美丽之旅"。

(三)营销试验阶段——试产试销

在上述问题得到解决之后，产品进入到营销试验阶段。营销试验，即有限度地推出新产品和营销计划，以确定营销环境下消费者的反应。它使得旅游经营者能够了解产品和营销组合的优势与不足，及时加以改进，避免在全面推向市场时遭受失败的风险。

对新产品进行营销试验的成本是较高的。它不仅表现为财务上的高投入，同时营销试验把新产品和其营销组合在正式进入市场之前暴露给了竞争对手，从而失去了出奇制胜的效果;同时竞争对手还会利用自己的促销手段和价格手段故意破坏营销试验，以掩盖企业对市场上出现的正常情况的预计。因而有些企业开始寻求营销试验的替代方法，在几个细分市场上向目标市场成员展示新产品，并记录他们的真实反应，然后改进产品，以更好地适应市场需要。

对于计划推出旅游新产品的企业来说，营销试验无论如何仍然是一个基本的也是必要的阶段。

在此阶段，进行试验性生产，旅行社即可与有关部门或行业达成暂时性协议，将产品设计方案付诸实施，一方面要考虑新产品的使用功能、外观；另一方面要注意新产品的适用性及经济性。然后进行试验性销售。可见，产品试产与试销的目的主要有：

(1)了解产品销路。

(2)检验市场经营组合策略的优劣。

(3)发现问题，解决问题。

在试产与试销阶段，旅行社应特别注意：

(1)规模适中。

(2)保证产品质量。

(3)充分估计各种可能，有备无患。特别是细节方面，应根据试销的情况进行精细化处理。比如可以考虑制定《旅游产品说明书》，对每项旅游产品的日程安排、产品卖点、注意事项等进行具体说明，用以指导销售和服务等环节人员的工作。

(4)经试销证明确无销路的产品，切忌勉强投入市场。

江门中旅开发的新的香港游产品投放市场进行了试销。由于该线路成本要远远高于普通的香港游，加上线路目标对象的单一，线路的风险性成功避免了部分中小旅行社进来与之抗衡，市场前景良好。

从“香港五天重塑美丽之旅”的行程安排表来看，五天的行程有三天是集中上课辅导，辅导内容包括自我认识及形象改善、修身纤体分析及指导、潮流发型设计及头发护理、发型设计实习、实用化妆技巧理论、天桥技巧、仪态理论及实习等，期间还会穿插写真拍摄、证书颁发典礼。还有一天的时间用于游览，游览的地点包括浅水湾、海洋公园、太平山瞭望台、谢瑞麟珠宝工厂、黄大仙祠、免税店。剩余一天用于来回路程。

(四)商业化阶段——产品投放市场

这个阶段意味着新产品正式投入市场，进入商业化阶段。经营者需要制订一个完备的新产品投入市场的计划，确定产品的价格水平、销售渠道和促销手段，使消费者在需要时，能够在合适的地点与时间及时获取，并享受新产品的效用，从而得到满足。

(五)检查评价阶段

产品投入市场并非产品设计过程的终结，旅行社还应对产品进行定期的检查与评价，对产品进行必要的修订和改进，并广泛搜集各种反馈信息，为进一步开发产品提供依据。

产品的检查除在发展趋势、销售市场、竞争态势、价格和内部条件几个方面进行外，还应着重就产品收益情况进行分析，包括损益平衡分析和价格分析。损益平衡分析是通过产品销售量、销售收入和成本几个变量的比较分析，明确旅行社的盈亏状况，如图5-5所示。价格分析则主要是根据产品质量、产品需求的价格弹性等因素对产品的价格水平进行衡量。如果销售价格偏高则往往会失去大量客源，使产品滞销；如果价格偏低，则会影响旅行社的盈利水平。

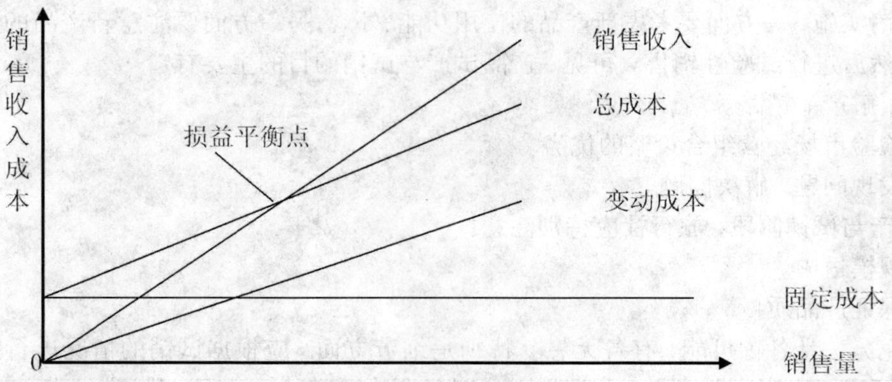

图 5 – 5 旅行社产品的损益平衡分析

在以上分析的基础上，旅行社可将产品的主要检查结果填入下表，并找出存在的问题和解决措施。

表 5 – 4 旅行社产品评价表

分析项目		分析结果			问题	措施
		现状	预测	评分		
竞争能力	竞争性强弱					
	价格					
	成本					
	质量					
	服务					
	信誉					
销售增长率						
市场占有率						
获利能力						
经营实力						
综合评价						

其中，竞争性强弱是指有多少与本产品存在竞争关系的产品及其质量，竞争产品种类越多，质量越好，对本产品威胁就越大，本产品的竞争性就越弱。获利能力反映旅行社的经济效益水平，它用利润率表示。经营实力是指旅行社的销售能力和接待能力，旅行社经营实力主要由资金、工作人员数量及素质、设备和营业场所等情况决定。

江门中旅对“香港五天重塑美丽之旅”产品进行了检查评价，在此基础上对线路进行了必要的修订和改进，并广泛搜集各种反馈信息。该线路在进一步完善后，现已成为该社招牌产品之一。

案例 5 – 3

线路设计未雨绸缪

2001 年初，天津观光旅行社的周凯总经理在进行市场分析时发现，当年是中国共产党成立 80 周年，一些高等学校打算组织学生到革命老区进行革命传统教育。周总经理认为，应该抓住这一契机，设计和开发"革命传统教育游"产品。由于这种产品以前未曾面市，究竟能否成功，周总经理并非有十分的把握。于是，他首先到革命老区河北省平山县西柏坡村进行实地勘察，了解当地的景点、参观线路、接待设施、导游水平以及往返于天津和西柏坡村所需的时间。同时，他还与当地的乡、村干部及接待单位的负责人座谈，了解景点门票、食宿的价格。通过实地勘察，周总经理认为新产品有成功的可能。周总经理认为新产品不仅有较大的市场需求，能够吸引较多的旅游者前来，而由于西柏坡村及附近地区可用于接待旅行者的住宿设施数量较少必须提前预订，以保证在旅游旺季时的供给。于是，他便同当地的旅馆和招待所签订了客房包租协议，以较低的价格包租了当年的全部客房。同时同有关部门签订了交通、景点、住宿、餐饮等供应协议，以较低的价格采购到质量较高的各种旅游服务产品。

此时，由于北京、天津等地的旅游者报名踊跃，各家旅行社应接不暇。但是，由于西柏坡村极其附近地区的住宿设施已经被天津观光旅行社全部包租，其他旅行社只好将旅游者安排到平山县，甚至石家庄住宿。这样既增加了往返的交通费用，也减少了旅游者在西柏坡的停留时间，从而引起一部分旅游者的不满。

（资料来源:《旅行社经营管理》，旅游教育出版社，2003 年版，作者:梁智）

【思考】

1. 该旅行社为什么会选择西柏坡作为新产品？又是如何进行设计和开发的？

2. 周总经理为什么要预订当地旅馆和招待所当年全部客房。这样做的好处有哪些？

【提示】

周总经理及其同事们充分利用了这种对本旅行社十分有利的市场形势。一方面，他们向前来咨询的旅游者介绍该旅行社在提供旅游者住宿方面的优势，吸引更多的旅游者报名参加由该旅行社组织和接待的团队。另一方面，他们又在其包租的旅馆和招待所出现空闲客房时，将其转租给其他旅行社，从而增加收入。这一年，观光旅行社由新开发的"革命传统教育游"产品获得了丰厚的经营收入，为来年的经营和企业的进一步发展准备了更多的资金。

了解近期您所在地区的旅行社推出的新产品、新线路。

本章小结

本章内容的重点是旅行社产品即旅游线路的设计，而旅游线路设计的前提是对旅游产品类型的认识以及对旅游市场的细分、选择与定位的掌握。

实训练习

一、案例分析:旅游线路为何多年不见变

1. 目的:认识新产品开发的重要意义。

2. 训练方式:课堂案例分析

3. 实训内容:阅读案例，回答以下问题。

(1)旅行社为何不愿开发全新线路？而更倾向于开发改良型旅游产品。

(2)旅行社如何开发不被其他旅行社轻易模仿的新旅游线路，保护自己的创新权益？

案　例：

在一家电子产品公司打工的小马终于结束了长达7年的爱情长跑，近日，他和新娘将踏上期待已久的红地毯。连日来，在安排婚礼的余暇，小马开始四处搜罗报纸旅游分类广告和旅行社线路报价单，为月底的蜜月旅游作准备。然而资料收集得越多，小马越迷惑，“不是海南就是云南，线路安排上都是千篇一律，选择一个有新意又浪漫的蜜月游，怎么这么难?”

其实，有这样困惑的人并不止小马一个。不少旅游者反映，目前市场上可供选择的新线、新景实在太少，人们能看到的还是那些“流行”多年的老线、热线。

老线路千篇一律长期垄断

随便翻翻分类旅游广告和旅行社的线路单，人们不难发现，如今的中长出游线路基本上都被海南、桂林、九寨沟、张家界、贵州黄果树等这样的传统经典热线长期占据着。

面对这种情况，记者在采访中发现，一方面是，旅行社大叹现在竞争激烈，生意难做，微利生存；另一方面是，许多旅游者抱怨旅行社的线路陈旧，自己心仪已久的一些旅游目的地在旅行社的“菜单”上难觅芳踪。面对差异不大的旅游产品，不少旅游者发出了这样的疑问：难道旅行社就不能创新，开发自己独特的产品吗?

新线路风险太大无人开发

“不是旅行社不愿意推新线，而是‘推新’成本太高，模仿又太容易。”谈起这个话题，山西卓根旅行社总经理董勇颇有感触：“要不要推新线一直让我们很矛盾，传统的经典老线让游客‘审美疲劳’，但一条新线路从冷到热，先行者要投入大量成本，包括实地考察、编排线路、落实交通工具、广告投入等。而且，旅游新线路也不可能设置壁垒或申请专利保护。一旦一条新线路得到游客认可，众多旅行社就可能一哄而上，只需在卖价上低20元，就能让先行者无生意可做。”

除了“研发”成本之外，游客需求和大交通的问题，也是开发新线路的羁绊。就拿海南来说吧，尽管这条线路已‘流行’了十多年，但即便是在“十一”黄金周过后，客源依然充足。甘肃金桥总经理苏自立认为，游客有需求，旅行社就跟进，这是很自然的事情。如果有一天，大部分的甘肃游客都厌烦了海南而转向其它地方，新的需求产生，新线路自然就形成了。此外，相对于新线路而言，成熟线路交通方便，旅行社在机票、食宿、门票等方面能获得更多优惠，而且操作起来“熟门熟路”。如此一来，若要冒极大风险开发新产品，自然会慎之又慎了。

寻出路联合推新改良热线

虽然大部分旅行社不愿担风险开发新线路，但也有众多的不甘“平庸”者。在寒冷的冬季，身处内陆甘肃的游客偏爱温暖的南方。长线国内游市场上，一条海南疗养30日游的全新线路正在酝酿上市。甘肃金桥总经理苏自立表示，他准备联合几家大型旅行社共同投放广告、共同收客，并联手取得交通、住宿和门票等方面的优惠政策，以此来推广这条线路。

除此之外，对现有的传统热线进行改造，添加新的内容，也是旅行社寻求创新的尝试。业内一资深经营者透露，虽然旅行社年复一年在炒作热线上下工夫，但事实上大部分成熟热线常规团的利润空间已经一跌再跌。

既然推出新线困难重重，一些旅行社便在改造传统线路上动起了脑筋。记者了解到，目前市场上最流行的海南双飞5日游，已经被一些旅行社重新进行了包装，在保留天涯海角等一些游客认知度高的景点外，加上东郊椰林、南山等一些常规团游客很少到达的地方，同时在服务上提高标准，加上了海边别墅等。虽然报价比普通的海南双飞5日游高出了近1000

元，但从市场反应来看，成绩不俗。

（案例来源：根据山西新闻网等报道整理改写）

二、案例分析：中国国家旅游线路

1. 目的：运用所学知识进行线路分析。

2. 训练方式：案例分析

3. 实训内容：研读案例，回答问题

中国国家旅游线路

2009年，国家旅游局公布了中国国家旅游线路征求意见稿，共包括以下十二条线路：

1. 中国“丝绸之路”国家旅游线。以丝路文化为核心，跨越河南、陕西、甘肃、宁夏、青海、新疆六省区，是一路典型的国际旅游线路，在海内外形成了较大的市场影响。

2. 中国“香格里拉”国家旅游线。以川滇藏民族文化和特色景观为内涵，形成了从昆明经大理、丽江至迪庆的核心旅游线路，并辐射至四川甘孜及西藏等地，是中国目前热点的旅游线路之一，在海内外旅游市场中深受欢迎。

3. 中国“长江三峡”国家旅游线。以峡谷景观、高峡平湖风光、大坝景观、历史文化、地域文化为主要吸引物，是中国对外推广的经典旅游线路。

4. 中国“青藏铁路”国家旅游线路。以青藏铁路为依托形成的通往雪域高原的旅游线路，东起青海西宁，西至西藏拉萨，并延伸至西藏其他地区。

5. 中国“万里长城”国家旅游线。长城是中华文化的象征，也是我国最为重要的旅游吸引物之一，东起山海关、西至嘉峪关，跨越东西多个省区市。

6. 中国“京杭大运河”国家旅游线。以京杭大运河历史遗存为内涵，北起北京通州，南至杭州，跨越北京、天津、河北、山东、江苏、浙江六省市，是我国东部贯穿南北的文化旅游线。

7. 中国“红军长征”国家旅游线。红军长征旅游线是目前我国红色旅游中最受欢迎的旅游线，该线从江西瑞金出发，经江西、湖南、贵州、四川、陕西，直达延安，是我国贯穿东西、连接南北、重点在西部的旅游线。

8. 中国“松花江—鸭绿江”国家旅游线。以东北三省林海雪原、白山黑水、民族文化、边疆风情为内涵，以冰雪旅游、文化旅游、生态旅游、边疆旅游为核心，以大江界河旅游贯穿东北三省。

9. 中国“黄河文明”国家旅游线。以黄河文明为纽带，自西向东连接青海、甘肃、宁夏、陕西、内蒙、山西、河南、山东八省区，重点是陕西、河南、山西、山东等中原黄河文化旅游区。

10. 中国“长江中下游”国家旅游线。以长江中下游城市群和世界遗产为核心，连结湖北、湖南、江西、安徽、江苏、上海，以都市旅游、遗产旅游、山水观光为特色。

11. 中国“京西沪桂广”国家旅游线。该线路主要是以空中航线为主，连结北京、西安、上海、桂林、广州等五个著名旅游城市，是中国旅游市场最早对外推出、保持长久不衰的典型旅游线路，被誉为“经典中国”旅游线。

12. 中国“滨海度假”国家旅游线。以空中航线、海上航线连贯我国东部沿海度假城市旅游目的地，从北向南包括大连、烟台、威海、青岛、日照、连云港、福州、泉州、厦门、深圳、珠海、海口、三亚、北海等，突出中国滨海度假旅游品牌，引导居民休闲度假。

【思考】

1. 这些线路有何特点，对这些线路入选你有何看法？你所在省区是否有景点、景区入选？

2. 你认为还有哪些线路可以入选中国国家旅游线路？说说你的理由。

【提示】国家旅游线路是依托品牌线路、连接重要旅游区(点)的旅游产品组合，不是主题类旅游产品组合(如世界遗产之旅、皇家文化之路、冰雪之旅、温泉之旅等)，而是具有品牌化的航线、交通、河流、海岸等线路作支撑的旅游线路。国家旅游线路覆盖主要旅游地区和多数省区市，充分体现中国自然和文化的典型景观，具有国家层面的代表性和权威性。推出国家旅游线路的目的是形成若干具有统一、清晰、明确形象的国家旅游线路品牌，并作为中国国家旅游总体形象的有力支撑。通过国家旅游线路进一步加强国际国内宣传促销和市场推广，引导海内外游客旅游流向，打造一批旅游热点线路、热点地区和热点产品，形成若干新的旅游消费热点。需要说明的是，这些线路很难涵盖我国所有代表性旅游区(点)。

我们也可以按照自己的理解，设计自己心目中能够代表中国旅游的“国家旅游线路”。

第六章　旅游产品价格管理

技能目标：

能够根据需要，运用适当的定价方法、按照正确的程序为旅游产品制定价格。

知识目标：

了解旅游产品价格的形式；

掌握影响旅游产品价格的因素；

熟悉旅游产品的定价目标；

掌握旅游产品的定价方法和策略

关键词：

旅游产品价格：旅游报价、旅游单价、旅游差价；

定价策略：撇脂定价策略、渗透定价策略、心理定价策略；

定价方法：需求导向定价法、成本导向定价法、竞争导向定价法。

任　务：

对所有企业而言，价格都是非常重要的市场竞争工具，制定合理的市场价格，是旅行社实现旅游产品销售的必由之路。阅读案例，回答问题。

(1)案例中出现了标准游、品质游、超品质游，以及同行价、直客价等说法，怎么理解这些名词？

(2)报价单中有“18岁以下儿童不占床加200元/人，占床加300元/人；60岁以上老人加收300元/人”的说法，你怎么看？

(3)从报价本身看，这家旅行社使用了哪些定价策略？

案例：山东××国际旅行社报价单

中国公民出境旅游特许组团社　济南市十佳旅行社　山东十佳诚信旅行社

泰国泼水节包机6天风情游

机型：空中客车320共156座

航班时间：4月12日济南◆曼谷(21:00/01:30)

4月17日曼谷◆济南(02:30/07:20)

4月12日	济南——泰国 济南直飞泰国首都曼谷，接受泰女献花，随后带领各位贵宾入住酒店休息
4月13日	曼谷 长尾船游湄南河水上市场，远眺郑王庙，皇朝大皇宫，泰国第一国宝玉佛寺，巡观皇家田，五世皇柚木宫，马车博物馆，桂河大桥，尼姑浮水，漂流屋竹筏卡拉OK夜游桂河。
4月14日	曼谷——芭堤雅 泰国宝石，皮具中心，泰北民族村，金三角风情，九十三师文史馆，武器与毒品展示馆，泰国骑大象+出马车+探险船大战鳄鱼湖，艺城大型古文化歌剧表演。
4月15日	芭堤雅 金沙岛，海底珊瑚，前往“舒乐康”SPA精油推拿，草药香蒸/水疗/养生茶+小点，东番石榴园(大象表演/民俗表演)，灵猴摘椰，千姿兰花园，百态仙人掌。东方公主号夜游暹罗湾。
4月16日	芭堤雅——曼谷 三大奇观(七珍佛山/九世皇庙/蜡像馆)，神殿寺，土产市场，毒蛇研究中心，泰国人妖歌舞表演，前往泰国华人上流社会活动中心嘉乐斯夜总会参加告别晚宴，观看晚会精彩表演
4月17日	曼谷——济南 前往曼谷国际机场，留下美好回忆，挥别微笑之邦——泰国，返回温暖的家，结束难忘旅程!

备注：

18岁以下儿童不占床加200元/人，占床加300元/人;60岁以上老人加收300元/人。

(1)标准游同行价:2280元/人　　直客价:2680元/人

特色:赠送5条游船;一流大自然SPA;全程专职领队服务;三星酒店;只需保证自费套餐800元/人。

(2)品质游同行价:2680元/人　　直客价:3080元/人

特色:赠送5条游船;一流大自然SPA;全程专职领队服务;三星酒店;无强迫自费。

(3)超品质游同行价:3480元/人　　直客价:3880元/人

特色:泰国绝无强迫自费，如强迫卖价5倍赔偿！全程住宿四星酒店标间;赠送5条游船尽情畅游;全程专职领队服务;餐餐有风味;包含小费180元/人。

案例导读：

1.广西:旅行社88888元“环游世界”无人“接招”

去新加坡参观鱼尾狮身公园，在埃及领略神秘金字塔的魅力……花费近9万元到8个国家感受异国风情，对于大多数人来说仍是一种“幸福的奢侈”。2006年新年伊始，广西一家旅行社推出“32天环游世界”项目，但真正敢“接招”的游客人数却是零。

这条被称为“休闲、美食、文化之旅”的高端旅游项目将游历新加坡、埃及、奥地利、西班牙、巴西等8个国家，历时32天，涉及亚洲、非洲、欧洲、南美洲，将安排客人入住四星级酒店，品尝各国美食，但88888元不包括每人的小费及出发前的体检费等。

据介绍，线路推出后，每天打电话来咨询的客人很多，但至今仍没有第一个敢吃“螃蟹”

的人。旅行社在2005年也曾尝试推出过报价为12万的欧洲国家旅游线路，但是由于价格过高等因素早早夭折了。

“绝大多数人持观望态度的原因可能是由于报价让普通老百姓难以承受，但是这次这个价格已经不能再往下调整了。”该社海外中心刘经理说。

（资料来源：中国新闻网，2006－01－04，记者：赵文）

2. 北京：法拉利自驾游售价58800前景看好

2004年“十一”旅游假期即将到来，神舟国旅出境公司和荣尊堡峰会俱乐部联合推出法国自驾法拉利度假豪华游创造了58800元的天价。

“十一”期间法国一地8日的旅游产品，鑫海国旅与国旅总社打出的市场价格都在15500元左右。相比之下，58800元的法国自驾法拉利10日豪华度假游产品要高出了一般市场价4万多元。

据神舟国旅出境公司负责此线路的马庆华先生介绍，行程中为游人安排了两天自驾法拉利车沿着卢瓦尔河谷城堡游览，而这两天的租车费用就高达2万多元。吃、住方面也各有区别。全程享受法国4星级酒店的住宿，且全部酒店都位于市中心。这比一般的常规团在酒店住宿总价上就要高出12000多元。古堡特色大餐、卢瓦尔河谷的烧烤与香槟，塞纳河游船上的特色烛光晚宴等，在餐费上也要比一般团高出4000元到5000元。另外，还包含有塞纳河游船览胜、热气球古堡观光等项目。

马庆华表示，能选择该产品的高端人群一般在时间上自由掌控度较大。将时间安排在10月20日，是想避开“十一”假期旅游高峰，给大家一个更为轻松的旅游环境。活动策划的另一方——荣尊堡峰会俱乐部的隋先生称：荣尊堡国际公寓的业主也是他们所吸引的一部分客源市场。将购房与赠送旅游结合在一起是一次新的尝试。他们计划将组团二十多人成行，针对的目标市场主要是一些高端上层的成功人士。

（资料来源：新京报，2004年9月13日）

【思考】

1. 你认为案例1中的豪华旅游线路为何会失败？从线路设计角度分析，该社应从中汲取什么教训？

2. 你对案例2中报价近6万元的旅游线路的市场前景是否看好？

3. 通过对两个案例中高价旅游线路命运的对比，你对旅游线路价格的制定有何见解？

第一节 旅游产品价格

提示：

本章所讲“旅游产品”，如无特别说明，均指旅行社产品中的旅游线路。

旅游产品的价格是旅行社营销活动中一个十分敏感、十分重要的因素，对价格的管理关系到旅行社营销的成败。旅游产品需求弹性较大，它的价格强烈影响到旅游者的购买行为，影响到旅行社的销售量及利润。同时，价格又是一种重要的竞争手段，尽管近年来非价格因素对旅游者选择产品的重要性日益突出，但价格是双方最具理性的行为指标，决定了旅行社的竞争能力。

一、旅游产品价格的形式

从顾客和旅游企业这两个不同的角度，可将旅游产品分为整体旅游产品和单项旅游产品，游客在旅游过程中可根据自己的需要选择购买整体旅游产品或单项旅游产品。这样就形成了两种基本的旅游价格表现形式。

1. 旅游包价

旅游包价是指旅游者从旅游经营商那里购买整体旅游产品而向其支付的价格。包价一般以统一的公布价格面向一般公众进行营销，借助于印刷品或其他媒介加以描述。

【链接6-1】

旅游包价

旅游包价包括全包价、半包价、小包价、零包价等。

1. 全包价是旅游报价中最有代表性的，又称统包价，是指旅游者通过旅行社组织，按旅行社推出的某条旅游线路的价格一次性支付货币，就可参加旅行团进行整个旅游行程活动，全包价通常由以下十一项构成：

①房费。即全程旅行住宿费。由基本房费和加房差费构成。基本房费由计划旅行地(或旅游线)各饭店既定的客房日租单价之和组成。房差费包括："自然单间房差费"，即由于旅行团人数，性别构成的不同，而可能引起实用房间数超过预定客房间数所发生的房差费；"客房时差费"，即由于客人离店退房时间不同所发生的房差费；"夜房差费"，即由于旅行团在晚餐后到翌日凌晨4时前抵达饭店，并占客房时发生的房差费。

②餐费。即旅行餐饮费。它由基本餐费加上地方风味餐差构成。基本餐费，它由计划旅行时间内游客每天用餐收费标准之和构成。地方风味餐差，是指地接旅行社宴请游客品尝地方风味的费用，这部分费用就称为地方风味餐差。地方风味餐的标费，通常由当地基本餐费加上标准风味餐差构成。

③交通费。即旅行交通费。它由旅游出发地到旅游目的地之间往返的交通费和到达旅行目的地之后游览参观时的交通费构成。一般包括航空机票费、火车票费、长途汽车和游览包车费等。

④门票费。即游览参观点门票费。它包括各收费景点门票、景点内环保车等垄断专营运载工具和观光索道、电梯费等。当前，我国旅行社推出的全包价，一般只包括各景点的首道门票，而不包括景点内小景点门票和索道等其他门票。

⑤翻译导游费。翻译导游费包括翻译导游劳务费和陪同旅差费。其每人每天收费标准，根据旅行团的人数确定，人数越少收费标准越高，反之则越低。不同人数等级旅行团的翻译导游费，由全程陪同费加上地方陪同费构成。全程陪同费，也称全陪费。它由全陪翻译导游旅差费加上劳务费构成。全陪翻译导游旅差费按照国内一般公务人员旅差费标准计算，包括全陪翻译导游赴首站至终站陪同期间及返程的全部交通费、住宿费、陪餐费(不含宴会)和旅差补助费。地方陪同费，也称地陪费。它主要是地方陪同导游劳务费。这部分费用也是按照旅行团人数等级确定标准，并按每人每天平均收费计入导游费成本。我国各旅游相关单位一般都对导游实行免费接待，其陪同交通费、住宿费和陪餐费成本相应会减少。

⑥领队减免费。它是指为了鼓动旅行团团长或领队组长带领团队发生的费用。如我国旅行社往往对10人以上团体或大包价旅行团的领队，按照一定的标准减免领队全部或部分旅

游费用，把这部分费用按人均摊入包价成本，称为领队减免费。当前，国际通行惯例是对16人以上旅行团，实行满16免1的价格优惠，而我国大多数旅游地旅游接待单位对10人以上旅行团，实行满10免1的价格优惠。因此，有的旅行社未将领队减免费摊入成本。

⑦管理费。它是根据有关管理规定所发生的管理费用。这些费用由地方管理费、总社管理费构成，并且按照每人每天平均收费计入成本。

⑧附加费。它是指上述计划费用以外的，旅行团在游览期间临时发生的费用，包括汽车超公里费、游船（游艇）临时加收的服务费，以及各游览参观点由于种种原因临时加收的费用。这部分费用也应按照一定的标准进行计算，并按每人每天平均计入成本。

⑨综合服务费。即旅行社的综合毛利由组团旅行社和地接旅行社手续费构成。这部分费用要按照旅行团人数等级和质量标准进行计算。通常它与旅行团的人数成反比，与旅行团的服务规格标准成正比。

⑩不可预见费。它是由种种不可预见原因而临时发生的费用。主要有因非旅行社直接责任引起的旅行社违约损失赔偿费，以及其他难以预料而又必须支付的费用。这部分费用也要按照一定的标准计算，并摊入收费成本。由于不可预见费不一定每个旅行团都能用上，计算尺度比较难以掌握。目前，多数旅行社还没有把这项费用正式列为成本项目，只是在其他成本项目收费中考虑了这方面的因素。

⑪保险费。即游客旅行保险费。上述全包综合服务价格项目的1~8项为成本价格，第9项为旅行综合服务手续费。旅行社全包价＝上述11项费用＋税金及附加。

2. 半包价。指在全包价旅游基础上，扣除中、晚餐费用的一种包价形式。其目的在于降低旅游线路的直观价格水平，提高旅游产品的竞争能力。同时也可以更好地满足旅游者在用餐方面的不同要求。

3. 小包价。又称为可选择性旅游价格，由非选择部分价格和可选择部分价格组成。非选择部分包括接送、住宿和早餐的旅游费用由旅游者在旅游前预付。可选择部分包括导游、风味餐、节目欣赏和游览参观等由旅游者自由选择。

4. 零包价。这是一种独特的旅游形态价格，多见于发达国家。参加这种旅游的游客必须随团前往和离开旅游目的地，但在旅游目的地的活动完全由旅游者自己安排。旅游者参加零包价旅游的好处在于可以获得团体机票价格的优惠。零包价与我国目前有的旅行社推出的零团费是两个不同的概念。

2. 旅游单价

旅游单价是指旅游者零散购买一个整体旅游产品中的各个单项要素所支付的价格。也称单项委托服务价格或委托代办业务价格，它是旅行社根据旅游者的具体要求而提供的各种有偿服务收费，旅游者需求的多样性决定了旅行社单项服务内容及价格的广泛性。如旅游者在途中自己购买的车船票、自己支付的饭店住宿费用等，都属于旅游单价，类似的还有：导游服务收费、接送游客服务收费、行李服务收费、订餐服务收费、代办签证以及代办其他各项服务的收费等。

除上述两种基本旅游价格表现形式以外，旅游企业为了扩大对旅游产品的需求量，刺激消费者，通常还会在一般旅游价格的基础上采取一些特殊的旅游价格表现形式。

3. 旅游差价

旅游差价是同种旅游产品由于在时间、地点或其他方面的不同而导致的不同价格。因为旅游企业提供的旅游产品和消费者的需求往往会在时间、空间及其他诸多因素上存在较大的分离，故而旅游企业往往利用旅游差价来调节旅游市场供求关系，以更好地满足消费者的不同需要。

4. 旅游优惠价

旅游优惠价是指在旅游产品基本价格基础上，给予消费者一定的折扣和优惠价格。这种折扣和优惠往往针对旅游产品的大量购买者、经常购买者或在有特殊事件发生时使用。其目的是为了更多地吸引消费者购买旅游产品，使旅游产品的业务量保持一定的水平。

二、影响旅游产品价格制定的因素

影响旅游产品价格制定的因素包括产品的内部因素和外部因素两个类型。产品的内部因素是指构成旅行社产品的各项成本和利润；产品的外部因素包括旅游市场的供求关系、市场竞争状况、汇率、季节、替代产品价格等。

（一）内部因素

1. 产品的固定成本

旅游产品的固定成本是指在一定范围内和一定时间内总额不随经营业务量的增减而变动的产品成本。固定成本包括旅行社的房屋租金或房屋折旧、其他固定资产折旧、宣传促销费用、销售费用（电话、传真、往来信函的邮寄费用）、员工工资等。固定成本不能够一次性地放到某一种产品里，只能逐步地转移到旅行社所销售的全部产品中。固定成本转移到每一个产品中的份额同旅游产品的销售量是一种反比例关系，产品的销售量越大，分摊到每个产品中的固定成本份额就越小。

2. 产品的变动成本

旅游产品的变动成本是随着旅游产品销售量的变化与其总额发生正比例变化的成本。旅游产品销售得越多，变动成本就越大。一旦旅行社停止产品的销售，变动成本就不再产生了。旅游产品中所包含的变动成本一般有旅游者的交通费用、餐饮费用、住宿费用，参观游览时的导游费用、旅游景点的门票费用、旅游保险费用、旅游团队陪同人员的交通和住宿等项开支，旅行社交纳的营业税金等。变动成本是旅游产品的主要成分，是决定产品价格的主要因素。

3. 产品的利润

旅游产品的利润是在一定时期内旅行社通过销售其产品所获得的收入和旅行社为生产和销售产品所付出的各项成本费用相抵后的余额，是旅行社经营的财务成果。旅游产品的价格中必须包含一定比例的利润。

（二）外部因素

1. 供求状况

旅行社在制定产品价格时必须充分考虑旅游市场上的供求状况。当旅游市场对旅行社的某种产品需求增加时，旅行社常常提高该产品的销售价格；产品的需求量减少时，旅行社往往降低产品的销售价格。

2. 竞争状况

旅行社应当把市场上的竞争状况作为制定产品价格的重要参考依据。如果市场上同类产品供大于求，通常把价格定得较低；反之，通常将价格定得较高。

3. 汇率

经营入境旅游和出境旅游的旅行社在制定价格时，除了需要考虑上述因素外，还应考虑货币的汇率因素。汇率是一个国家的货币用另一个国家的货币所表示的价格。两种货币之间的汇率发生变化，会对旅游产品价格产生一定的影响。当本国货币贬值时，入境旅游产品的实际价格下调，而出境旅游产品的价格上涨；当本国货币升值时，入境旅游产品的实际价格上涨，而出境旅游产品的实际价格下降。因此，旅行社在制定入境旅游产品和出境旅游产品的价格时，必须关注货币汇率的变化，根据具体情况对产品的价格做出相应的调整。

4. 季节

旅游是一种季节性很强的活动，旅游旺季和淡季之间存在着明显的差别。旅行社在制定产品价格时，必须将产品销售的季节因素考虑进去。一般情况下，旅行社在旅游旺季时会保持其产品售价不变或将产品售价上调；在旅游淡季时则往往将产品售价做适当的降低，以吸引更多的旅游者。

三、旅游产品定价目标

确定定价目标是制定价格的前提，定价目标明确，制定出的价格才会恰当，旅行社的定价目标通常有以下几点：

（一）利润最大化

当旅行社在市场竞争中处于有利地位时，特别是市场处于卖方市场时，旅行社有较大的话语权，这是可以确定一个能够产生最大利润、现金流量或投资回报率的适当价格。

（二）市场份额最大化

对有着长期战略目标的旅行社来说，往往更适合以扩大市场份额为定价目标，因为较大的市场份额往往意味着更大的市场影响力，这有利于未来营销策略的制定和实施，特别是有利于未来获取更大利益。

（三）树立企业品牌

树立企业良好的产品和企业形象，这对于旅行社这类的服务产品提供者来说意义重大，是旅行社重要的战略之一。优质优价往往是旅行社制定价格时要考虑的。

（四）维持企业生存

如果市场竞争激烈，而本企业又处于劣势的市场地位，维持企业生存渡过难关是企业现阶段的定价目标，这时就应该制定较低的价格来吸引消费者购买，达到薄利多销的目的。

（五）市场竞争的需要

价格是企业参与市场竞争的重要手段，旅行社日常的价格调整必然要考虑竞争对手的价格变化，特别是中小型旅行社，更是经常通过比竞争对手更低的价格来赢得有利的竞争地位。无原则的低价竞争会导致服务品质的下降，最终破坏行业的竞争环境，不利于旅行社行业的发展。

案例 6－1

“难忘”的旅游

王先生夫妇的儿子请老爸老妈出国旅游。夫妇俩一辈子节俭，一心要找一家价格便宜的旅行社。经过反复比较、挑选，他们最终找到了 N 旅行社，工作人员特别强调，他们泰国游的价格甚至比国内游的一些线路都要便宜，而且只要交了团款，出国可以不带一分钱。

王先生夫妇被说动了，报名参加了其“泰国 8 日游”，交上每人团款 1900 元。出国旅游第一站来到泰国首都曼谷，一下飞机就有漂亮的泰国小姐献上鲜花，王老先生夫妇真是心花怒放。第二天他们又游览了泰国大皇宫等景点，心情非常愉悦。

可是接下来，王先生夫妇就高兴不起来了。旅行社将计划内的景点故意减少，即使到了景点，时间安排也十分紧张。有限的时间被节省出来了，泰国导游来了精神，他拿出一张“自费项目明细表”，给大家传看，该列表有自费项目A项、B项、C项三套，分别标价10400泰铢、8600泰铢、7200泰铢。导游一遍一遍地向大家介绍自费项目的活动内容，见大家反应冷淡，前几日笑容可掬的脸一下子拉长了，并明确地讲，每个人必须选择参加自费项目。

王先生问导游：出国之前旅行社说出国后不用再花一分钱，怎么又出来那么多“自费项目”，即使要参加也应该是自愿的。王老先生话音未落，泰国导游立即让旅游大巴停下，指着王老先生厉声说：“你马上下车。”

身处异国他乡，车外一片漆黑，受到年龄与自己孙子相仿的导游的斥责，王老先生气得浑身发抖。在其他旅游者的反对下，旅游车才又开动。这时导游解释：你们的团款不到2000元，连飞机票都不够，我们用低价将你们吸引出来，再用参加自费项目的费用补贴的办法，不然哪有那么便宜的好事呀。

最后，在导游、领队百般劝说下，全团旅游者都选择了自费项目。领队向王老先生夫妇推荐一个叫“气功表演”的项目，介绍说是“人体科学”“艺术表演”。王老先生夫妇进去一看，才知是色情表演，王老先生十分气愤，马上退场，找到导游要求退钱。王老先生夫妇回国后向旅游质量监督管理部门投诉，要求旅行社退还“气功表演”的费用，并且要有个说法。

【思考】

1. 结合案例说说什么是零团费旅游?

2. 零团费旅游现象出现的原因是什么，如何避免这类情况的出现?

第二节　旅游产品定价方法与策略

一、旅游产品定价方法

(一)成本导向定价法

1. 成本加成定价法

成本加成定价法是一种基本的定价方法，通常的做法是以产品的单位成本加上一定百分比的利润来确定产品价格。

产品售价 = 单位产品总成本 ×(1 + 利润率)

= 综合服务成本 ×(1 + 利润率) + 房费 + 餐费 + 城市间交通费 + 专项附加费

【链接6 - 2】

综合服务费

西方各国的旅行社，在组团包价的收费中，均不包括综合服务费这一项目。在我国，却独特地设有该项目。最初，我国旅行社对外组团报价的项目中，房费、餐费、文娱活动费等都包含在综合服务费中，后来，以上各项逐步从综合服务费中单列出来。目前，综合服务费中还包括基本汽车费、全程陪同费、翻译导游费、组团和接团费、宣传费和领队减免费等项内容。

综合服务费的设立，是服从于我国旅游发展的特殊形势和环境，在今后一段时间内，还有可能继续保持下去。但随着市场经济的发展，我国各项服务规范逐步与国际社会接轨，综合服务费也可能在特定的时期内逐步消失。

（选自杜江，戴斌：《旅行社管理比较研究》，旅游教育出版社，2000 年 8 月第一版）

2. 目标收益定价法

目标收益定价法即旅游企业按预期获得的利润量和预测销售量来确定产品价格。一般经过这样几个步骤：

（1）确定目标收益率。它由投资者决定，在估计目标收益率时应同时考虑风险程度、机会成本及竞争对手的投资收益率。

（2）确定目标利润总额

目标利润总额 = 投资总额 × 目标收益率

（3）预测销售量

（4）计算产品价格

$$单位产品规格 = \frac{产品总成本 + 目标利润总额}{预测销售量}$$

（二）需求导向定价法

1. 理解价值定价法

这种方法根据买方的价值观念来定价，定价的关键不是卖方的成本。理解价值定价法认为：消费者在购买某一产品和服务之前，基于产品的广告、宣传所得的信息及自身的想象，对产品价值有一个自己的认知和理解，只有符合他们的理解，他们才会购买。这种定价方法必须配合宣传促销活动，并正确测定消费者的理解价值。

2. 区分需求定价法

它是企业对同种产品依据不同的需求强度而制定不同价格的方法，也就是依据不同时间、地点、产品及不同消费者的消费需求强度差异定价。包括区分顾客定价、区分产品定价、区分时间定价、区分位置定价。以顾客为基础的差别定价，如儿童与成人价的差异，学生价与一般游客价的区别。以时间为基础的差别定价，如旺季价格、淡季价格等。

3. 逆向定价法

是指企业根据消费者能够接受的最终销售价格，计算自己从事经营的成本和利润后，逆向推算出商品的批发价和零售价。这种定价方法不以实际成本为主要依据，而以市场需求为定价出发点，力求价格为消费者接受。

（三）竞争导向定价法

以竞争为中心的定价方法中常用的是随行就市法。

二、旅游产品定价策略

产品定价的最高上限是消费者需求，其下限是成本，而在最高价格和最低价格的幅度内，企业能把价格定多高则取决于竞争者同种产品的价格水平。企业价格的制订以营销目标、产品形象为依据，以成本为基础，以消费者需求为前提，以竞争对手价格为参照。

(一)新产品定价策略

表6－1　　旅行社新产品定价策略的选择标准

渗透定价策略	选择标准	取脂定价策略
低	市场需求	高
不大	与竞争产品的差异性	大
大	价格需求弹性	小
大	生产能力扩大的可能性	小
低	旅游者购买力水平	高
易	仿制难易程度	难
大	市场潜力	不大
逐渐	投资回收方式	迅速

1. 高价策略

又称撇脂定价、取脂定价。是指在新产品上市时把价格定得较高，以期获取超额利润，在短期内收回投资并取得较高收益的一种定价策略。它是指旅游企业为其产品制定的一个远高于成本的价格。出这样的“高价”，对企业而言，必须能使消费者相信高价购买这种新产品是值得的，而且高定价可使企业在销量逐渐呈现下滑趋势时，还有降低价格的余地来吸引价格敏感的下一层次的消费者。一般情况下，如果在市场上存在着一批愿意以超出市场平均水平的价格购买旅游产品的消费者，撇脂定价是一种合适的定价策略。它使旅游企业可以较快收回成本，即使在市场认为产品初始价过高时，还可通过降价来解决问题。

实行高价策略的优点:有利于树立产品高品质形象，扩大销售;有利于企业掌握价格主动权;有利于获得更多利润。高价策略的缺点:会损害消费者利益,不利于拓展市场;容易诱发竞争。通常撇脂定价策略适用于以下几种情况:①目前市场上有足够多的消费者对该旅游新产品存在迫切的需求;②消费者认为价格高代表了该旅游产品的优质形象;③市场竞争不十分激烈。

2. 低价策略

又称渗透定价策略，是指在新产品上市初期，将产品价格定得低于预期价格，以市场占有率扩大为目标的定价策略。它是指旅游企业为其产品制定的一个相对较低的价格。旅游企业通过低价占领大量的市场份额，从而降低生产成本。如果一家旅游企业以追求市场份额最大化作为定价目标，则采取渗透定价法不失为一个较好的选择。然而，企业在设置低价的同时，也意味着单位利润的降低，为此，企业的产品销量应达到较大数额。如果需要很长时间企业才能实现高销售量，那么企业收回成本的过程也是较为缓慢的。

低价策略具有以下优点:易为顾客接受，迅速打开销路;可以有效地排斥竞争者介入;迅速增加销售额和扩大市场占有率。低价策略具有以下缺点:影响同类产品的销路及其寿命周期;不利于新产品高质量形象的确立;提价会引起顾客的反感。渗透定价策略一般适用于以下情况:①市场的需求弹性较大，使用低价格能明显刺激市场需求的增加;②因销路扩大而导致成本迅速下降的产品;③潜在市场大的产品及竞争者很容易进入的市场;④消费者购买力较为薄弱的市场。

(二)心理定价策略

心理定价策略是旅行社利用旅游者对价格的心理反应，刺激旅游者购买产品的产品定价策略。

1. 尾数定价策略

又称奇数定价策略，是利用旅游者喜欢带尾数价格的心理而采取的产品定价策略。带有尾数的价格让旅游者产生价格低廉的感觉，并且认为带尾数的价格是经过认真的成本核算产生的结果，使旅游者对价格产生信赖感。该策略一般适用于一些价值较小的产品。如餐饮产品定价为 9.5 元，可能比定价 10 元销路更好。

2. 整数定价策略

适用于价格较高的旅游产品，如豪华旅游，团体全包价旅游等。采取此种定价策略容易使旅游者产生“货真价实”“一分钱一分货”的感觉，有利于提高产品形象。

3. 声望定价策略

多见于在旅游市场上享有较高声望的旅行社及其产品。高价格一般代表着产品的声望，而这种有着高声望的高价旅游产品，与旅游企业的形象联系也是非常紧密的，因此，采用声望定价策略应慎重。

4. 吉祥数定价策略

利用旅游者喜爱吉祥数字的心理为产品制定价格。如将新婚蜜月游产品定价为 9999 元。

(三) 促销定价策略

这是一种发挥促销手段的作用，以企业部分产品的特殊价格吸引消费者，从而提高企业销售收入并盈利的策略。

1. 亏损领导价格

这是指旅游企业管理者制定接近成本甚至低于成本的价格来吸引消费者，以迎合部分消费者追求价格便宜的心理，借此还可扩大企业其他产品的销售。很多旅游企业都将自己产品组合中某些产品的价格定得很低，如饭店依靠免费酒水扩大菜肴的销量、旅行社依靠低价的包价旅游产品来增加客源等，都是此种策略运用的体现。

2. 特殊事件价格

这是指企业利用某些特定节假日、特殊活动的举行、特定事件的发生，给旅游产品适度降价来刺激消费、扩大销售的一种做法。旅游企业运用这种策略一般会事先借助于各种媒体做广告、宣传等配合活动，将这样的“特价”信息传递给消费者，以引起他们的注意。

3. 产品捆绑价格

这是指企业将两项或多项产品捆绑组合在一起，以低于单项产品价格之和的整体价格出售。比如酒店推出的包售客房和早餐的周末度假服务，旅行社推出的双飞度假全套服务等，由于可变成本并不高，如果目标市场认为价格合理，捆绑价格会刺激对捆绑产品的需求，通过这样的捆绑销售就能弥补企业的固定成本并产生一定利润。

4. 产品分别价格

有些顾客可能不喜欢捆绑销售，比如当某位游客在游览某个主题公园时，他可能并不希望游览所有的景点，享用所有的服务设施。对于这些顾客而言，往往希望得到每项产品的单独定价，而不是几项产品的捆绑定价。

三、旅游定价的基本过程

科学、合理的定价程序，是旅行社制订出正确的产品价格的基础。定价程序依次由以下六个步骤组成：

（一）确定企业的定价目标

旅游企业在制定价格之前，首先必须明确旅游产品的定价目标。旅行社在一定时期内，可根据市场供求关系，明确自己的定价目标，这是制订价格的前提。

旅游企业的定价目标包括有维持生存、利润最大化、市场份额最大化等多种选择。一旦旅游企业选定其中一种作为自己的目标，就会有一系列与之相应的包括价格在内的市场营销组合。企业的目标越明确，制定价格就越容易。价格的高低对于利润、销售收入、市场份额等指标会有不同的影响。

假如我们所设定的某种旅游产品要达到利润最大化的目标，其价格水平应为95元，要使销售收入最大化，其价格应降为85元，而若希望市场份额最高，还要实行更低的价格水平。

（二）测定需求量

是指用实验方法测定不同需求量下的价格水平，推算出需求弹性，作为定价时的参考。

价格的高低在影响营销目标的同时也影响了需求。要确定价格，就要先知道需求。一般情况下价格与需求量之间成反比关系。但还有另一种情况，当价格上升时，需求量也增加，它代表了一种威望商品的需求。例如住酒店的高档客房，客人往往认为是一种身份和地位的象征，在其定价降低时，顾客反会认为不能体现其身份而不愿购买。所以价格虽然是影响需求的重要因素，但非价格因素的作用也不容忽视。要确定出价格对需求的真正作用程度，不应将非价格因素的影响排除在外。影响需求的非价格因素主要有：

1. 收入。当消费者的收入增加时，即使旅游产品的价格保持不变，对旅游产品的需求量也会增加。近两年在“五一”“十一”黄金周期间，持续出现的旅游高潮就很好地说明了这一点。

2. 替代品价格。当替代产品的价格降低时，消费者往往会倾向于去购买该旅游产品的替代品，使该产品需求量减小。

3. 消费者偏好。消费者一旦对某种旅游商品产生偏好，即使其价格升高，也不会影响其需求。

除了非价格因素之外，需求弹性的不同也影响着需求量的变化。在需求缺乏弹性时和富于弹性时，需求对于价格变动的敏感程度是不同的。就大多数旅游产品来说，在高价位时适当降低一些价格，对产品销量的增加会更明显，而对于已经定价较低的旅游产品即使再降价，其销量也不会明显增加，所以旅游企业之间的价格战并非万能神药。

（三）核算旅游产品成本

社会对旅游产品的需求量决定着企业可为产品制定的最高价格，而企业的各种成本则决定着旅游产品价格的最低水平。旅游产品的价格至少要能补偿企业在一定生产水平下所用的固定成本和可变成本的总和。成本会随着不同的生产水平而变化，若平均成本随着经验的累积而下降，应引起企业重视。随着产量增加和经验积累而导致的成本下降，可使公司制定较低的价格，获得更大的销量，然后产量进一步增加，成本再下降，价格可更富于进攻性。

一般而言，旅游产品的成本包括营业成本、固定资产摊销、期间费用（营业费、管理费、财务费）三大块。应将税金和附加费打入成本，另外还需考虑的营业成本包括以下项目：

1. 综合服务费。计算单位为“元/人”。

综合服务费 = 实际接待天数 × 综合服务费/人天

2. 房费。计算单位为“元/人”。

房费 = 实际入住天数 × 房费/人天

3. 餐费。计算单位为“元/人”。

餐费＝实际用餐天数×餐费/人天

4. 景点门票。计算单位为“元/人”。

旅游线路中各景点门票款合计。

5. 交通费。计算单位为“元/人”。

交通费:旅游目的地景点间旅游车费

6. 票务费。计算单位为“元/人”。

票务费＝居住地至目的地的交通费＋手续费

7. 专项附加费。计算单位为“元/人”。

专项附加费＝(汽车超公里费累加＋特殊门票费累加)/人

成本＝综合服务费＋房费＋餐费＋景点门票＋交通费＋票务费＋专项附加费

(四)分析竞争对手的产品和价格

考虑竞争对手向市场提供的产品和价格，是企业定价的一个重要因素。通过向消费者的询问、自己亲自购买竞争对手的旅游产品、收集竞争对手的价格表等途径，企业可对竞争对手的情况有一定了解，并据此来考虑自身旅游产品的定价。通过比较，若企业的旅游产品优于对手，价格不妨比其稍高;若产品与对手类似，价格也要大致和其处于同一水平;如果产品不如竞争者，那就应制定更低的价格，并对产品做出改进和完善。否则就缺乏竞争力。

(五)选择适当的定价方法

在上述步骤里已经明确了企业的目标，并对需求、成本、竞争者价格等做出了基本分析后，下面的工作就是要选择合适的定价方法了。价格定得过高可能会使得产品失去需求，定得过低又会使企业的利润得不到保证甚至亏本。怎样才能确保旅游产品的价格既能创造需求又能创造利润呢?这就要求企业在定价时必须考虑产品成本、竞争产品和替代产品价格、产品的特色等三个基本因素，由此也就产生了成本导向、需求导向、竞争导向三类不同的定价方法，具体的定价方法见相关内容。

(六)确定旅游产品的最终价格

根据定价目标，选择某种定价方法所制订的价格并不就是该产品的最终价格，而只是该产品的基本价格。为了提高产品的竞争力及对旅游者的吸引力，还应考虑一些其他因素，对基本价格进行适当调整。

在为产品确定最终价格时，企业还要考虑一些附加因素:

1. 顾客心理因素。即顾客对价格的主要心理认定趋势或取向。

2. 政府干预因素。企业的定价会处在政府监督之下，价格过高或过低都可能会招致政府干预。

3. 竞争对手的反应。竞争对手针对自己的定价是否也会在营销组合上做出调整，是否会引发价格战，这些都是企业所要考虑的。

4. 企业的定价政策。企业的价格定位须同定价政策相符，许多旅游企业都有企业所需的价格形象、价格折扣政策及应付竞争对手价格的经营哲学等，旅游产品的价格定位应与这些价格政策相吻合。

(七)旅游线路报价说明

旅行社一般为旅游者安排双人标准间或三人间，有时团队因人数或性别原因可能出现自然单间，由此产生的房费差额根据事先达成的协议由组团社或地接社来承担。

旅游团内成年旅游者人数达到16人时，应免收1人的综合服务费，全陪只收交通费、房费，其余全免。

12周岁以下儿童收取30%～50%综合服务费（不占床位、车位），12周岁以上儿童收取全额综合服务费。

旅游线路报价一般不含各地机场建设费、旅游意外保险费（自愿投保）、火车上用餐费、各地特殊自费旅游项目费用。

超公里费指汽车长途客运的收费，各地收费标准不同，如上海是以8小时、80千米为基价计算的。

旅游线路报价在实施过程中若发生因不可抗力因素造成实际旅费超过报价的（如行程延期），由旅游者自行承担额外费用，旅行社可不承担此费用，或与旅游者分担费用。

地接旅行社在旅游线路报价中应含有团队确认方式及结算方式的具体要求。

具体可参见案例6－2。

案例6－2

云安达旅行社传真件

收件人：杭州××旅游公司　　发件人：×××

电话：×××××××　　电话：×××××××

传真：×××××××　　传真：×××××××

×经理：

您好！现将所需行程与报价传真给贵社，如有不详之处，请来电咨询！希望合作愉快！

昆明—大理—丽江双飞双卧五晚六天游

时间	行程安排	住宿	用餐数
D1	由杭州飞昆明（CZ8654/15:35），接团，室内观光，游金马碧鸡坊（2小时）。	昆明	晚餐
D2	游石林，参观玉石加工厂（30分钟），欣赏云南茶艺表演（30分钟），晚乘硬卧火车至大理。	火车	早、中、晚餐
D3	早抵大理，乘苍山索道，游崇圣寺三塔（1小时）、蝴蝶泉（2小时）、天龙八部影视城（2小时）、大理古城、洋人街（2小时）。	大理	早、中、晚餐
D4	由大理乘车至丽江，游览丽江古城—四方街（4小时）（晚餐自费品尝纳西风味餐）。	丽江	早、中餐
D5	游玉龙雪山（2小时）、白水河（2小时）、甘海子（1小时），乘车赴大理，晚乘硬卧火车返昆明。	火车	早、中、晚餐
D6	早抵昆明，逛花市（1.5小时），乘飞机赴杭州（CZ8628/11:30），送团。		早餐

报价:2580 元/人。

人数:20 人。

出团日期:11 月中旬。

标准:入住三星级酒店，提供标准团队餐(8 正 5 早、八菜一汤)。

报价包含:空调旅游车费、景点第一门票费、旅行社责任险、丽江古城维护费(40 元)、导游服务费、昆明——大理往返空调硬卧火车票、杭州——昆明往返机票。

不含:机建费、航空保险、单房差、客人自愿选择的自费项目。

备注:因人力不可抗拒因素或客人自身原因放弃行程造成景点减少的，只在当地按旅行社的协议价现退未产生的费用，其他产生的费用由客人现付。旅行社可以根据航班时间调整行程，但服务、住宿、景点不变。

案例分析:

1. 此行程线路成本预测如下：

(1)房费。60 元/人(昆明) +40 元/人(大理) +60 元/人(丽江) =160 元/人

(2)餐费。15 元/人 ×8(正餐) +5 元/人 ×5(早餐) =145 元/人

(3)景点门票。

昆明:石林 80 元。

大理:苍山索道 20 元 + 崇圣寺三塔 60 元 + 蝴蝶泉 26 元 + 天龙八部影视城 25 元 =131 元

丽江:云杉坪索道 42 元 + 进山费 80 元 + 古城维护费 40 元 =162 元

共计:80 +131 +162 =373(元/人)

(4)交通费。50 元/人(旅游车费) +150 元/人(昆明——大理往返空调硬卧火车票) =200 元/人

(5)综合服务费。6 ×10 元/人 =60 元/人

(6)票务费。1500 元/人(杭州—昆明往返机票)。

成本 = 综合服务费 + 房费 + 餐费 + 景点门票 + 交通费 + 票务费 =60 +160 +145 +373 +200 +1500 =2438(元/人)

2. 此产品竞争对手的价格为 2620 元/人，所以此产品的报价只能低于 2620 元/人。

3. 选择定价方法

采用成本加成定价法，价格范围为 2438 元以上，2620 元/人以下。

4. 最终确定价格

综合考虑各种因素，定价技巧采用吉祥定价法，价格最终确定为 2580 元/人。

在此需要强调指出的是，旅行社无论采用怎样的定价方法和定价策略，其产品的最终销售价格必须达到价格理论对价格的基本要求：

价格必须反映产品的质量；价格要有连续性和稳定性，对不同的市场价格要有灵活性；要特别注意和竞争对手产品价格的比较；合理安排各项服务之间的比价关系；产品价格要服从国家政策的要求。此外，现实中，旅行社对产品价格的调整还出自于企业整体战略的考虑。

本章小结

在刚刚结束的这一章里，我们首先了解了旅游产品价格的形式，即旅游包价、旅游单价以及旅游差价、旅游优惠价，而影响旅游产品价格的内外部因素是复杂多变的。在此基础上，

我们学习并熟悉了旅游产品多样化的定价目标，并掌握了如何综合各种因素为旅游产品制定合理的价格，而有关旅游产品定价的方法(成本导向、市场导向、竞争导向等三类)与策略(新产品定价策略、心理定价策略、促销定价策略等)是这一章需要重点掌握的内容，最后我们还学习了包含六个步骤的旅游定价基本过程。

实践练习

一、案例分析：

1. 目的：掌握影响旅行社旅游产品定价的因素。

2. 训练方式：案例分析课堂讨论

3. 实训内容：

看上去相同的西藏旅游线路，报价为何会有巨大差异?

同是赴藏游报价各不同

距青藏铁路2006年7月1日开通还剩十天，京城各旅行社关于西藏火车团的报价各不相同，不同旅行社推出的同样线路，差价竟达千元。

目前港中旅打出的价格最低：参考价3980元。港中旅公民旅游总部的总经理助理王安华告诉记者，他们推出了三条西藏火车游线路，其中常规线路是乘坐北京直达拉萨的火车，游览日喀则、拉萨两地的10日游，目前参考价是3980元，“虽然车票定价还没出来，但最终定价不会有太大浮动。”

相对于港中旅的参考价，中国铁道旅行社列车部的工作人员告诉记者，他们推出的9晚10天直达拉萨火车游，线路相同，定价却为4980元。“主要因为火车票价没出，定太低怕有风险。现在不论车票多少钱，我们的价格都不变。”

另外，康辉国旅、中旅总社、友协国旅等旅行社均推出10日5600元左右的西藏火车游。价格明显较其他旅行社报价更高。

(资料来源：根据2006－06－21北京晨报消息改写)

二、案例分析

1. 目的：掌握旅游线路报价单的基本构成。

2. 训练方式：案例分析课堂讨论

3. 实训内容：阅读案例，回答问题

(1)该线路报价单包含了哪些内容？你认为这些内容都是有必要的吗?

(2)借鉴该案例，为你熟悉的某条旅游线路制定一份线路说明书。

“华东六市新景＋水乡甪直”单飞七日/双飞六日豪华至尊游(无自费)

出发地：北京

联系人：林××

目的地：上海、杭州、苏州、常熟、无锡、南京

电话：010－873838××、874705××；E－mail：×××@bts365.com

服务企业：北京××旅行社

地址：北京朝阳区东三环南路×号××大厦8×8室

行程7天(以下价格和行程以旅行社最终确认为准!)

D1. 北京首都机场乘机飞上海，感受上海不夜城国庆气氛。

都市观光游——游览外滩，欣赏享有“万国博物馆”的著名建筑群，领略黄浦江两岸风光，再现上海滩的豪迈。远眺上海APEC会议会址，南京路步行街购物，途中观赏上海绚烂迷人的灯光景色。

D2. 西湖风情游——早餐后，车游浦东新区，东方明珠塔(上塔自理)，车游南浦大桥、世纪大道、逛老城隍庙集市，后车赴东方休闲之都杭州，【船游西湖】，观三潭，欣赏西湖金秋无限魅力，梅家坞品尝龙井绿茶，车游览西湖新南线、杨公堤，游览【万松书院】，感受梁山伯祝英台凄美的爱情故事，远眺钱塘江、六和塔；欣赏丝绸表演。

D3. 园林古镇游——早餐后，车赴苏州，游览江南水乡古镇——【甪直】，参观“一代师表”叶圣陶纪念馆、保盛寺、万盛米行、张陵公园，后车赴游览【枫桥景区】，含枫桥、铁岭关、大运河、枫桥古镇等，近观唐朝著名诗人张继《枫桥夜泊》中描述的著名寺院寒山寺，参观江南瑰宝——紫砂艺苑。

D4. 山城水乡游——早餐后，游览“北有长城之雄，南有盘门之秀”之称的【盘门三景】，车赴山城古镇水乡常熟，游览【国家湿地公园】、姜太公钓鱼处尚湖风景区，欣赏白鹭栖息的绿色生态环境，游览常熟【方塔景区】，欣赏山城水乡的独特韵味。

D5. 太湖风光游——早餐后，车赴“太湖明珠”无锡，游览太湖第一名胜【鼋头渚景区】，感受“太湖绝佳处，唯有在鼋头”的秀丽风光，参观太湖淡水珍珠馆；在10月5日欣赏2006年度太湖中烟火晚会，五彩缤纷的烟花盛开在浩淼太湖水上，中秋明月当空，手捧月饼，仰首天空，这美妙绝伦的景观定会陪您度过一个难忘的国庆中秋之夜。

D6. 文化古都游——早餐后，车赴南京，游览【阅江楼35】(江南四大名楼之一，含明城墙、阅江楼,登楼观万里长江、雄伟的南京长江大桥等)；车游民国文化街——观百年民国建筑:中央博物馆、中央医院、总统府大门楼、民国1912等;【夫子庙】——秦淮风光带观光购物，含乌衣巷、文德桥、秦淮河、天下文枢坊、神州第一照壁等；飞回:乘飞机返北京，结束愉快旅程！卧回:19:05乘1462次火车返北京。(若为1426次，客人自补票差70元/人，若为T66次，客人自补票差120元/人)

D7. 火车抵达北京，结束旅程。

特惠价格:

单飞:三星班:1880元/人

双飞:2180元/人

住宿:

全程三星同级酒店，另安排一晚五星酒店，如遇单人单房，导游有权合理调配；若补单房差为500元/人；

交通:

单飞:北京——上海火车、南京——北京飞机。

双飞:北京——上海飞机、南京——北京飞机。

费用包含:

1. 交通:往返程机票、火车票。

2. 景交:当地全程空调旅游车。

3. 住宿:全程三星同级酒店，另安排一晚五星酒店，如遇单人单房，导游有权合理调配；若补单房差为500元/人。

4. 门票：上述行程中景点第一大门票。（无自费景点）

5. 餐饮：提供5早10正（八菜一汤、十人一桌，赠送风味餐：南京盐水鸭、无锡酱排骨、杭州西湖醋鱼）。

6. 导游：华东当地优秀导游陪同旅行讲解服务。

7. 旅行社责任保险。

费用不包含：往返机建、燃油费。

参加须知：

1. 火车团报价暂以普快计价，因交通部门运力紧张，遇特殊情况，在确保团友顺利往返的情况下，我社有权调整车次或航班，请客人届时按实际车次现付差额；飞机团出发前请带好身份证（儿童需带户口本正本）；报价中成人不含机场建设费及燃油费，由客人自理，客人报名参团时由组团社代收（单程150元/人，双程300元/人），儿童机建、燃油费已含。

2. 根据我社所出机车票时间，在不降低服务标准、不减少景点的前提下，我社保留对景点先后顺序做出调整的权利；因航班调整或飞机延误，我社不承担责任，但会积极配合后续之团队接待及游程调整工作。

3. 因客人自身原因或人力不可抗拒因素造成的行程延误、变更或景点不能游览，损失由客人自负。如客人持老年证，军官证等可减免门票的证件，门票按旅行社折扣价退还，赠送景点门票不退！行程中住宿若出现单男单女，我社导游有权进行调配，或安排三人间或加床，单人单房客人需自补房差。

4. 上述计划行程为参考行程，最后确定行程以出团通知书为准。

特别说明与注意事项：

线路特色：全程无强制自费景点，游览内容充实，丰富多彩，佳节好去处——华东五市+山城水乡常熟和江南古镇水乡的完美结合，独此一线！让您逍遥水乡人家，吟风赏月，独家安排五星级标准住宿一晚，让您的黄金假期享受至尊贵宾的生活；秀色可餐地安排让您感受鱼米之乡的美味（九月蟹黄膏肥的大闸蟹和灵隐寺素月饼）；“中秋佳节倍思亲，太湖水畔叙天伦”——赠送鼋头渚太湖国庆烟花大会观赏券（价值150元/人）。

第七章　旅行社销售渠道管理

技能目标：

根据经营需要能为旅行社设计适当的销售渠道。

知识目标：

了解旅行社销售渠道的含义、性质和功能；

全面熟悉销售渠道的长度和宽度决策；

掌握旅游中间商的管理。

关键词：

销售渠道、直接销售渠道、间接销售渠道、旅游中间商、旅游批发商、旅游中间商

任　务：

某旅行社是以地接业务为主的国内社，主要接待来自广东、上海、北京、南京等地的客人，而这家旅行社所在地的旅游资源相当丰富。如春天是花海之旅，有梯田形的油菜花、各种各样的山花和家花(梨花、桃花、桂花等)；夏天是古驿道、水上之旅，如当地明清徽派古建筑、峡谷漂流，湖区划船等；秋天是红叶之旅，山上、驿道边随处可见各种各样的枫叶，三角、五角叶形的枫叶都在风中骄傲地招手；冬天是民俗童话之旅，各种民间风俗的灯会、灯舞、地戏、傩舞等齐整地出来表达他们的喜悦，迎接远方的客人。

如果你是该旅行社的业务经理，负责市场开拓。请问：

1. 如何利用当地的旅游资源并紧密结合目标市场需求，进行有针对性的市场开发与销售？

2. 该旅行社应该采用怎样的合作模式，才能不断提高客源地组团社合作的积极性？

案例导读：

短信营销

旅游业的竞争日益激烈，诸多旅行社都在思考着如何进一步提升服务质量，争取领先对手，脱颖而出。一些目光敏锐的旅行社已经开始采用目前服务业悄然流行的短信营销手段，并取得了良好的效果。最近康辉旅行社采用亿美集团短信“满意通 TM”，为游客家属提供“短信全程报平安”的服务，就是一个很好的例子。

康辉旅行社是业界著名的大型旅行社。目前，康辉旅行社正致力于将“康辉旅游”发展成为中国公民旅游大型组团社第一品牌。为此，康辉旅行社一直努力提高产品个性化、客户服务保障体系的规范化，从而赢得客户的信赖

最近，欧洲旅游市场刚刚开放，康辉旅行社就组织了一次“欧洲开放、父母先行”的活动，以“康辉旅游——健康老人欧洲之旅”命名的 150 人规模首发团叩响了中国公民赴欧旅游的大门。本次活动中，由于游客以老年人为主，康辉旅行社考虑到安全第一，不但优化、改良了行程，使其更适合老年人的需要，更为客户推出了诸多贴心周到的服务。其中“短信全程报平安”就是康辉旅行社此次推出的全新增值服务。每到一地，领队导游都会向旅行社报告，并由社内相关人员向游客的亲属时时发送“平安”短信，消除亲属们的顾虑。

（资料来源：中国投资咨询网 2007－01－06）

【思考】

短信营销的优势有哪些？你还能说出哪些适合旅行社行业的特色营销手段？

第一节　旅行社销售渠道

由于旅游产品的特殊性以及旅游市场的日益扩大，旅行社销售渠道对于旅游产品的销售起着越来越重要的纽带和桥梁作用。旅行社经营管理的关键之一，就是选择最适当的销售渠道，采用最佳的销售渠道决策，将旅游产品送到最终的旅游消费者手中。

好的销售渠道不仅可以及时、便利地提供满足旅游者需要的产品，承担流通旅游产品的功能，缩短生产和消费的距离，而且能够及时向旅游者提供信息，使他们了解有关旅游产品，同时也可以及时将市场信息反馈给旅行社，使旅行社根据市场需求有针对性地提供旅游产品，有效地组织经营活动，获取效益。建立旅行社销售渠道并实施有效管理具有非常重要的意义。

一、销售渠道内涵

旅行社销售渠道，是指旅行社通过各种直接或间接的方式，将旅游产品转移到最终消费者的途径，又称为销售分配系统。

在现代旅游市场中，由于社会化大分工和旅游市场国际化，旅游产品供应商很难把旅游产品大量地直接销售给作为最终消费者的游客。因而旅游产品供应商将主要精力用于提高产品质量和服务质量，研制开发新的旅游产品，不断丰富和完善旅游产品的内涵，而将旅游产品的销售委托给一系列专门从事流通服务的旅游中间商。这种销售行为从生产过程中脱离出来，不仅提高了旅游行业的经营效率，形成了部门规模，而且在增加收益的同时也进一步方便了旅游者。

提示：这里提到的旅游产品供应商（也称旅游批发商）和旅游中间商，是行业分工的结果，是在旅游产品供应链中承担不同任务的旅行社，前者的主要任务是旅游产品（主要是旅游线路）的研发、设计与生产（主要是要素采购），后者的主要任务是充当旅游产品供应商的代理，销售其提供的旅游产品。

在我国旅游经营实践中，国内旅游和入境旅游市场方面，目的地接待社经常充当了实际上的旅游产品供应商，而客源地旅行社特别是中小旅行社只能充当中间商甚至零售商角色。

而在出境旅游市场，我国京、沪等大城市已经有些旅行社凭借口岸优势，加上较强的综合实力，成长为旅游产品供应商。可参考案例 7－1。

案例 7－1

旅行社加快变身批发商

随着中国成为亚洲第一出境旅游国家，北京、上海、广州等部分城市旅行社凭借其国际航空口岸优势，加快向旅游批发商转化。

根据从 2006 年中国十大出境游批发商评选中传出的信息，在中国的出境游市场上，内地的旅行社由于客源、口岸、签证等因素，如果直接组织本地旅游团赴境外旅游，成本非常高昂。而处在北京、上海和广东的部分旅行社，利用国际航空口岸的交通优势和使领馆众多的地利，向全国各地旅行社同行提供了固定出发日期的出境游同业团的产品，帮助内地旅行社降低了经营成本和运营风险，为内地旅行社组织出境游提供了极大的便利，从而成功地转型为出境游批发商。

目前，这些旅游批发商已占据中国出境游市场的显著份额，塑造中国出境游行业新格局，可以说是中国公民出境游由近及远、走遍全球的“路线图”。如在欧洲市场，凯撒国旅、众信国旅、华远国旅等批发商每年各自向欧洲输送的客人都数以万计。在传统的东南亚及港澳市场，北京的捷达假期、海洋国旅、上海的东方中旅、广州的和平国旅等每年都操作着三五万人的团队。国旅总社、广东中旅等分别在高端产品和单一市场如澳大利亚等线路上的批发业务上取得较大的市场份额。与此同时，在每个口岸城市的每条产品线上，都有数家乃至数十家的旅行社以同业批发为主营业务，通过为各地旅行社同行服务的形式来经营。

业内专家介绍，世界排名前列的旅行社几乎都是大型批发商，这些批发商在世界旅游产业的竞争格局中掌握着主动权。随着越来越多的中国人走向世界，拥有巨大客源规模的中国市场将成为全球旅游界注目焦点，并为中国旅行社提供全球性发展空间。

（资料来源：新华网2006年3月，作者：钱春弦）

【思考】

1. 了解目前我国比较有影响的出境旅游批发商，包括旅行社名称、旅游线路涉及的主要目的地、经营状况等。

2. 这些旅行社为何会成长为旅游批发商，主要的原因或条件有哪些？

3. 批发商怎样加强对代理商的管理？

旅行社销售渠道管理的目的主要有两方面：

一是选择最经济和最有效的产品销售环节与方式。即旅游产品供应商将一部分销售工作的成本和利润收入让给旅游中间商，通过旅游中间商的资源介入，使双方受益。

二是明确销售渠道构成各环节之间的协作关系。每个环节成员的经济收益水平往往取决于其他环节的协调和配合程度，如果一个环节的工作发生失误，就可能造成整条销售渠道运转的停止。因此，如何确定各环节成员之间的分工协作与利益分配比例，也是旅行社销售渠道管理中的重要问题。

二、销售渠道的性质

旅行社销售渠道之所以必不可少，有其自身内含的重要因素，同时，也是由于旅游产品的特殊性决定的。这种特殊性也决定了旅行社销售渠道与其他产品销售方式不同的性质。

（一）信息流动性

旅游产品具有非物质性和不可运输性。这种特性决定了旅游者在购买旅游产品与进行消费之间表现出时间和空间上的脱离，即旅游者无论在何处订购一种旅游产品，都必须到旅游目的地才可以进行消费。因而，旅游产品销售渠道基本上不发生实物形式的转移，主要表现为一种产品信息流动，即向旅游者传递有关旅游产品的交通、餐饮、住宿条件及其费用预算以及其他（出入境手续的办理和注意事项等）一系列及时周到的信息。

（二）结构双链性

旅游产品具有独特性和分散性。很少有旅游产品供应商能生产出完整的旅游产品，它们往往只能涉及旅游产品系列中一项或几项要素的生产。旅游者需要购买的是其中的主要部分甚至是整个组合完备的旅游产品，而不只是旅游产品中的部分(如一项或几项要素)。在这种需求面前，旅游业中各个部门的分散生产与分散销售就显得力不从心，旅行社销售渠道在运转中则体现出了双链结构的特征：一方面，通过自身的组合设计行为，将众多分散的旅游服务要素结合成包括交通、食宿、游览、娱乐等丰富内涵的完整旅游产品，形成从旅游生产领域到消费领域的“旅游产品组装链”；另一方面，通过不同层次的旅游中间商彼此联合，从而完成另一条“旅游产品传送链”。这两条链的结合过程既同时进行，彼此之间又保持相对独立，如图7－1。

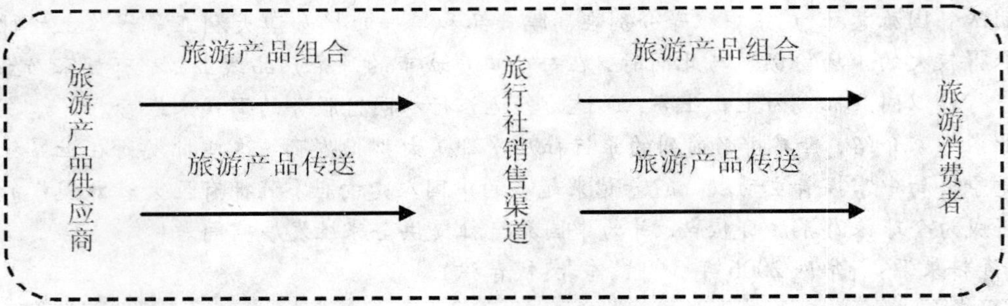

图7－1 旅游产品的双链性

(三)行为细密性

旅游产品的销售具有单一性和不可重复性。即旅游者一般一次只能购买一项旅游产品，而同一种产品很少会令同一旅游者产生多次消费的需求和行为，不可能像其他实物商品那样可以同时购买一定数量或重复购买。因而，旅行社销售渠道各个成员的工作量都较大，整体销售行为更为细密复杂。

(四)高收益性

由于旅游产品主要以服务性内容为主，其价值由旅游消费者的主观满意程度来衡量，因而，通过组织与整合的旅游产品可以产生高附加值。只要旅游消费者感到个人需求得到充分满足，就可以承受较高的产品价格。因此，旅行社销售渠道具有高收益性的性质。

由于旅游中间商的介入，旅游目的地与旅游客源地从空间上得以联系起来。旅游服务要素的诸多供应商不必离开产地就能招徕旅游者，旅游者也可以在居住地方便地了解并购买异地的旅游产品，这显然对供求双方来说都是有利的。从市场的角度看，现代旅游业之所以能够如此大规模迅猛地发展，最为重要的原因就是旅游中间商的介入丰富了产品销售渠道，扩展了旅游产品所能触及的市场范围，使旅游者可以便利而放心地享受旅游产品，也大大增强了旅游业的总体收益。

三、销售渠道的功能

总的来说，旅行社销售渠道具有两大主要功能：首先，能够拓展旅游目的地以外的销售点的数量；其次，能在旅游产品生产之前实现其购买。销售渠道作为旅游产品从生产者到消费者之间转移的通道，克服了时间、地点和所有权等将产品与消费者分离开的主要障碍。具体说来，销售渠道中的各成员具有以下主要功能：

1. 提供销售点和便利的游客可达性。其中包括为临时购买或提前预订工作准备等工作。

2. 信息功能。一方面分发如宣传册等产品信息以供旅游消费者选择，另一方面收集关于市场环境的调研和情报信息。

3. 促销功能。建立与消费者之间的交流，宣传产品并协助旅游产品供应商的促销活动。

4. 接触功能。搜寻预期购买者并与其沟通，为其提供建议和购买帮助，如提供产品咨询等。

5. 适应功能。适当改变产品以使其符合旅游消费者的需求。

6. 协商功能。通过与旅游者的协商，在价格和产品买卖等方面达成共识，从而使旅游产品实现价值转移。

7. 财务功能。取得销售收入并将其转移给旅游产品经营主体，包括获取和利用资金来弥补渠道工作成本。

8. 反馈功能。接受和协助处理旅游者投诉等。

9. 辅助性服务功能。有时需提供保险、防疫建议和护照办理等辅助性服务。

第二节　销售渠道组合

旅行社销售渠道不仅具有转移旅游产品的功能，而且可以为旅游消费者提供更为满意的服务，给旅行社带来更大的经济效益。因此，判定销售渠道是否有效，渠道组合策略是否成功，并非在于选择了多少旅游中间商，而是在于这种选择是否能够为旅游供应商、旅游中间商和旅游者以及旅游目的地等多方带来最大的利益。

一、旅游产品销售渠道的长度决策

旅游产品销售渠道的长度决策是指旅游产品自旅游供应商(生产者)向最终消费者(旅游者)的转移过程中所经过的中间环节的多少。所经的中间环节或层次越多，销售渠道就越长。

(一)销售渠道的长度

销售渠道根据是否涉及中间环节来划分，可以分成两大类，即直接销售渠道和间接销售渠道。

表 7－1　　旅游产品销售渠道

直接销售渠道	零级渠道	生产者→旅游消费者
间接销售渠道	一级渠道	生产者→旅游零售商→旅游消费者
		生产者→旅游经销商→旅游消费者
		生产者→其它营销渠道→旅游消费者
	二级渠道	生产者→旅游批发商→旅游零售商→旅游消费者
	三级渠道	生产者→本国旅游批发商→外国旅游批发商→旅游零售商→旅游消费者
		生产者→旅游批发商→旅游经销商→旅游零售商→旅游消费者

1. 直接销售渠道

旅游产品直接销售渠道，是指旅行社在向旅游消费者(包括团体旅游者和个体旅游者)出售其产品的过程中不涉及任何中间环节而直接销售的途径。由于没有中间商的介入，也称为零层次销售渠道，或一级销售分配系统。这是旅游产品销售渠道中最短的类型，也是我国大多数经营国内旅游业务的旅行社所采用的主要销售渠道。

直接销售渠道的优点在于：

(1)旅行社与旅游者供求双方直接沟通和交易，可以充分交流，当场决策；

(2)旅行社可直接获取最终消费者的意见，这有利于提高旅游产品的质量和旅行社自身的形象；

(3)由于没有中间商，可以节约销售费用、降低销售成本。

其缺点在于：

对于旅行社来说，直接销售渠道由于覆盖面有限，影响力相对较弱，会给旅行社的客源招徕带来不利影响，而且在直接销售量较小或不稳定的情况下，这种方式的经营风险都很大，这也是我国旅行社规模小、影响小的主要原因之一。

2. 间接销售渠道

旅游产品的间接销售渠道，是指旅行社借助旅游中间商向旅游消费者出售其产品的流通途径。

从上述两类销售渠道的比较中，我们可以看出，在我国旅游产品的销售渠道中，国内旅游产品的销售渠道要短于入境旅游产品的销售渠道。在一般情况下，如果基本条件许可，短渠道优于长渠道。这主要因为：

(1)从旅游产品的流通情况来看，在通常渠道的销售中，旅行代理商要向被代理的旅游企业收取佣金。多增加一个层次，旅游产品的销售成本就要增加一次。旅行社在营销活动中，要做到企业利润最大化这一经营目标，就要尽可能地减少销售环节；

(2)从旅游者心理来看，直接销售意味旅行社以“出厂价”销售其产品，因而价格比较便宜。当然，价格还与旅行社批量购买所得的折扣等因素相关；

(3)中间层次的增加，可能会影响地接旅行社与旅游者彼此之间信息的沟通速度，甚至有可能会因中间层次的原因而发生信息误导。

受到企业规模及海外市场拓展能力等因素的影响，我国许多国际旅行社在入境旅游产品的销售过程中，主要采用间接销售渠道。

【链接 7－1】

目前在我国，间接销售渠道被许多国际旅行社采用，主要由于下列几个方面的原因：

(1)许多旅行社现今对客源地情况缺乏深入的了解，如果此时采用直销，成本高，效果却未必好。

(2)中国旅游产品在海外的总体促销有限，影响其知名度的扩展，这就限制了直接销售渠道的发展。

(3)国外旅游者的消费心理和购买行为模式，也决定了直接销售的难度。由于社会、政治、文化和消费习惯等方面的原因，许多外国旅游者会倾向于信任本国的旅游经销商和代理商。

(4)中间商能够有效地推动产品广泛地进入目标市场，这是他们存在的意义，也是我国许多旅行社选择间接销售渠道的主要原因。

(5)许多旅行社既无实力也无必要在所有目标市场设立销售机构。特别是在经营国际旅游产品时，选择合适的中间商是不可或缺的。另外，有些宏观环境也限制了中国旅行社进入别国境内。比如，并非所有国家和地区都允许外国旅行社的进入。

（资料来源：《旅行社经营管理》，丁力，高等教育出版社，1998 年 5 月第一版）

（二）经营环境对销售渠道长度的影响

近年来，随着旅行社业的竞争日趋激烈，企业经营利润最大化的观念深入人心，尽可能地缩短销售渠道、减少中间销售环节，已成为我国许多旅行社考虑的问题。随着旅游业经营环境的改变，一些原本很重要的销售环节可能会变得不重要甚至不必要。在实践中也因此逐渐出现销售环节最少化的趋向。

（三）决策时应采取的方针

1. 本着经济效益的原则，对中间销售环节所产生的实际经济效益进行对比。如果证实某个中间销售环节确属多余，即成本大于收益，则应该及时地予以缩减。

2. 在取舍某个销售环节时，必须考虑对方可能作出的反应，要权衡利弊。同时，也要考虑商业道德，避免自身的商业信誉受到损害，进而使自己陷于孤立。

3. 旅行社在国外的直接销售活动，不能伤害到当地旅游中间商的利益。除非旅行社可以通过直接销售完全取代旅游中间商的作用，否则必须采取保护旅游中间商利益的方针。例如，旅行社在海外的直销机构，在原有的客户继续销售其产品的情况下，不应当随意以低于原客户的价格出售产品，以避免与客户发生利害冲突。

二、旅游产品销售渠道的宽度决策

销售渠道的宽度通常指一个旅行社具体销售渠道及产品销售网点的数目和分布格局。可以从双重意义上理解，一般指销售某旅行社产品的零售网点的数目和分布广度，既包括自设网点，也包括代销网点，但更多情况下是指直接销售和直接代销某旅行社旅游产品的旅游中间商的数量。我们这里仅指旅游中间商。

就旅行社业务中常见的情况而言，进行销售渠道的宽度决策主要有三种策略。

（一）广泛性销售渠道策略

广泛性销售渠道策略，是指旅行社对中间商的数量不加限制，与任何愿意与本社合作的旅游中间商建立业务关系，以求尽快提高知名度，扩大产品销路，对国内旅行社而言，是旅游消费者能够及时、便捷地买到所需的旅游产品。对国际旅行社而言，是指通过旅游批发商将旅游产品广泛分派到各个零售商，以便及时满足旅游者的需要。在某一市场上，凡是愿意推销本社产品的批发商都可以与其建立业务关系，相应地，我方旅行社也不禁止对方购买自己竞争对手的产品，彼此都没有约束。对国内旅行社而言，广泛性销售渠道策略就是广泛对各地旅行社进行销售产品、招揽客源。

这是一种针对价格低廉的大众化旅游产品所采用的渠道策略，即面对目标市场广泛撒网，希望扩大销路，提高收益。广泛性销路渠道策略一般适用于旅行社开辟新市场时期。

旅行社在运用这一销售渠道策略时要注意三点：第一，旅行社要扩大自己的市场覆盖率，尽可能以较多的不同组合形式的门市部或分社面对销售者，最大限度地方便旅游者的咨询与购买；第二，要在开发新市场和新产品上多下功夫，努力扩大客源市场，而不是以雷同产品在已有的客户圈内互挖墙角；第三，每一个旅行社在建立起自己的客源网络以后，对销售能力强的中间商加以重点管理使之更加稳定。

（二）专营性销售渠道策略

专营性销售渠道策略，是指旅行社在一定时期、一定地区内只选择一家旅游中间商来销售本社的产品。通常是在一个客源市场(国家或地区)内只选择一家旅游批发商作为自己在当地的独家代理或总代理。以我国国际旅行社为例，在建立这种关系时，通常在合作协议中会要求海外旅游中间商只能向本社购买此类旅游产品，而不能再与国内其他旅行社合作销售同类产品。

这种策略的优点在于：

1. 可以提高中间商的积极性和推销效率；

2. 便于旅行社对中间商经销活动的控制，保证双方在市场营销策略行为上的一致性，树立旅游产品形象；

3. 由于产销双方利害关系比较一致，能更好地相互支持和合作，例如共同投资，进行对双方都有利的促销活动等；

4. 由于与中间商的联系单一，交易费用减少，可以降低销售成本。

其缺点是：

1. 实行难度大，由于对中间商的要求很高，较难选择，而且只依赖于一家中间商销售自己的产品，销售面和销售量都可能受到限制，不利于该地区较远距离旅游者对产品的了解和购买；

2. 如果负责专营的该旅游中间商经营失误，就可能失去该地区部分市场；如果中间商选择不当，使整个销售渠道出现问题，则可能完全失去该市场。

因此，这种策略比较适用于旅行社新市场的开辟之初，或推销某些客源面不太广泛、比较集中的特殊旅游产品。

(三)选择性销售渠道策略

选择性销售渠道策略是指旅行社根据自己的销售实力和目标市场的分布格局，在一定市场上从众多的旅游中间商之中挑选少数几个来销售本社的产品。它介于广泛性销售渠道策略与专营性销售渠道策略之间。这种策略适用于价格较高、利润较大或是数量有限的旅游产品，这类产品目标市场有限，目标客源针对性强。采用这种策略的旅行社，往往是在最初投放产品时采用广泛性销售渠道策略，当销路稳定、利润增长时，便改用此策略。主要做法是：经过评估中间商在市场营销中的作用、组团能力以及销售量变化等情况之后，逐步淘汰那些不称职的中间商，只选择其中少数几家信誉较好、推销能力较强、经营范围对口、有利于产品销售的旅游中间商，建立起较为稳定的合作关系。

这种策略的优点在于：

1. 可以使旅行社更好地控制产品销售，通过有意识地选择，集中少数有销售能力的中间商进行产品推销；

2. 可以降低销售成本。

其缺点是：

1. 中间商如果选择不当，则有可能影响相关市场的整体销售；

2. 绝大多数情况下，旅游供求中买方市场占据主导地位的情况经常出现。因此在与客源地旅行社的合作中，更多的是备选的旅游中间商拥有主动权，因此实际操作起来有一定难度。

三、旅游中间商

旅行社在对销售渠道的长度和宽度作出决策后，还要重视旅游中间商的管理。

(一)旅游中间商的发现

我国国际旅行社目前主要利用间接销售渠道进行销售。找到好的合作伙伴，就可以获得稳定和增长的客源，就能够生存和继续发展。因此，物色合适而可靠的海外旅游中间商，与之进行合作，就成为每个旅行社关心的大事。具体说来，可以有以下几种方法：

1. 参加国际旅游展销会或博览会

世界各地每年都定期举行各种规格与规模的国际旅游展销会或博览会，如芝加哥、伦敦、巴黎、柏林、日本、马德里、香港等。旅行社可以根据自己的特点、需要和财力等，选择一个或几个国际性旅游展览会或博览会，选派业务能力强、熟悉客源国语言的人员前往参加。这种出访必须有充分的准备，要有针对性地准备好各种旅游宣传和促销资料。

2. 派遣促销小组出国推销

参加展销会或博览会主要是为了形象的宣传，而派遣促销小组出国销售，则侧重于具体旅游产品的推销。它更加有的放矢，一般比较适于中、小型旅行社。在出国之前，必须选派合适的人员，准备充足的旅游产品宣传和推销资料。而且，出国前应当及早制订推销计划，诸如明确拜访哪些客户、在哪里举行产品促销会、如何争取新的客户、推销所需资金等等。

3. 邀请旅游中间商来华考察

这种方法更侧重于新产品的推销。一个新产品开发后，邀请客源地的一些旅游中间商来踩线，通过实地考察，使之了解产品和旅游目的地的情况，产生组团来该地旅游的愿望，从而与旅行社建立业务关系。在邀请前，要正确选择中间商，并要准备好合理可行的旅行计划。

【链接 7－2】

2010 年的钟声刚刚敲过，台湾旅行社品质保障协会邀请山东省旅行社协会组织的考察团去宝岛台湾考察，考察台湾旅行社业的行业发展，实地探访旅游线路。考察团用八天时间，拜访了台湾旅行社品质保障协会、台北市旅行商业同业公会，台湾著名的东南旅行社、康福旅行社等机构，实地考察了多个著名旅游景点。

4. 主动联系、自我介绍

旅行社通过查找旅游协会的旅游企业名录、旅游报刊杂志广告等，可以找到客源地旅行社的一些基本资料，然后主动与可能建立关系的旅行社进行联系，探求双方合作的可能性。我方可以把准备好的各种资料，包括本旅行社的概况、本地区的旅游资源、本社旅游线路等通过邮寄或网络等方式发往对方。此外，旅行社还可以通过专业性报刊、杂志、网页等刊登广告，通过自我介绍并提出具体要求，公开寻求合作对象。这种方法虽然属于广种薄收，但如果信息沟通及时，资料具有针对性，同样能收到意料不到的效果。

5. 通过接团发现客户

通过接团发现客户是一条既节约又切实可行的重要途径。一方面，海外旅行社为了获得有关我国旅游产品的第一手资料或是物色合作伙伴，往往派遣专人以旅游者身份随团暗访，了解我国旅行社及其产品质量。另一方面，有些客人因参加了旅行社的一次旅游而十分满意，于是直接向该社联系再次合作，或是将自己的感受介绍给亲友，推荐该旅行社。因此，旅行社接待人员不仅要有较强的服务意识，还要有较强的市场销售意识，在优质服务的基础上，留意可能存在的潜在的客户，这对发现客户具有十分重要的意义。

6. 通过海内外的官方组织或民间团体发现客户

对从事外事、友好关系、经贸和文化交流的单位和组织来说，如外办、友协、贸促会及其他民间交流机构等，由于其工作特点，都有着自己的关系网，掌握着一些客户。旅行社要主动、积极地与这些组织和团体沟通，向他们提供信息和各种方便，保持良好的往来关系，这样也有助于发现客户。

(二)旅游中间商的选择

旅行社与中间商从初交相识，到建立业务合作关系，到最后相互熟悉、信任并确立固定和长期的合作伙伴，是一个相当费时的过程。对旅游中间商的选择，是旅行社从诸多方面对旅游中间商进行考察的过程。要使选择获得成功，旅行社不仅要有真诚合作的愿望，而且要有客观而冷静的态度，从诸多方面对中间商进行考察。

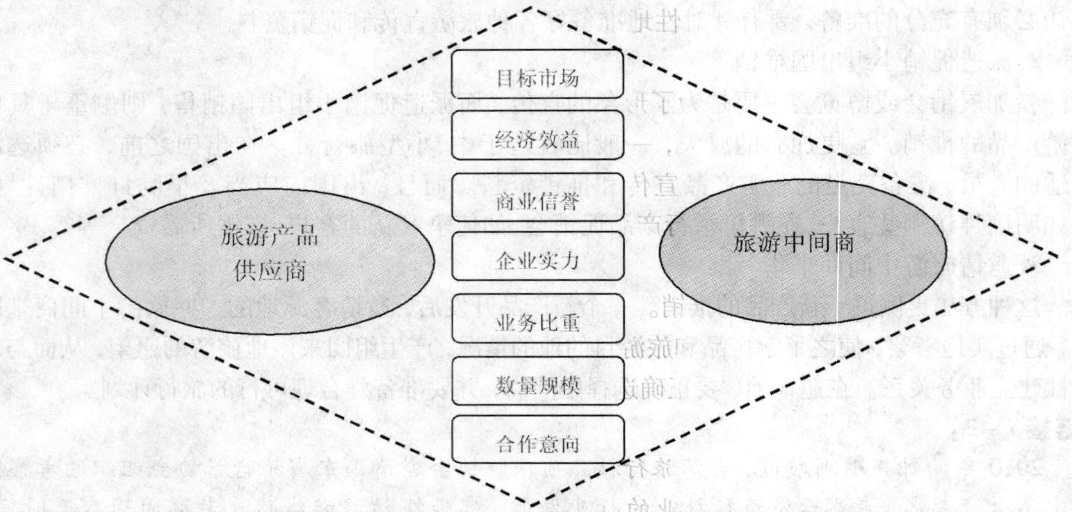

图7－2　旅游中间商的选择要素

1. 目标市场

中间商的目标市场必须与旅行社的目标一致。同时，中间商所处的地理位置应当接近旅行社客源相对集中的地区或地段，以方便旅游消费者的购买。这是选择中间商最基本的条件。

2. 经济效益

旅行社选择中间商的目的在于扩大销售、增加收益。因此，旅行社应当选择长期成本最低、利润最大的中间商和销售商。同时，旅行社在选择中间商时，应有长远眼光，在必要条件下，可放弃暂时的利益，追求企业长期最大利润。旅行社还要根据自己的经营实力，在利润大小和风险高低之间进行均衡和选择。一般说来，在利润相同的情况下，风险最小是最理想的销售。但是利润和风险在很多情况下是成正比例的，风险小，往往利润小；风险大，往往利润大。因此，旅行社在追求经济效益时要注意利润和风险的对称。

3. 商业信誉

中间商应当有良好的信誉和较高的声誉。讲究信誉是旅行社利益不受侵害的保证，旅行社应重点了解中间商在业务活动中是否守信用，有无长期拖欠应付帐款或无理拒付欠款的历史等。中间商的声誉将决定旅游消费者对它的信任程度，从而直接影响其推销能力。中间商是否为本旅行社的目标消费者所信任和尊敬？中间商与相关旅游企业的关系是否融洽？中间商的资信程度如何？等等。这些都是旅行社选择中间商时必须考察的项目。

4. 企业实力

中间商的实力包含偿付能力和经营能力两个方面。偿付能力是双方合作的经济保障，经营能力则直接关系到旅游产品的销售量、销售成本、销售利润和市场占有率等。中间商的资金力量、财务状况、经营管理水平、营销活动经验、人员构成、素质水平以及服务质量等方面的状况都是不可忽视的问题。

5. 业务比重

中间商的业务范围各不相同，业务比重亦不一样，对旅行社的依赖程度也存在差异。有的中间商专营或主营中国旅游产品或某个旅行社的产品，业务比重大，与我方旅行社的合作紧密，对中国旅游产品的推销也有力度，对旅行社有相当的依赖性。如英国的促进旅行社以及日本的日中旅行社、日中和平观光公司等，只经营中国在该地区的旅游业务。这类中间商一般为中小规模，其中有的经济实力不强，销售渠道不够宽，抵御风险的能力也较差。

6. 数量、规模

中间商的数量和规模取决于旅行社的经营实力和销售渠道策略，旅行社在目标市场应当选择适当数量、适当规模的中间商。中间商过多，会造成广告和推销等方面不必要的重复和浪费，而且会因为"粥多僧少"而影响中间商推销的积极性；中间商过少，则有可能形成销售不力或垄断性销售的局面。

中间商规模大，实力雄厚，组团能力强，但也往往机构庞大，层次较多，而且会形成垄断性销售的局面，使旅行社受制于人；中间商规模太小，往往组团能力弱，不利于旅行社的产品推销。

7. 合作意向

旅行社应当通过多种不同的渠道，了解中间商是否有诚意与旅行社合作，是否有反华倾向等。有些中间商为多家同类旅行社代理旅游业务，则其合作意愿就更为重要，否则无法保证其积极推销我方产品。

以上是旅行社选择中间商的一般标准。在选定中间商后，双方就可以签订合同，并开展业务合作。

（三）旅游中间商的管理

对旅游中间商的管理，亦即有效地调整与中间商的合作关系并提高其合作积极性。根据这种合作关系的特征，旅行社只有拓展互惠互利的领域，才能既有利于自身的发展，又促进中间商的经济性。对中间商的管理可以通过以下几种途径进行。

1. 建立中间商档案

旅游中间商档案，既是旅行社业务档案管理中的重要环节，也是旅行社重要的商业机密之一，应当加强管理。建立中间商档案可以使旅行社综合掌握中间商的历史和现状，通过综合分析和比较研究，探讨进一步合作和扩大合作的可能性，并对不同的中间商采取不同的对策，为销售渠道的决策与具体管理提供客观的依据。

中间商档案，内容包括名称、地址和联系人之类的一般情况以及旅行社与中间商的合作情况等。经过一段时间的合作，旅行社对中间商的经营实力和信誉等有了进一步的了解，此时中间商档案可以增加一些新的内容，如营销能力、经济效益、信誉度、偿付能力、推销速度、渠道费用等，从而不断充实完善档案，为扩大或终止合作提供决策依据。

2. 加强沟通与联系

旅行社和中间商之间要保证信息双向沟通的顺畅。旅行社向中间商及时、准确、完整地提供产品信息，是保证中间商有效推销的重要依据。此外，人际关系，特别是个人交往也是与中间商友好合作的一大保证。

3. 提高中间商积极性

有针对性地优惠和奖励中间商可以调动其推销积极性。具体方式有对超过定额的销售量提高佣金率，或采用其他的奖励方法，如采取折扣策略、减收或免收预定金、组织奖励旅游、组织中间商考察旅行、实行领队优惠、联合推销以及联合进行广告宣传等。

4. 调整与中间商关系

旅行社应当根据自身和中间商的发展情况，适时调整与中间商的关系。旅行社应当定期检查和评估中间商的业绩，对经常违背低成本和高效益原则的销售商，应及时中止合作关系。只要旅游中间商的发展趋势表明其销售业绩难以好转，为旅行社带来的销售利润十分有限，甚至难以支付该渠道的维持费用，旅行社就可以考虑放弃该中间商。在另外一些情况下，旅行社客源结构发生变化，旅游产品种类和档次发生变化，旅行社需要扩大销售，市场竞争环境发生变化等等，这些都是调整与中间商关系的参考依据。

本章小结

本章从销售渠道的含义、性质、功能入手，论述了销售渠道的长度和宽度决策。长度决策中有直接销售和间接销售渠道的区别；宽度决策中包括了广泛性销售渠道策略、专营性销售渠道策略和选择性销售渠道策略。旅游中间商对旅行社业务的拓展是非常重要的，因此对中间商的选择一定要从目标市场的需要、经济效益、商业信誉、企业实力、业务比重等方面全面考核和遴选；加强对中间商管理也是本章的重要内容。

实训练习

一、案例分析

1. 目的：掌握旅游批发商的内涵及其业务特点。

2. 训练方式：案例分析。

3. 实训内容：分析案例、回答问题。

在案例中，国旅总社、中青旅、迈途国旅在“万人心迷马来西亚”系列主题旅游产品销售中充当了什么角色？这种角色是如何形成的？

【案例正文】

旅行社“包销”马来西亚游

黄金周过后，旅行社已经把明年东南亚度假游的“宝”押在了马来西亚。昨天，国旅总社、中青旅、迈途国旅联合中国国际航空、马来西亚旅游局推出了“万人心迷马来西亚”主题活动，借助国航北京——吉隆坡的航线优势，在未来的一年间，三家旅行社将包销一万人到马来西亚旅游。

据了解，此活动从11月1日开始到明年的10月30日结束，一年间三家旅行社将在自己的产品目录中着重推介马来西亚一地大众产品、主题产品和会奖产品。其中大众产品将主要以海岛游、升级观光游、退休者游等度假产品为主，主题产品将着重推介蜜月游、高尔夫游、购物游、潜水游、文化历史遗迹游、自然探险游等。马来西亚旅游局有关负责人表示，明年希望吸引120万中国人到马来西亚旅游。

国航有关负责人表示，为了支持此次活动，国航拿出了北京——吉隆坡航线的最优质资源和价格。此外，随着三家旅行社包销马来西亚的项目启动，会使明年马来西亚整体的旅游价格出现少有的整体下降空间。据悉，此次活动的首发团将于11月7日出发，届时他们将受到马来西亚旅游部长的热情款待。（资料来源：北京晚报2009－10－23，记者窦媛媛）

二、社会调查

1. 目的：了解本地旅行社渠道情况。

2. 训练方式：社会调查课堂讨论。

3. 实训内容：分小组对本地旅行社进行调查，主要了解两方面的问题。

（1）本地哪些旅行社承担着批发商的角色，其主要的产品是什么？哪些旅行社主要靠代理其他旅行社的产品生存发展，主要有哪些产品？

（2）试分析形成以上分工的原因是什么？

参考文献与资料来源：

1. 储九志，丁正山主编：《旅行社管理》，中国林业出版社。2. 网络资源。

第八章　旅行社促销管理

技能目标：

能够为特定旅游产品找到特色与亮点；

能为旅游线路设计有针对性的促销手段；

能为旅行社设计促销组合方案；

能熟练计算促销的效果并做出评价。

知识目标：

理解旅游产品为何要进行包装；

熟悉旅游产品包装的程序；

了解旅行社促销的概念；

掌握促销组合；

能够区分几种常用的直接营销手段。

关键词：

旅游产品包装、互联网营销、直接营销、人员推销、电话营销、直接邮寄、统计法、比值法

任务：

还记得前面第五章“任务”要求你设计的那条旅游线路吗？你一定想把它推向市场并且有良好的市场反映，除了它的质量、价格等因素，找出产品的特色、卖点加以包装并展示给顾客，对提高销售意义重大。通过本章内容的学习，请你和你的同学们一起找出这条旅游线路的卖点并设计一份促销方案。在课堂上和其他同学的比一比，看谁的设计更好。

案例导读：

旅行社的促销高招

【思考】

1. 通过预习、学习本章内容，说说案例当中都使用了哪些促销方法？

2. 在你所在地方的旅行社行业，或者你阅读过的报道里，一定也有类似的做法，找一两则你认为有代表性的，在课堂上与同学们分享，说说它们的独到之处。

【案例正文】

客源是旅行社的生存之根。客源的多少，直接决定了旅行社的存在、发展与规模。旅行社“有没有饭吃”，其决定的因素就在于客源。如何去寻找、挖掘、开拓、招徕客源，不断增大客源量，是旅行社不可回避的重大问题。而提高招徕人员的思想水平和业务技能，乃当务之急，持久之计。笔者认为，作为旅游市场中坚力量，旅行社有许多有效的“计策”可以抓住顾客的心，既赚到了顾客的钱，又让客人有一个愉快的旅行。

广告煽情——成本虽大，收益空前

广告宣传，以“攻心为上”，是现代营销的基本手段之一。往往简洁明快，动人心弦，它用精彩的画面、凝练的语言、悦耳的音乐去“煽情动感”颇为有效，这有目共睹。近年来，大连

在北京火车站的巨大彩屏上，发布大连旅游信息，在京城最繁华的王府井大街上，用灯箱形式向中外来宾昼夜展示大连独特的山水风光和城建亮点，打出了中国最漂亮的“浪漫之都”这一招牌，虽花了重金，但效果相当好。可以说，大连1999～2001年，省外游客和旅游创汇，连续3年每年以30%的速度递增，国内游客每年增加100万人次，现已达到1400万人次，旅游总收入也从每年61亿元人民币增至135亿元人民币，平均每年增加约15亿元人民币，这与“情愿出血”，肯于宣传，有着密不可分的关系。

参展联络——广结朋友，扩大领域

每年国内外旅游专业博览会都会如期举办，也会新增许多地区的大型展览会。选择性的参展，会通过老客户，结交新客户，也会直接认识许多新的合作伙伴，结交天下同业人员，对提升合作领域，十分奏效。旅游界有句名言：“不忘老友，结交新友，新朋老友，财富长久”。因此，参展十分有必要。

登门拜访——不怕失败，闯出天地

客源来自社会不同层次，不同方面。实践中发现，企事业单位的“老干办”“退管办”“工会”“团委”“办公室”，常常是组织旅游的主管部门，只要“撬开”这些大门，与其建立真诚的友谊，彼此信赖，日久天长就可以挖到客源。不过要有精神准备，你与人家不熟悉，人家不买你的“账”，甚至有时“扔脸子”，给你个“闭门羹”也是正常现象，不必计较。要保持宽容自信的良好心态，不断反复地进行“人际沟通”，必定有效。

世界上没有免费的午餐，万事开头难。只要不怕失败，不怕“跑断腿”，不怕“磨破嘴”，勇于进取，举止得体，善于交往，成功就在脚下。因为“路”是走出来的，“勤”是成功的前奏。我们说，“捷足先登”打开市场，就是想在先、抢在先、跑在先、干在先，想得再好，不埋头苦干等于“零”。

影视、歌曲传播——经久难忘，受益持久

宣传上最好的工具当属影响力大的影视与歌曲。一部《尼罗河上的惨案》使多少人对尼罗河两岸神奇的古迹产生了热烈的向往，对文明古国埃及产生了浓厚的兴趣；一部《庐山恋》又使多少人想领略一下庐山的真面目，如今“庐山”仍然那么让人“想恋”；还有《刘三姐》《阿诗玛》等。2001年大连国际服装节的大型广场音乐会的实况，在中央电视台一年内足足播了56次，为提升大连的知名度，赢得客源起到了意想不到的良好效果。

利用文艺形式，展开自己独特的旅游宣传，是极为有效之方。此法可大可小，可面可点；可历史典故，扬名天下；可一歌一曲，一炮走红。没有固定的标准，要量力而行，选准宣传招徕的“突破点”，就可事半功倍。

新闻媒体——影响力大，知名迅速

招徕中最为省钱的办法是邀请新闻记者，电视台记者及作家来进行旅游宣传促销，也可自己做新闻报道。这种宣传具有可信性、快捷性、实效性、影响性，也是最佳手法之一。新华社著名记者穆青1966年写的长篇通讯《县委书记的好榜样——焦裕禄》，轰动全国，编入中学课本，笔者至今还背得出其中的精华片断。一篇文章使兰考县这个名不见经传的县城天下闻名，引起人们久久的关注，吸引许多人前往参观学习。这些年，电视旅游节目，时间都不长，它用滚动的画面，动听的音乐，优美的解说词，令观众陶然沉醉，极欲前往体验。以新闻作先导，诱你出游，实为时尚动感之举。不过，新闻宣传要追求新事迹、新特点、新景观、新动态、新经验、新角度。同时，新闻宣传也容易形成“过眼烟云”，“一次性”不可能留住所有人的

“眼球”，要不断从新角度、新视野、新侧面、新意境上反复宣传，以加强宣传的力度与深度，须知有时“重复就是力量”。

说明会议——产品到家，倾倒宾朋

有计划、有准备、有组织地在重要客源地召开大规模的旅游产品说明会，“送货上门”进行企业之间面对面的招徕，可达到“芳心大动”之奇效。如2004年4月10日大连旅游促销团在北京举办“周末度假到大连，体验属于自己的浪漫”大型旅游说明会，会上散发了大量招贴画、小册子、旅游纪念品，及多种多样的宣传材料，掀起了强劲的“蓝海盛情”热潮，仅大连国旅就招徕了10个专列，1万人次到大连参加国际沙滩文化节。

此法使用的核心在于面对面的“掏心里话”感染对话，争取对方，促进双方共筑合作金桥。应注意市场定位要准确，人员队伍要精干，材料准备要漂亮，整体包装要崭新，会前有充分的“铺垫”，会中有流畅的“和弦”，会后有预期的目标，在这里，有备而来，“货色独特”最为重要。

聚会交友——亲切自如，获取成功

旅游营销人员应是“社会活动家”，走到哪儿都要“三句话不离本行”，想方设法让所有认识你、知道你的人，还有你能通过熟人认识结交的人，了解你是真心实意，具有专业水准的旅游服务工作者。如参加“婚礼”“校庆”“店庆”“答谢会”“联欢会”“忘年会”“家长会”“开业大典”“同学聚会”“春节聚餐”“战友团圆”“青年节”“教师节”“建军节”“圣诞节”“军民共建会”等。在公众场合，要举止大方，温文尔雅，笑容可掬，给人成熟谦虚、和蔼诚实、有知识、有教养之感，由于这些活动是在热烈、亲切、友好、欢乐的气氛中进行，又有许多知己在场，帮助你介绍牵线，人与人之间充满了友善，故这种小范围的招徕，自然流畅，成功率极高。

运用此法，须知个人代表着单位，你是对外的“窗口”，一举一动，一言一行要高雅得体，恰到好处，学会“自我推销”，让人瞬间产生信任，快速形成留念，为日后招徕打下基础。试想，客人对你印象不佳，怎可日后随你出游，切记个人素质的提高是成功的必备条件。

大蓬车队——浩浩荡荡，效益倍增

旅行社常常利用淡季到外地直销外联，以巩固市场，开扩市场，这不足为奇。然而，运用“大蓬车队”进行跨省市的长途招徕，却是近年来新颖、时尚的经典方法。这方面，大连堪称独领风骚，技艺超群，大连把“大蓬车队”当成宣言书，向全国人民宣告大连大力发展旅游支柱产业的决心。自1999年12月3日至2002年12月15日共出行19次，足迹踏遍了祖国的山山水水，出行地区达31个省市、自治区，访问车行程38816公里，招徕人数达585万人，综合效益36亿元，取得了辉煌战果。

“大蓬车队”招徕，浩浩荡荡，气势宏大，有影响、有震动、有活力、有朝气、有深度、有气魄，值得提倡。只是要注意“兵马未动，粮草先行”，提前做好“安民告示”，访问城市要相对集中。根据不同地区设计不同的产品，组织要严密，准备要充分，人员要齐备，方可“马到成功”，“战而后赢”。

邀请洽谈——友情为重，寓意深长

利用大型活动，或社庆，或新景点开张，或新酒店开业之际，有选择性地邀请中外客户参加，予以招待。会后组织集体游览，业内同行在一起“同住、同吃、同游、同探讨”，即增进了感情，交流了信息，加强了联谊，又可推出新的旅游产品。大家畅所欲言，当面洽谈，可就一些设想和合作中的细节进行详细深入的研讨，往往会在互相学习，共同切磋中提高招徕的数量和品质。如大连每年举办“赏槐会”“交易会”“服装节”和“国际马拉松比赛”，这四项大有影响的旅游活动，都是“请进来”“借题招徕”的好机会。

运用此法不难，要准确地掌握信息，工作留有足够的“提前量”，若“临时抱佛脚”就不灵了，弄不好还会“水中捞月一场空”。

“鸿燕”传递——情洒四海，真意绵绵

平时旅行社之间常用互发信函的方式，交流信息，互通情报。逢年过节，会提早向海内外的客户寄发贺年卡之类，意在联络感情，表示答谢。这是情感招徕，充满了人性化，属“心理战”范畴，常常会唤起美的回忆，难忘的合作岁月，这对于互惠互利，友好相处，大有益处，会赢得进一步的招徕。

此法正因为过于简单了，所以许多“后来者”不太在意，但我认为，“小小卡片系深情”，“无情未必真豪杰。”“情”会创造意想不到的奇迹。

名片有别——诱人收藏，赢得交往

名片虽小，颇有价值。它是业务联系，感情交流的“通行证”，也是招徕中最“微不足道”的工具，俗话说“勿失小节，方成大器”。名片印刷的是否豪华并不重要，但有独特风格，有感染力的名片会起到激动人心，令人珍藏，引发交往的作用。从心理学角度上看，求新求奇是人类的共性。有独特艺术品味，有文化内涵的名片，会令人赏心悦目，爱不释手，并愿意主动联络，不会随意丢掉，从这个意义上讲，名片又是“千里姻缘一线牵”的“红线”，应引起重视，严格地说，这属于企业包装，企业文化的范围。大连旅行社的名片以绮丽的城建新景和滨海风光做衬托，当属上乘之作，受到广泛称赞，但如果千篇一律都是这种模式，怕也失去了个性。笔者认为，同业者一定要认真设计一张符合单位与个人特点，能“锁住目光”，强化印象的名片，它可让你在招徕中发挥出普通名片所起不到的效果。

回访感人——服务制胜，客源滚滚

回访指团队接待结束前，地接社负责人前往饭店主动征求意见，加强合作，改进工作。回访是把工作做细的体现，动作不大，收获丰盛，它可以“以德感人，以礼服人，感动上帝，感动全陪(领队)”，可惜我们许多旅行社忽视了这一“细节”。如今中国百强旅行社排名第一的为“上海春秋”。成立之初他们是在一间旧铁皮房起家的，客户也不多，但他们做到“逢团必保品质，结束必访客人和领队”，开始外地组团社发给他们一个团“试一把”。经这一试，果然不错，结果后面团队蜂拥而上，客源量不断攀升，形成滚动式发展。他们客户群50%是通过“回访”建立起来的，所以生意越做越大，最终产生了量变到质变的飞跃。尽管上海春秋的经验有许多，但“回访”是其中主要经验之一，这不可否认。

莫小瞧“回访”，它的无穷“魔力”在于将心比心，诚恳待人，肯于弯腰，虚心讨教的精神。有了这种精神，还怕没有“回头客”？如果接一个团“砸”一个团，恐怕离破产不远了。“回访”的基础在于接待，接待不成功，回访也解决不了问题。因此，“回访”是“表”，接待是“里”，二者结合，其力无比。一句话，以质取人乃招徕的最高境界。

(资料来源:李晓军. 中国旅游报 http://www.ctnews.com.cn)

第一节　旅游产品的包装

在促销产品前，旅行社员工必须深入了解自己的产品，塑造、发现旅游产品的独特之处，方能做到促销有的放矢，提高促销效果。

案例 8－1

湖北远大旅行社——长江情:千名老人下江南线路说明

【第一章　万里长江喜开航——共贺福寿长】

上午10:00在管乐队、腰鼓队鼓乐声中，来自全国各地的老年朋友欢聚一堂，从武汉港隆重启航，下午15:00在船上举行“有奖猜谜”等娱乐活动，晚20:00举行“福寿长”生日祝福晚会！(含中/晚餐)宿船上

【第二章　黄山归来不看岳——天下第一山】

06:30池州港下船，乘缆车上山游览中国以奇松、怪石、云海、温泉、冬雪“五绝”著称的黄山，黄山历来受到众多的赞誉，在文人墨客的眼中它是一个高于五岳的地方，正所谓“五岳归来不看山，黄山归来不看岳”;或登临中国四大佛教名山之一的九华山(自费)，感受地藏菩萨道场的神圣庄严，18:00开航赴扬州。(含早/晚餐)宿船上

【第三章　水漫金山白蛇传——千年等一回】

08:00扬州港乘车赴镇江游览金山寺，遥想当年水漫金山、白娘子与许仙的浪漫爱情传奇，中餐后抵扬州瘦西湖，游览五亭桥、小金山、御码头、白塔、二十四桥等，后乘车返船，18:00开航往江阴港，19:40举行“旅游专题知识讲座”。(含早/中/晚餐)宿船上

【第四章　追溯乾隆下江南——农村变天堂】

07:00江阴码头下船，乘车赴中国第一村——华西村，登华西金塔、览华西之路、听老书记报告、观文艺演出;中餐后乘车赴苏州，游览乾隆下江南六次去过的水乡——木渎，参观珍珠苑，观古河、古桥、古寺、古关、古镇最佳之处——枫桥景区，晚餐后乘车赴上海，车观迷人的上海夜景，夜泊上海港。(含早/中/晚餐)宿船上

【第五章　喜看申城大变样——信步上海滩】

07:00上海吴淞港下船乘车赴浦东，外观东方明珠电视塔，登上海至高点金茂大厦，俯瞰浦江两岸壮观景色，，领略老上海的风情;逛南京路步行街、上海外滩，，上海老城隍庙商业街(品尝小吃，中餐自理)，下午乘车赴杭州，途中品尝杭白菊，杭州晚餐后，晚上每位老人参加“打着灯笼游西湖”活动。(含早/晚餐)宿杭州

【第六章　人间天堂醉西湖——三潭印夕阳】

07:30雷锋塔前全体老人着唐装举行“情醉西湖”大型婚庆活动，登雷锋塔观西湖全景，中餐后乘画舫泛舟西湖，观三潭印月、柳浪闻莺、赏花港观鱼，漫步苏堤，追溯西湖千年来轶闻趣事;梅家坞龙井问茶;乘车赴南京中山码头上船。夜泊南京港。(含早/中/晚餐)宿船上

【第七章　桨声灯影秦淮河——金陵第一唱】

08:00乘车赴中山陵，瞻仰革命先驱孙中山陵寝，一览金陵秀色，音乐台举行“江南美”金陵大家唱活动，中餐后游览灵谷寺，参观古建筑奇迹——无梁殿、灵谷塔;乘车至秦淮河夫子庙步行街(品尝小吃，晚餐自理)，18:30南京中山码头开航。(含早/中餐)宿船上

【第八章　船上趣味奥运会——黄梅天仙配】

09:00 船上举行“诗画江南”书画比赛和“寻梦童年”趣味运动会，15:00 抵达安庆港，到“皖城大酒店”礼堂观看黄梅戏、杂技、曲艺等精彩节目表演；17:30 开航赴九江。（含早/中/晚餐）宿船上

【第九章　只缘身在此山中——难忘庐山恋】

08:00 九江港下船，游览素有“匡庐奇秀甲天下”的庐山风景区（自费）：含鄱口、花径、仙人洞等，或游览观音桥、白鹿洞书院景区；18:00 开航返武汉，20:00 举行“风光人生，笑满江南”颁奖文艺联欢会。（含早/晚餐）宿船上

【第十章　百年修得同船渡——欢笑满江南】

10:00 抵武汉港，在欢快的鼓乐声中，全国各地的老年朋友依依惜别，或游览江南三大名楼之首——黄鹤楼（自费）结束愉快难忘的江南之旅！（含早餐）

【思考】案例所使用的包装手段有哪些？

产品的包装是伴随着人类原始的商品交换活动而产生的一种行为，其初始表现形式是对产品进行简单的外部包裹，目的是为了使买卖双方能更加方便地进行交换活动，同时也为使购买者便于携带，运输商品。进入发达的商品经济时代，产品包装的作用更加广泛，对产品包装的概念也有了重新的认识。现代商品学认为，产品的包装有两层含义：

一是指对产品的外部包裹；二是指通过某种手段和方法，达到使产品知名度得到提高，使产品价值得到升值等目的的整个技术、经济过程。

旅游产品的特点决定了它在包装原则、内容以及技巧等方面与一般的有形产品相比有着鲜明的特点。本节内容主要讨论旅游产品中的旅游线路作为无形产品的包装。

提示：

对旅游线路进行包装是一个新课题，旅行社业界较少提及、重视程度也不够，与其他所有产品一样，我们认为适当的包装对旅游线路来说非常必要。

一、旅游产品包装的必要性

现代商品学理论认为，企业对产品进行适当的包装可以产生诸多显著的效益，因而包装是企业重要的经营手段。对于旅游企业来说，在激烈的旅游市场竞争中，要想维持生存并创造社会和经济效益，必须充分认识到旅游产品包装的必要性。

1. 旅游市场的激烈竞争需要我们对旅游产品进行包装

当前，无论国际旅游市场还是国内旅游市场都存在着激烈的竞争，宏观上看是地域之间的竞争，微观上看是旅游企业之间的竞争。前者注重的是旅游地的形象宣传，后者则更加注重市场营销方面的工作。无论是前者以政府行为为主导还是后者以企业行为为主导，大家都力图以最快的速度、最小的代价完成“引起注意——促进了解——激发兴趣——进行购买”的这一营销过程，而通过包装使旅游产品更加引人注目则无疑是这一过程的重要因素。

2. 现代旅游者的消费心理要求对旅游产品进行包装

旅游活动属于人类高层次的消费活动，人们在进行旅游活动过程中除了对物质方面有较高的需求外，更多的是要满足心理方面的受尊重、社交、自我实现等高层次心理需求。在满足这些方面心理需求的过程中，旅游者会对旅游产品的文化内涵等方面有较高要求，通过对旅游产品包装使旅游产品在外部感观上符合旅游者文化心理需求，这也是吸引旅游者的重要手

段之一。

3. 旅游产品的生命周期规律需要我们对旅游产品进行包装

旅游产品同其他产品一样有着由初创期向发展期、成熟期、衰退期逐步过渡的过程，一个旅游地、一项旅游产品必然要经历由盛而衰的自然过程，而对于旅游业的经营和管理者而言尽可能地延长旅游产品的成熟期以获取更多的利润是一项根本性的工作。对旅游产品进行适当的包装，使其不断吸引潜在的旅游者以及产生新的吸引力是完成这一工作的重要方法。

4. 通过旅游产品包装提高旅游产品社会知名度

通过旅游产品的包装可以扩大旅游产品的市场宣传力度，使潜在的旅游者能更加方便、详细地了解旅游产品的功能和质量，能够在一定程度上提高旅游产品的社会知名度。

5. 现代商品的价值规律需要我们对旅游产品进行包装

我们可以通过旅游产品包装使旅游产品在一定程度上得到增值。现代商品规律告诉我们，对一项产品进行包装的成本可以在一定程度上从旅游产品的价值上得到补偿，并且有可能创造新的无形价值。

二、旅游产品包装的原则

由于旅游产品的特殊性，我们在对旅游产品进行包装时要根据其特点遵循一定的原则。

案例 8－2

长江游新线路的包装

新产品重点体现的是一个“新”字，不仅使产品的包装和设计要新，产品的内涵、产品的开发和新产品的宣传都要体现创新精神，以增加产品的品质和内涵。

一是产品的设计和包装要有新特色。所谓新特色就是要充分体现长江旅游舒适性、休闲性和产品差异性等主题。从旅游的属性看，其他旅游方式都没有乘坐游船在水上旅游如此休闲和舒畅，现在世界上邮轮旅游蓬勃发展的原因正在于此。但如果不精心排编线路和设计产品，舒适也会变味。近年来沿江一些旅游主管部门和游船公司联合海内外旅行商推出的一些长江旅游新产品之所以受到市场的欢迎，就是因为这些产品主动去满足游客求“新”求“奇”和舒适的要求，具有鲜明的个性特征。

二是在服务品质保障上要有新创意，这也是一种包装。

广大游客在长江旅游的游程中，吃、住、游、娱四大要素主要是在游船上实现的，游船的服务上不去，新产品的品质是无法实现的。因此，整个游船的对客服务既要按规范要求运作，也要不断地去创新。

如在游船上组建一支船员乐队，游客在登船和离船时，吹奏几曲迎宾曲，会使客人有一种到家的感觉。长江上的景点都有一段动人的故事。《三国演义》名著中所写的惊天地、泣鬼神的三国大战大部分发生在长江；许多爱情传奇故事与长江都有不解之缘；对举世瞩目的三峡工程，人们更希望了解其中的奥妙。可在游船上设立故事台，让游客在参观游览长江沿线景点之后，再听听这些动人的故事。在吃的方面，除了向客人提供中西餐外，还可以时而推出川菜、粤菜、湘菜让客人品尝；在娱的方面，每天晚上在游船上安排不同的文艺表演，即可以促进游船二次消费，又可以极大地丰富游客旅途文化生活。只要积极去创意，长江旅游个性特色就会得到充分的体现。长江休闲度假旅游、会议旅游、新婚旅游、环湖游等等旅游产品才会推而广之。

1. 主题性原则

旅游产品包装首先要明确主题。旅游产品的多样性决定了旅游者有多种可能的选择，对于一个旅游地来说也存在多种旅游资源并存的可能性。而不同的旅游资源对不同旅游者群体的吸引力也存在着吸引力定向性的问题。因此，明确一个旅游地的旅游主题，从而对旅游者产生明确的定向吸引力是达到这一目的的基础性工作。例如海南提出"国际旅游岛"的发展定位，围绕海南进行的旅游产品设计通常就不应该离开这一主题。我国北方地区的冰雪旅游名城哈尔滨近几年来推出的冰雪旅游，就是围绕"冰雪"这一主题深入挖掘旅游资源潜力，逐渐成为我国冬季旅游的主要目的地之一。要明确一个旅游地的主题，首先要对当地旅游资源性质、价值等方面进行科学的评价，再对各项旅游资源充分认识的基础上选择具有典型性、代表性的一项或几项产品进行集中和统一的品牌包装，从而达到主题鲜明、容易引起人们注意的目的。

2. 独特性原则

旅游产品的价值在于其独特性，一项特色鲜明的旅游产品在市场上的吸引力是不言而喻的。在对旅游产品进行包装时一定要做到人无我有，人有我优。这样才能在竞争激烈的旅游市场中有一席之地。一项独一无二的旅游资源固然是保持旅游产品独特性的优势，像我国的万里长城、秦陵兵马俑等等。对于一些不具备此类优势的旅游地来说，对旅游产品进行包装时可以通过对当地文化历史的深入挖掘使本产品与众不同。例如我国的四大佛教名山、四大道教名山等，都是利用当地的历史文化优势把一些在我国常见的山水旅游资源包装得具有独特的宗教魅力，从而成为我国前的旅游胜地。

3. 经济性原则

旅游产品的包装要遵循市场经济规律，要进行成本与价格、投入与产出的预测，这样才能真正达到对旅游产品包装的目的。事先不进行市场调查与预测而盲目决策搞大投入进行旅游产品的包装，结果造成巨大经济损失的事例在我国并不少见，尤其是在我国的部分旅游温、冷线地区，旅游从业人员的旅游市场营销经验比较匮乏，经常会出现这种情况，值得我们注意。

三、旅游产品包装策略

(一) 个性化包装

旅游产品要按需制定个性化，那么，与旅游产品密不可分的策划包装，也应成为体现企业产品创新意识和现代意识的重要一环。

香港旅游行业具领导位置的永安旅游，不仅依靠以单一旅游为主的产品设计，而是推出多元化的旅游行程组合，以制造自家的一套个性化产品体系——"主题旅游系列"，捕捉消费者的需要，以便满足不同阶层人士的需求:以他们推出的"CEO 旅游系列"——曼谷豪华之旅为例，以尊贵及贴身服务为旅游产品的主题，乘坐优质的商务客位、指定五星级的酒店住宿、贵宾式的膳食安排、平治豪华轿房车接送往返酒店机场，以及无时间局限的行程设计等，彰显了旅游的尊贵个性，使永安旅游每年创利 1 亿元。

广西南宁青秀山风景旅游区的策划，重点突出青山绿水这一个性化的主题，包括产品品牌的外包装以及包装物上的商标、吉祥物、标准中英文字形和内容、代表色、辅助色、所用材质和所展示的形状等可感的外在特征，推出后效果比预期理想，致电查询的顾客也络绎不绝，证明此策划方案已赢得了旅游者的青睐。

商家要同步进行创新和个性化设计。在旅游市场，针对特定的消费人群，设计出个性化的旅游产品，并利用规模、企业实力等优势，制造产品独有的个性。

（二）产品形象包装

旅游产品的策划包装是一种文化，更是一种产品形象。它经过匠心独运的创意设计，便形成了商品的意象，并成为旅游消费者感性选择的对象。也就是说能够在消费者心目中形成产品即是包装，包装即是产品的商品概念。

国家旅游局近年来一直坚持每年推出一个主题年，比如2009中国生态旅游年、2008中国奥运旅游年、2007中国和谐城乡旅游年、2006中国乡村旅游年等。旅游主题年活动，采取不同主题促销，树立了我国旅游大国的形象。扩大了在海内外的知名度，促进了国内外客源的明显增长。

因此，策划一个品牌，且要想在消费者的心目中定位，让人们产生想象丰富的内涵，其包装除了具备个性化浓郁的机能外，更应具有可亲近感，让消费者在购买时能感到品牌形象在眼前跳跃，产生一种令人赏心悦目的效果。

图8－1　深度旅游为港中旅设计的“大气山东”旅游产品的标识和报纸广告

（三）品牌包装

品牌不仅仅是一个名称，它更是在满足市场需求过程中升华出来的一种资产。它的价值是建筑在消费者对品牌的综合体验感受评价上的。

深圳国旅在激烈、低层次且无序的旅游竞争环境下，决定推出“新景界”品牌战略，倡导人性化的旅游。“新景界”的品牌定位为“新时代，人性化的专业旅游”，其内涵为：“以新的服务理念、服务模式和崭新的形象展现在社会面前，提供高品质和富有特色的产品和服务，既是传统意义上的旅游服务企业，又是新型旅游文化的创造者、开拓者和传播者，更是现代生活方式的创造者。”这也正是“人性化”所体现的！其“千名长者温馨结伴港澳游”案例的成功之处也在于此。

图 8－2　中国国旅国内旅游、国际旅游旅游产品品牌

对旅游业商家而言，旅游的实质是服务，服务是建立在人与人关系的基础上的有偿劳动。旅游品牌的创造，除了做好基本的旅游服务以外，更要使整个服务具有品牌的感觉和效果，品牌包装就是要在消费者心中烙上事先策划好的品牌形象、认知和态度变化，并使之长期不变形，形成品牌忠诚。

（四）差异化包装

在当今竞争激烈的旅游市场，差异化包装是个不可忽视的要素。差异化就是根据产品的不同特点对其进行差异的市场定位。

如广西柳州最独特的资源是风情：少数民族的原生态生活方式及浓郁的民俗风情独树一帜；三江侗族建筑艺术（程阳风雨桥、芭团风雨桥、马胖鼓楼）；大歌；金秀圣塘山万亩变色杜鹃美景（大瑶山）与世界知名的瑶族风情；大苗山与原生态苗寨风情；刘三姐传歌成仙的动人传说都是别具魅力的异族风情，是桂林的民族风情所不能比拟的。正由于开发了差异化的项目，柳州的旅游得到快速发展。

专家在策划桂林“乐满地”旅游项目时，鉴于桂林旅游品牌的强势影响，“乐满地”开拓必须依托于桂林，与其共生营销，捆绑销售。只有借助桂林山水品牌，把不利的条件变为可利用的朋友关系，通过知名品牌带动，才可能尽快增加“乐满地”旅游的知名度，提升其品牌形象。通过深度挖掘独特卖点，有目的地打造这些卖点，实现与桂林旅游的差异定位，才能最终形成优势互补，在桂北旅游系统中相连成网，共生共荣。

随着个性化旅游时代的到来，商家应满足旅游消费者的个性化需求，注意产品形象，开启品牌包装个性化新时代，靠品牌占领市场的旅游企业，才能在全球经济一体化的市场竞争中如虎添翼。

（五）服务包装

服务包装的重点在细节，要提前考虑到游客接待中的方方面面，从目标市场、线路设计、要素配备、产品展示促销、导游选派、售后服务等全过程进行通盘考虑，争取细节制胜。

案例 8－3

山东嘉华国际旅行社“百对幸福老人亲临宝岛台湾游”的服务包装

该旅行社推出“借助‘海陆空’，护驾百对幸福老人亲临宝岛台湾”的品牌游。该线路在服务方面着重突出以下三大特点：

特点一：行程安排科学合理，往返旅途宽松自如，符合老年人生活习惯及行动特点，确保经典景点一览无余，不留任何遗憾。总团下的分团人数控制在35人左右，以使每位团友在餐饮住宿各方面都能享受到贵宾待遇。

特点二：借助三种现代交通工具，“海陆空”逐一体验。首程乘机，第一天由济南飞往厦门，第二天乘豪华游轮至澎湖湾（嘉华国旅与台湾游轮公司强强联合提供当地豪华游轮，相信您在可以打台球、游泳的豪华游轮上定会坦然自若心旷神怡的）。随后几天将乘豪华大巴

依次访问台南、阿里山、南投、台中、台北等著名景点。为照顾未曾去过厦门的老人，返程时特意安排于厦门歇宿逗留。舒适客机，豪华大巴定会使您一路舒适安全，高枕无忧。

特点三："高档旅游，低档收费，超值服务，经济实惠"。这既是本次活动的特色，也是嘉华人始终遵循的服务宗旨。由于本次活动得到了金门观光局及台湾各地观光局的大力支持，给组团社以部分补贴，使得原本价格在8000元的全包价台湾游，现在只需6666元，每对老人还可再享受600元优惠。同时，嘉华国旅还赠送团友合影照片，台湾纪念T恤，三十万元人身意外险，机场往返免费接送等服务。

四、旅游产品包装的步骤

我们以"地中海的味道"线路包装为例，说明旅游线路包装的步骤。

案例8－4

深圳深度旅游策划管理公司线路包装：来自地中海的味道

某旅行社欲拿到地中海塞浦路斯某旅游集团的中国代理权，并争取塞浦路斯、希腊、埃及旅游局的全年广告支持。需要一整套与国际接轨的地中海产品营销策划方案和全国的年度推广计划，深圳深度旅游策划管理公司接手了此项目。

一、寻找产品的差异化定位

面对着地中海塞浦路斯产品，一时难以找到突破口。找到它们和其他产品之间到底有什么差异，这是定位的关键。旅游产品本身是有差异的，需要去发现、提炼和放大。地中海项目组对产品反复研究发现这其实是地中海游轮产品，而且是成熟的欧洲人游地中海的现成产品。作为中国的游客，很可能与50%的英国人和20%的德国人一起游览。地中海游轮产品本身是欧洲人（尤其是英国人）首选的休闲度假产品。

经过策划，给产品的定位是"原装欧版"地中海塞岛环游产品，强调的是"原装"的概念，是原汁原味、欧洲标准的成熟游轮产品，让中国客人零距离接触，并深度体验欧洲人的生活方式。

这里的"原装"概念是针对目前很多出境游产品而言，由国内旅行社出品的产品，有点像PC兼容机一样是组装产品。相对来说，质量不稳定，不是欧洲标准的，版本也略微偏低。所以就使得"原装欧版"的地中海产品，与市面上一般的地中海产品形成差异，并且上升为"定位"，这也是产品包装与不包装的区别所在。要告诉消费者选择此产品的充分理由，否则消费者只会从这里获得更多资讯，去和另一家讨价还价，因为他可能认为产品的差异仅仅在于价格。

二、寻找产品的创意思考

这是一个希腊、埃及、塞浦路斯的地中海游轮产品，但怎么进行创意思考呢？

希腊是众神的国度，埃及是四大文明古国之一，充满了神秘，塞浦路斯可能有点陌生，但只要说那是维纳斯诞生的地方，是欧洲人的度假天堂，是极尽浪漫、狂野逍遥的地方，也是很有卖点的。

如果一提到地中海，会想到什么？

可能会想到欧洲的国家，如英国、法国、意大利等，可能会想到关于海的神话，可能还会想到……但这样一个地中海游轮产品，究竟用什么样的产品名称更吸引人，而且又贴切到位呢？这个名称要有时尚的感觉，因为这是高端人群享受的旅游产品，要高档有品味，一看就有大品牌的感觉。

思考很多，如“文明盛宴地中海”、“活色生香地中海”“我在地中海等你”等等，最后还是选定了——“地中海的味道”。

选择的理由是这一名称有时尚味道，耐人寻味，还有很强的包容性，有更大的延展空间，更能体现深度旅游产品的体验特质，并且这六个字本身就具有销售力。

还须再构想英文名称，地中海的英文是 Mediterranean Sea 当我们不经意加上品味“Taste”时，创意人员敏锐地捕捉到了单词组合中本身有的创意点，因为创意的原则是简单易记，所以灵光一现——“Tasteme”，使名称具有很强的趣味性和互动性，能体现塞浦路斯的煽情动感，也有一种来自远方文明的呼唤，更妙的是我们始终是把 Taste Mediterranean Sea 写在一起，使懂英文的人能一目了然，不懂英文的也能揣摩出“Tasteme”大概所要传达的 Taste Mediterranean Sea 意思，英文呼应“地中海的味道”的中文，让人感觉有品味，耐琢磨，有很大的联想空间。这就是名称所要创造的意境。真正的味道还在后面。

创意会上精彩纷呈，一位创意主力写了诗，题目就是《地中海的味道》，正文是：

有一种味道，
是可以触摸的。
在蓝色的海风里，
你可以亲吻维纳斯，
这是爱的味道。
有一种味道，
是可以倾听的。
在时光的隧道里，
你可以呼唤雅典娜，
这是神的味道。
有一种味道，
是可以观赏的。
在古老的尼罗河畔，
你深情注视埃及艳后，
这是谜的味道。
其实，这所有的味道，
就是你朝思暮想的感觉，
在你的心里，
她已经足足等了一万年。
这就是地中海的味道。

设计人员激情澎湃，灵感迸发，“Taste”几个字母正好演化成“T”是罗马柱，“A”是金字塔，“t”是塞浦路斯旅游形象维纳斯图形的缩样，创意浑然一体，标志的风格具有国际品味的现代感，用一个不平衡的方块，一半是用代表璀璨文明的金黄色，一半是用充满浪漫神秘之海的蔚蓝色，色块的交界处用一笔写意的“me”，既像地中海的海岸线，又像地中海塞岛环游的游轮线路，惟妙惟肖。外国客户一眼就选中了，因为觉得这标志和外国平时看得多的标志，感觉非常接近。

三、产品的目标对象要清晰

有经济能力去欧洲的游客还是有一定量的，大多是新马泰、澳日韩都走过的中高端人士，但抢鲜体验这种原装进口“地中海的味道”产品的顾客群还是有限的，所以要精心策划。

圈定针对的目标人群是年收入在20万元以上的中产阶层，平均每年的旅游花费在4万元以上，区域分布在上海、北京、广州、深圳等沿海发达城市，职业特征为私营企业主、政府机关干部、银行、金融、IT、新闻、广告等机构的管理高层，他(她)们的兴趣爱好是打高尔夫、做SPA，常去高档西餐厅、酒吧，一般是高尔夫球会、美容院、房地产、名车等俱乐部会员，他(她)们在消费决策时会偏理性，希望在消费中符合自己的角色定位，但只要能切中要害，他(她)们又会比谁都感性。

产品名称要有独特品味。

去欧洲的分成几类人，第一类是男性(单行)，大多公务为主或公私结合，也有特立独行的；第二类是女性(单行)，公务为主，但更多的还是富婆、官太太和富翁的家属；第三类是男女结伴而行的，这类是文化品位格调较高，思想西化，追求爱琴海浪漫的亲密男女。

所以，去希腊、埃及、塞浦路斯体验“地中海的味道”的客人是属于金字塔塔尖的人。我们所提供的产品也要格调尊贵高雅，前卫时尚，让消费者光从名称上看，就觉得这是市面上没有的产品，非常与众不同，仿佛专门为他(她)们量身定做的。

针对男性团的名称是——“征服·亚历山大的遗憾”地中海GOLF商旅冲动

产品里突出一点——高尔夫，引发想象。确实是亚历山大征服了希腊、埃及、地中海，但他决没有征服过地中海高尔夫的球场，所以说是亚历山大的遗憾，另外产品名称也不是普通的XX几天团，而是以“GOLF商旅冲动”为后缀，显得另类时尚有新鲜感。

针对女性团的名称是——“洗礼·维纳斯的羡慕”地中海SPA心旅冲动

这产品突出SPA概念，让女性去浮想联翩，去体验希腊古罗马柱下的地中海SPA的味道，接受这般神圣的洗礼。如果维纳斯在的话，她也会羡慕不已，后缀是“SPA心旅冲动”，也是直击人心，撩人心动。

针对男女结伴的名称是——“合欢·爱神的寂寞”地中海LOVE情旅冲动

有情人参加了“地中海的味道”旅行团，完全沉浸在爱琴海无比的浪漫里，连爱神也只能知趣地走开，闲来寂寞，后缀是“LOVE情旅冲动”也是彰显“情与爱”的主题。

三个名称，一脉相承，成为“地中海的味道”系列产品。针对性别来分团也是地中海特殊的味道，有的人去这些地方喜欢私密行动，也会玩得更尽兴，放得更开，两个人去的话，也是柔情蜜意，浪漫到极致。旅行体验的乐趣很大程度是看和谁一块去玩。

四、价格策略非常关键

“地中海的味道”的产品性质其实是“深度旅游”主题产品，针对中产人群，推出的“原装欧版”概念，就是区别国际社自身研发的组装产品。“原装”的概念本身给人的联想就是质量好，价格高，服务周到。我们建议走中高价位的定价策略，同时也两条腿走路，针对同业也有中低价位(性价比最优的)品质线路供选择，但整体宣传和主推的是精心策划设计的上述主题性深度旅游产品。

五、渠道的革命与创新

出国游新产品做好后拿来给各地出境游组团社来零售，但如果要境外机构更高起点的营销运作，那就需要跳出常规来思考，针对细分人群采用特殊渠道突破的策略，以会员制的形式和直销的方式为主导，与高档俱乐部(如通信、汽车、地产等行业)结盟互相渗透的方式，以优厚的激励政策充分发挥结盟俱乐部的能动性，真正把钱花在有效的人群上，当然不能放弃旅行社渠道，双轨并行。

我们在渠道营销中要注重旅游销售中人的因素，尤其要强化培训旅行社大客户销售人员，像澳大利亚、新西兰等国家做得非常成功的"XX专家"的渠道培训模式值得借鉴，我们在培训方面要努力的是教会他们如何说服俱乐部的大客户并维护好大客户。

六、要注重有形展示和体验过程

我们把"地中海的味道"旅游产品比作是国际名牌的精品，完全是欧洲的原装进口的成熟游轮产品，所以在旅行社门店和俱乐部活动场所陈列时要尽可能体现高档，符合中产阶层人士的审美水准，要成为欧洲游产品形象展示的典范。

要深度研究中产阶层日常生活工作的每一个细节，从消费者在飞机上看到杂志广告，或在参加俱乐部活动时接触到地中海旅游的广告开始，到拨打咨询电话，参加行前说明会，参团旅行，回家后团员的互换照片分享会，跟踪服务发现其它需求……在过程中注重体验的价值和深度旅游对心灵成长的意义，强调每一个行为都要符合战略，并不断从消费者的反馈中得到完善体验细节的创意。

七、推广要精准到位

在整个营销宣传中，推广采用了"3UP"策略，首先是wakeup(醒来)，其次getup(起床)，最后是warmup(热身)。一步一步将消费者对地中海旅游的向往进行唤醒和激发，让消费者始终认为地中海旅游是符合他们身份和情趣的，不是一般人的，是充满神秘、诱惑和浪漫的地方。

营销工具量身定做。精心设计"《Taste Me》地中海的味道"专刊，这本旅游读物，采用杂志编辑风格，封面是男士打高尔夫的画面，中间是特殊纸张做成的"私密情爱刊中刊"，这就是对三个线路的三个目标人群，杂志是正反颠倒往中间阅读的，可以看做是两本杂志，风格前卫，制作精美，让中产阶层爱不释手，这本读物将作为DM邮寄给不同的俱乐部成员，或放在高档的西餐厅等高档餐饮娱乐场所。

公关活动针对中产阶层人士也要别具匠心，会和高档会员俱乐部搞联合营销，互惠互利共同宣传，举办"什么是地中海的味道?"一句话征集活动，在广告中注明只有下列高档俱乐部会员才能参与，会选择五星级酒店或高尔夫球会举办地中海顶极红酒品茗会，会上将抽出一个大奖"免费游地中海"，在会上利用各种专题、演示、问答、游戏等手段刺激与会者去地中海旅游的冲动，会后还会私下与各俱乐部会员市场管理人员达成销售激励的政策(即介绍成功满多少人可打折甚至拿到免费的名额)，让会员营销系统自动自发地不断输送客源。

八、关键是建立深度营销系统

实际上大型旅游机构专线批发商重要的是一套包括培训在内的营销系统，这一套系统涵盖了所有的宣传资料(广告封套、单张、海报、X展架、专题片、专刊、FAQ——即Frequently Asked Questions常见问题标准问答)，还有酒会、演示会、行前说明会、交流分享会、大型旅交会等展示系统，以及专业的销售技巧培训。

关于产品思路定位，设定了金字塔塔尖的人群，那产品定位、形象、品味、媒体选择、营销投入都要相应匹配高端的，而且常常要跳出常规的营销手段，原来旅游产品也可以像消费品一样策划出精品，希望能对广大业者有所启发……

（资料来源：中国旅游营销网，2008 年 4 月，有改动）

【思考】阅读案例，总结案例中对“来自地中海的味道”这一邮轮产品的包装有何可资借鉴之处。你能否找到类似的例子？

通过以上的案例，我们可以看到，旅游产品（旅游线路）的包装，至少应注重以下几点：

1. 深入分析产品差异。差异是旅游线路设计开发的重要初衷，是线路的亮度和卖点，没有特点的产品很难引起消费者的关注。浪漫、神秘、激情的地中海就是这一游轮产品区别于一般产品的差异，包装就是要强化、突出和传达这些差异。

2. 进行精确的市场定位。有些旅行社往往会让一条旅游线路承担吸引所有细分市场的重任，实际上这几乎是不可能完成的任务。案例中针对产品差异化定位确定的三个高端目标市场非常精准。

3. 体现差异的产品名称是包装的重要部分。“地中海的味道”这一名称及其下属三个子名称组成的系列很好地反映了产品本身的特质，对目标市场充满着吸引力。

4. 价格也是产品包装的一部分。要确定一个与产品质量和定位相吻合的价格。总体来说，低价并不是消费者主要追求的。

5. 旅游产品的有形展示。通过多种多样的形式和方法，将旅游产品很好地展示给目标客户。将概念和品质等属于旅游线路内在的不可见的内容用可见的、让人体验、印象深刻的方式展示给人们。这是值得旅行社业者仔细研究的问题。

当然，案例中还提到了渠道、推广乃至整个营销系统，所有这些都应该呼应和体现我们对旅游线路的包装。

第二节 旅游产品促销组合

一、旅行社促销的功能

促销是通过与市场进行信息沟通，来赢得消费者的注意，使之对产品产生兴趣，并为旅游企业及其产品树立良好的形象，从而促进销售。其实质就是要实现企业产品与潜在顾客的沟通。旅行社的促销是旅行社市场营销组合策略的基本构成要素之一，它由媒体广告、销售推广、直接营销和公关等要素组合而成。有效的促销组合具有以下功能：

向潜在旅游者或中间商提供产品信息；

劝说人们形成对特定产品和品牌的偏爱，或在特定旅行社购买旅游产品等；

诱导旅游者购买行为即刻指向营销者所提供的产品。

这三项功能之间存在递进关系。

二、旅行社的促销方法组合

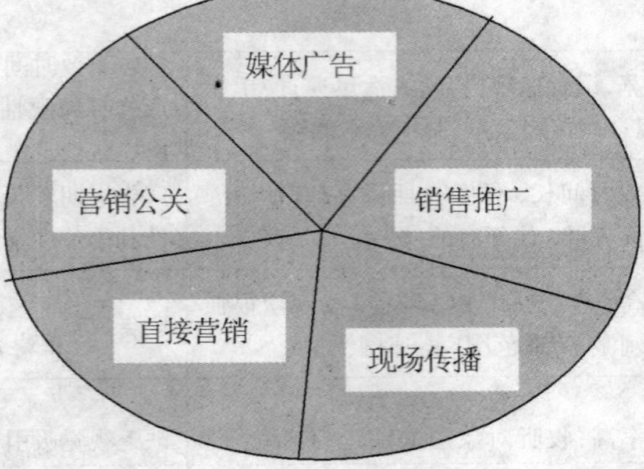

图 8－3　旅行社促销方法组合

(一)广告

1. 自办媒体型广告:户外广告牌;广告传单;载有企业或产品信息的纪念品,如旅行包、太阳帽、T 恤衫、火柴盒、钥匙扣、针线包、圆珠笔、记事本、年历等。

2. 大众传播媒体广告:报纸广告、杂志广告、广播电台广告、电视台广告、网络广告等。

图 8－4　某旅行社报纸广告

3. 口头广告:旅游经营者面向旅游者的宣传及口碑宣传。

表 8-1　　主要广告媒体的特点

广告媒体	优　点	缺　点
户外广告	醒目,展示时间长,灵活选择展示位置,竞争小	内容有较大局限性,接收对象选择性差。
报纸广告	覆盖面宽,读者稳定;传递灵活迅速;便于保存;可以多次传递信息;制作成本低廉	广告有效时间短;设计简单、呆板,表现形式有局限性;读者阅读率低;难以突出广告信息
杂志广告	阅读有效时间长，便于长期保存;有独特的固定的读者群，便于有的放矢地刊登广告	广告周期较长，不利于快速传播;时间性和季节性不够鲜明
电视广告	收视率高，表现形式丰富多彩，给观众很强的感官刺激;传播范围广，速度快	广告成本高，易消失，观众选择性差
广播广告	播放频率高;收听对象层次广泛;传播速度快,能及时传递最新信息;制作简便,成本低	缺乏视觉吸引力,听众难于记忆广告信息;受众购买力可能有限
网络广告	覆盖范围广泛,便于随时改进,互动性好	受技术条件限制,使用还不够广泛

广告是最常用的促销工具。一方面，广告能较快地树立企业的形象;另一方面，它能在短期内促成销售。

【链接 8-1】

网络营销

旅游网络营销以IT技术手段为基础，驱动了旅游营销发生彻底的变革。它集传媒与交易场所于一身，利用国际互联网进行旅游营销活动，因而赋予旅游营销组合以崭新的内涵。旅游企业和旅游目的地的旅游网络营销应推行下列营销组合策略:

1. 推行旅游产品形象策略

旅游产品的特点是其产销同地、主体无形，旅游者在购买前是触摸不到旅游产品实体的。旅游网络营销虽然不能改变旅游产品的这个本质属性，但是却能赋予旅游产品独特的形态——虚拟产品形象。因此，在旅游企业或旅游目的地的旅游网络营销中，首推旅游产品形象策略。

旅游产品形象策略是充分利用旅游网络的多媒体功能，将旅游产品的虚拟形象立体化、仿真化地在旅游网站上展示出来，可使旅游消费者在网络空间中看到旅游产品的形象，认识旅游产品的价值，甚至可以通过虚拟网络旅游感受旅游产品的魅力。

为了使旅游产品形象能够定位在旅游者的心中，应利用旅游网络的即时互动功能进行旅游产品的开发设计。具体做法是:在旅游网站上设置旅游者专栏，开辟“旅游者意见区”“网上旅游咨询区”“旅游自我设计区”等网页，通过这些网页了解旅游者的需求，征求旅游者对旅游产品的意见和建议，特别是旅游者对旅游产品的开发设计建议，从而开发设计出符合旅游者需要的旅游产品。

2. 旅游产品价格公示策略

旅游产品价格的特点是其成本模糊性和价格集合性，旅游者在购买旅游产品前总是要通过比较来判断其合理性。旅游企业和旅游目的地的旅游网络营销应利用这些特点，推行旅游产品价格公示策略。

旅游产品价格公示策略是利用旅游网络的媒体功能和互动功能，将各个旅游企业的旅游产品价格和产品价格组合列表公示，使旅游消费者在旅游网络空间中同时看到大量同类旅游产品价格，认识旅游产品价格的合理所在，并可以通过互动调价拿到自己满意的购买价格。

在网上推行旅游产品价格公示策略的主要做法如下：一是提供各种旅游产品的系列价格表，这些价格表要标明产品组合，并分淡旺季和供需变化公布价格调整表。二是开辟旅游产品组合调整价格区，供旅游者自由组合自己需要的旅游产品组合，并获得相应的产品价格。

3. 旅游网络化渠道策略

旅游网络销售是旅游网络营销最具革命性的部分，它将旅游产品的虚拟化展示、虚拟化消费、旅游咨询、旅游订购集于一身，并在跨时空的状态下让旅游者与旅游产品销售商甚至旅游产品生产者坐在一起进行交易活动。在这个交易革命中，旅游中间商、代理商的地位受到巨大冲击，生产企业直销与产品零售商取得越来越大市场主动权。面对这场旅游营销革命，旅游企业和旅游目的地的旅游网络营销要推行旅游网络化渠道策略。

旅游网络化渠道策略是以大型专业旅游网站为营销中心，建立覆盖目标市场区域的网络化销售渠道，以便24小时向各种客户提供最方便的服务。推行旅游网络化渠道策略的主要做法是：在旅游企业和旅游目的地的国内三级和国际三级市场以及机会市场范围内，按照市场开发战略计划，逐步在国内外目标市场建立起销售代理网点。这些销售代理网点与所属旅游企业的专业网站建立起封闭式销售服务网络，并与银行建立起安全、高效的旅游卡票网上结算系统，从而保证旅游信息、产品销路、商品货路、资金结算等业务往来的畅通。

4. 旅游促销策略

旅游网络促销是充分发挥互联网互动式传播功能，借助丰富的网络传播方式进行旅游企业和产品以及旅游目的地形象的促销宣传。其主要做法：

(1) 网络广告促销

主要有三种形式：一是直接发布各种规范的旅游企业与旅游产品信息，通过形、影、声、色等立体形象构成的旅游产品橱窗展现在上网客户的面前；二是以知识性、信息性、趣味性的卡通片促销。

(2) 虚拟网游促销

吸引客户参加虚拟网上旅游，让客户通过网游感受旅游产品的魅力，感受旅游企业的形象。

(3) 开展网络公关

组织网上旅游爱好者沙龙和旅游俱乐部，广纳会员，不断举行丰富多彩的网上联谊活动，吸引旅游者参与，宣传旅游企业文化和旅游产品，培养旅游爱好，以加深旅游者对旅游企业的印象，激发旅游者的消费欲望。

(二) 直接营销

直接营销，是指旅行社通过直接接触旅游者或客户来推动产品销售的促销方法。

1. 直接营销的类型

(1) 人员推销

派出推销员直接上门拜访潜在旅游者或客户的一种促销方式，有人员接触、会议促销、讲座促销。人员推销较其他几种促销方式而言，是一种成本较高的促销工具。

(2) 电话营销

旅行社的销售人员根据事先选定的促销对象名单，逐一打电话，介绍产品信息，征求他们对产品的意见并询问是否愿意购买这些产品。包括向内(inbound)和向外(outbound)两种方式:向内，是指旅行社通过公布800等免费电话，吸引旅游者使用电话查询或预订产品;向外，是指旅行社销售人员通过电话劝说旅游者购买其产品。

(3)直接邮寄

旅行社将载有产品信息的旅游宣传册、旅行社产品目录、产品广告宣传单等促销材料直接邮寄给旅游者和客户。

2. 直接营销的特点

直接营销具有及时性、灵活性、可靠性、针对性的优点。同时也存在着促销费用高、覆盖面窄、合格人才少等不足。

【链接8-2】

"双赢"推销

过去人们往往认为推销的唯一目的就是达成交易，为此需要向顾客进行有计划的产品介绍和展示。在推销人员和顾客之间只有交易关系，没有人际关系;只有经济利益，没有关系利益。交易关系与人际关系之间、经济利益和关系利益之间是相互矛盾的，推销人员经济利益的实现往往以牺牲关系利益为代价，在推销人员与顾客之间只有一个胜利者。近来，越来越多的销售人员已注重通过交易的实现，来维系一种与顾客的"双赢"结局，即双方都能从交易中获利。销售人员要重视建立与目标客户之间的关系，并将之长期维持下去。也就是说，传统的利益型的人员推销，正在逐步向人性化的关系推销发展。通过关系推销，销售人员与顾客之间能建立和维持相互合作的关系，形成双方都满意的局面。销售人员不再单纯追求一锤子买卖式的一次性销售，而是更加注重长远利益。推销人员和顾客之间除了交易关系之外，还可以有良好的人际关系，双方能相互合作、相互理解，寻找解决问题的办法，最终使双方的利益都得到实现。如表8-2所示。

(资料来源:刘德光:《旅游市场营销学》，旅游教育出版社，2006年1月第二版)

表8-2　**传统人员推销与关系营销的对比**

传统人员推销	关系营销
单纯销售产品	不仅销售产品，还提供咨询、销售建议和帮助
以达成交易为目的	以满足顾客需求、提高顾客根本利益为目标
工作重点是向顾客介绍、宣传产品	工作重点是倾听顾客意见，与顾客一起解决问题
主要介绍产品价格、特性和功能	主要强调产品给顾客带来的利益
产品销售完成后基本没有后续工作	后续工作侧重于维持、巩固和改善长期关系

(三)营销公关

营销公关是指旅行社开展的以具体旅行社产品品牌为中心的公共关系活动，旨在建立和加深旅游者与客户对所推销的旅行社产品的良好印象，达到促进产品销售的目的。旅游界常用的公共关系包括针对新闻界的公共活动和针对社会公众的公共活动两大类。对公众的公共关系包括赞助社会公益事业、与有关机构建立友好的联系、参加社会活动，担负一定的社会责任等;针对新闻界的活动主要是建立与新闻界良好的关系，及时将有价值的信息提供给有关新闻媒介。公关人员通常用的两种公共宣传方式:寻找新闻和创造新闻。经常采用以下四种形式：

1. 新闻发布会。向新闻媒体发送消息，通报有关的特殊旅游产品及其他旅游方面的消息。

2. 熟识旅行。邀请旅游新闻记者或旅游专栏作家免费旅行的一种公关活动，旨在使他们对旅行社的产品产生浓厚的兴趣和深刻的印象，回去后撰写有关旅行社产品的介绍性文章和报道。

3. 邀请旅游中间商实地考察。

4. 通过专题讲座、学术会议，宣传旅行社最新设计和开发的产品，并吸引公众对这些产品的关注。

【链接 8－3】

你知道旅行社公关销售人员应该具备什么样的形象要求吗？

可以用八句话来概括：

热情而不轻浮，坚定而不固执；

踏实而不迟钝，整洁而不花哨；

严谨而不死板，端庄而不拘束；

礼貌而不虚伪，洒脱而不做作。

（资料来源：《现代旅行社管理》，中国旅游出版社，2002 年 1 月，作者：王正华）

（四）营业推广

营业推广是指旅行社以举办竞赛、短期内降价和赠送特殊纪念品等方式开展的促销活动。目的是刺激旅游者的购买欲望，提高旅游中间商的产品推销效果。

1. 营业推广的类型

（1）竞赛。旅行社产品知识有奖竞赛、旅游目的地情况有奖竞赛。

（2）价格促销。通过短期降低价格来吸引旅游者和客户购买的一种促销方法。

（3）特殊商品促销。向旅游者或客户赠送印有旅行社及其产品信息的商品而开展的营业推广活动。

2. 营业推广的对象

（1）针对旅游者的营业推广。

其目的是：

改变旅游者的购买动机；

奖励经常购买本旅行社产品的顾客；

试销新产品；

扩大市场份额；

先发制人，挫败竞争对手。

针对消费者的推广有：

赠送礼卷、赠送纪念品、赠送宣传品、赠送折扣卷、抽奖活动、设立俱乐部等。

（2）针对旅游中间商的营业推广。

其目的是：

获得旅游中间商的支持；

促使旅游中间商向公众宣传其产品；

加深旅游中间商对本旅行社产品的了解等。

针对中间商的推广方式有：

对中间商折让、给予推广津贴、提供宣传品、联合开展广告活动等。

针对推销人员的促进方式有：让利、销售竞赛、销售集会活动等。

（五）现场传播

现场传播是指旅行社通过营业场所的布局、宣传品的陈列与内部装饰等向旅游者传播产品信息，增强旅游者购买的信心，促成旅游购买行为的发生。

三、促销预算

无论采取哪种促销方法都是有成本的，花钱多少不能想当然，有些方法可以用。

（一）销售比例法

销售比例法是指旅行社根据一定时期内销售额的一定比率，计算出广告费用的方法。根据计算标准的不同，销售比例法又可分为计划销售比例法、上期销售比例法、平均销售比例法和销售增长比例法等。

1. 计划销售比例法

计划销售额比例法是指根据旅行社计划将在下一期产品销售中所获得的销售额计算广告预算的方法。其计算公式为：

促销预算 = 计划中下一期产品销售额 × 促销费用占销售额的比例

例如，某旅行社确定其广告费用应占其产品销售额的 3%，并计划在明年的产品销售中实现 2000 万元的销售额。那么，该旅行社明年的广告预算应为：

广告预算 $= 2000 \times 3\% = 60$（万元）

2. 上期销售比例法

上期销售比例法是指旅行社根据其在上一期或上几期产品的实际销售额计算下一期广告预算的方法。其计算公式为：

促销预算 = 上期产品实际销售额 × 广告费用占销售额的比例

例如，某旅行社 2005 年、2006 年和 2007 年的产品实际销售额分别为 1500 万元、1700 万元和 1800 万元，广告费用占销售额的比例为 3%。那么，该旅行社 2008 年的广告预算应为：

广告预算 $= \dfrac{1500 + 1700 + 1800}{3} \times 3\% = 50$（万元）

3. 平均销售比例法

平均销售比例法是指旅行社根据计划中的下一期产品销售额和上一期产品实际销售额的平均值计算促销预算的方法。其计算公式为：

促销预算 =（计划中的下一期产品销售额 + 上一期产品实际销售额）÷ 2 × 广告费用占销售额的比例

例如，某旅行社 2007 年完成销售额 1900 万元，并计划在 2008 年实现销售额 2100 万元，确定广告费用占销售额的比例为 3%。那么，2008 年该旅行社的广告预算应为：

广告预算 $= (1900 + 2100) \div 2 \times 3\% = 60$（万元）

4. 销售增长比例法

销售增长比例法是指旅行社根据上一期的促销预算，加上下一期计划销售额增长的幅度确定促销预算的方法。其计算公式为：

促销预算 = 上一期广告预算 ×（1 + 下一期销售额增长幅度）

例如，某旅行社2007年的广告预算是57万元，计划2008年较2007年销售额增长11%。那么，2008年的广告预算应为：

广告预算 = 57 ×（1 + 11%）= 63.27（万元）

（二）利润比例法

由于原理类似，利润比例法的计算公式与销售比例法基本相同，只是在公式中用利润替代销售额。

计划销售比例法和利润比例法都是旅行社促销预算的常见方法。这两种方法简便易行，但不适用于新产品开拓期的促销支出。

（三）竞争对抗法

竞争对抗法又称竞争平衡法，是一种根据竞争对手的促销预算来确定本旅行社促销预算的方法。其目的是能够保持同行业的平均水平和竞争均势。竞争对抗法又分为市场占有率法和增减百分比法。

1. 市场占有率法

市场占有率法是指旅行社在制定促销预算时，首先计算其竞争对手的市场占有率及其广告预算，然后在此基础上，根据本旅行社预计市场占有率，制定出本旅行社的预算。其计算公式为：

$$促销预算 = \frac{竞争对手特定时期促销预算}{竞争对手市场占有率} \times 本旅行社预计市场占有率$$

例如，某旅行社在制定明年的广告预算时，先通过调查，了解到其主要竞争对手的明年广告预算总额为60万元，目前其市场占有率为15%。旅行社预计明年本旅行社的市场占有率将达到16%。那么，根据这些资料，该旅行社可以依据竞争对抗法制定出它明年的广告预算为：

$$广告预算 = \frac{60}{15\%} \times 16\% = 64（万元）$$

2. 增减百分比法

增减百分比法是旅行社以主要竞争对手本年度促销预算比上年促销预算增减的百分比，作为本旅行社促销预算增减百分比的参考数的预算制定方法。其计算公式为：

广告预算 =（1 ± 竞争对手广告预算增减率）× 本旅行社上年广告预算

例如，某旅行社去年的广告预算为50万元。经过调查，该旅行社获悉其主要竞争对手本年度广告预算比上年广告预算增加了5%。为了同其对抗，该旅行社决定采取增减百分比法适当调整今年的广告预算。根据上面的计算公式，该旅行社今年的广告预算应为：

广告预算 =（1 + 5%）× 50 = 52.5（万元）

在广告竞争激烈、旅行社之间势均力敌的情况下，竞争对抗法是一种有效的广告预算方法。资金不足的中小型旅行社使用这种方法具有一定的风险性，采取这种方法的主要是那些财力雄厚的大型旅行社。

（四）目标达成法

目标达成法是以旅行社市场营销总体战略所规定的广告目标或某一特定项目为依据，估算出必需广告预算的一种预算方法。目标达成法以促销目标决定广告预算的方法决定了预算结果的科学性。只要目标明确，旅行社便可以制定出较准确的广告预算，同时还可以在广告发出后有效地检验广告的促销效果。但是，目标达成法比较复杂，应用起来相对困难，旅行社应注意在决定广告预算时，同时运用其他预算方法，使广告预算的确定切实可行。

（五）支出可能法

支出可能法又称全力投入法，是一种能够根据市场供求状况随时加以调整的预算方法。支出可能法根据旅行社的财务能力来确定广告预算，比较适应旅行社财务支出状况，是一种简便易行的广告预算方法。但是，旅行社采用支出可能法制定广告预算，容易受到财务波动的影响。

提示：

在实践中，旅行社通常综合采用几种不同的方法，既要考虑销售额，也要考虑利润状况、竞争对手的情况以及自身财力，综合平衡最终确定一个广告预算额度。

促销是有成本的，效果如何，这是旅行社必然要考虑的问题。怎么才能了解促销效果的好坏呢？

四、促销效果的测定

促销效果的测定是以促销策略实施后旅行社产品销售量增减的幅度作为衡量标准来测定促销活动的效果。测定促销效果的方法主要有两种：

（一）统计法

统计法是旅行社利用统计学原理与运算方法，通过对促销费用与产品销售的比率的推算，测定出促销效果的一种方法。其公式为：.

广告费比率 =（促销费用 ÷ 销售收入）×100%

例如某旅行社下半年的广告费是 2 万元，营销金额是 100 万元，那么计算得出的广告费比率为2%，如果上半年该旅行社的广告费比率为2.5%，那么下半年比上半年广告费比率下降了0.5%，说明该旅行社下半年的广告效果好于上半年，因为广告费比率愈小，说明广告促销的效果就愈明显。

（二）比值法

比值法是旅行社通过对其产品的销售额变化测定广告效果的方法。这种方法简便易行，较为通用。其公式为：

$$R = \frac{S_2 - S_1}{P}$$

式中：

R—— 广告效益

S_2—— 本期促销后的平均销售额

S_1—— 未作促销前的平均销售额

（注意：S_1、S_2 所在的时段应该是相同的，比如均为两个月）

P：促销费用

例如，某旅行社本期广告后的销售额为 100 万，未作广告前的平均销售量为 80 万元，本期广告费为 5000 元，代入上式计算，则每元广告效益 R 的值越大则表示广告效果越好。

但需要注意的是，由于广告效益和产品的销售额之间并非绝对呈正比关系，因而运用这些方法考察广告效果时，要注意排斥广告以外其他因素的作用，如市场的变化、其他旅行社的广告活动的加强或削弱、偶然性事件的影响等，不应把全部销售额的增长都归因于广告的作用。

本章小结

通过本章学习，我们主要应掌握的内容有：旅游线路包装的主要方法和程序，四种主要的促销方法及其灵活运用。如果老板需要你策划一份旅行社促销方案，学完这一章后你应该可以完成任务。当然促销成效如何，还应该通过适当方法测算来知道。

实训练习

一、案例分析：旅行社与婚庆公司“联姻”大有可为

1. 目的与要求：了解旅行社促销创新的手段

2. 训练方式：课堂案例分析

3. 实训内容：阅读案例，回答问题

(1)这属于什么促销方法？

(2)每个讨论小组举出一两个类似促销方法。

(3)说说对蜜月旅游市场的看法。

【案例】：近年来，到国外举办婚礼或度蜜月逐渐成为都市年轻一族结婚“新时尚”，市场需求日趋旺盛，“旅行社＋婚庆公司”的经营模式因此在北京等地应运而生。业内人士认为，这一新兴的婚庆旅游经营模式，既有利于旅行社进一步开发新的旅游产品，又可为正处于低谷的婚庆公司开拓新路，值得推广。

一项抽样调查表明，被访消费者愿意将储蓄的31.54%用于结婚消费支出，适龄青年中这一比例更高达91.2%。北京婚姻登记处的统计数据也显示，北京每年有不少于8万对新人结婚，其中80%的新人会选择在居住地酒店举行结婚仪式，然后外出蜜月旅游，20%的新人会免掉婚宴直接选择蜜月旅游，每对新人蜜月旅行花费一般在2万～5万元之间。面对婚庆旅行市场如此巨大的潜在商机，去年底，中国妇女旅行社和北京紫房子婚庆公司联手推出的“情缘之旅泰国游”和“泰国蜜月6日游”等项目，给京城旅游市场带来不小的震动。

中国妇女旅行社副总经理王先生认为，国内旅行社以前也曾有过到国外举办婚礼、度蜜月的路线，但往往只是普通路线借蜜月招牌招徕顾客，并没有根据新婚夫妇时间安排、游览需要，推出真正以“浪漫新婚”为主题的特色产品，而且大多过了结婚高峰期就结束。而此次与北京紫房子婚庆公司联手推出的“出境蜜月游”，安排带有吉祥意味的大象代替豪华汽车；证婚人为新人戴上寓意白头到老的泰式联姻环；中式的拜喜堂与泰式的来宾播撒吉祥水仪式相穿插；泰国柚木角楼装饰成新人的洞房，将异国婚礼的特色与中国婚礼的亮点有机结合在一起，符合年轻一代求新求变的口味，因此深受欢迎。

尽管中国妇女旅行社和北京紫房子婚庆公司联手推出的“情缘之旅泰国游”新人参团价为8288元，亲友参团为5800元，比一般泰国游收费高出50%，但报名者还是络绎不绝。一位姓徐的团员对记者说，所有节目均有精心细致的设计和体贴入微的专业安排，虽然价格比普通游要高一点，但浪漫、省心又新颖，总的感觉是物有所值。而且，把办酒席的花销省掉，用在出国增长见识、开拓视野上，对今后工作也有好处，何乐而不为？

北京市旅游局局长认为，“旅行社＋婚庆公司”经营模式的出现，有出境旅游市场不断升温、城市居民收入提高、逐渐破除传统婚俗等因素，但更重要的是市场细分的结果。它不仅使两家不同行业的企业在同一个合作平台上共享客源，互相弥补，同时也可通过双方核心资源的联合，强强联手，提高各自在行业内的竞争实力。旅行社通过与专业婚庆公司合作，提升了产品的知名度，更重要的是增加了有针对性的专项服务，提高了旅游项目的含金量，增加了利润。

二、案例分析:电话营销

1. 目的与要求:熟悉电话营销运作技巧，提高对客户异议处理的能力。

2. 训练方式:课堂案例分析

3. 实训内容:

仔细阅读案例，判断下列开场白方式得当与否，并说明原因何在,如何处理才是正确的?

【案例】:

案例1:

销售员:“您好，陈总，我是×××旅行社的××。我们是专业做华东地接业务的，请问贵公司现在到华东的客人都是同哪家旅行社合作?”

案例2:

销售员:“您好，陈总，我是×××旅行社的××。几天前，我寄了一些我们旅行社今年地接线路的资料给您，不晓得您收到没有?”

案例3:

销售员:“您好，陈总，我是×××旅行社的××。我们是专业提供企业商旅服务的专业机构，不晓得您现在是否有空，我想花点时间向您介绍一下我们的商旅服务。”

案例4:

“喂，陈总吗?我是×××旅行社的××。我们有非常丰富的旅游线路体系，其中包括美国和欧洲的专业商务考察，今天我打电话过来的原因，是我们刚刚为×××公司的王总安排了一次到美国的商务考察。这次考察为王总联系了3个美国大客户。王总说您最近也有到美国考察的打算，为了能促进相互了解，我们是否也能替您服务?我想请教一下，您目前是否有赴美考察的计划?”

【提示】以案例1为例:

(1)错误点

旅行社工作人员没有说明为何打电话给陈总，以及这个电话对客户有何好处。

在尚未介绍对客户有何好处之前，就迫不及待地提出问题，让人立即产生防范之心。

(2)处理客户异议，首先要确定对方异议的真实意图，然后对症下药，提出建议性意见或建议。通过分析一下客户异议情况，找出应对策略。

比如:

陈总:“我们外出旅游，一直都与××旅行社合作。”

销售员:“××旅行社是个不错的旅行社，您在跟他们去旅游的时候，有没有什么不满意的地方呢?”

操作技巧提示:从客户的不满入手，强调自己的服务优势。

三、案例解读：网博会让旅游促销“动”起来

1. 目的与要求：了解网络营销等新兴营销手段。

2. 训练方式：课堂案例分析

3. 实训内容：阅读案例，谈谈你对网络促销与传统促销手段的区别的认识。

【案例】：我国首个网上旅游博览会——“2004 活力广东”，以每天浏览人数保持10万人次以上在业界引起强烈反响，新卖点、新看点层出不穷，为世人展示了缤纷绚丽的旅游大展台。

在“五一”前夕开幕的我国首个网上旅游博览会——“2004 活力广东”网上国际旅游博览会每天浏览人数均保持10万人次以上，点击率迄今已超过200万次。参展的广东与全国及境外近1200家景区、酒店、旅行社、旅游管理机构、旅行商等，借网博会在“五一”黄金周前争相登场亮相，利用这种既便利又快捷的全新促销方式，为各自大揽客源。

据了解，本届旅游博览会在互联网上举行，没有传统的展馆，其“展馆”就是信息化空间——互联网。参展机构也没有实体展位，他们的“展位”，就是设计独特的网站，通过分布在互联网上的计算机展销旅游产品，发布旅游宣传信息。其展馆设计上模拟传统展销会，设立贵宾展区、粤港澳旅游专区、国际区、国内区、功能区以及中心点播区和一个信息扶贫专区等，让参展或观展的企业、个人进入网站不会有隔阂，页面设计十分人性化，画面生动。展馆和传统的相似，都设有展台、会谈室、讨论区、名片发布区等。此外，这次网博会的另一大特点就是有一个电子图书架，架上有几千册的旅游书籍供观展者阅读。读书的方式与传统的不同，你只要轻点鼠标，就可迅速找到你要的书，并用鼠标来翻书。

旅游博览会充分利用了信息数据平台的优势，又借鉴了传统旅展内容，取长补短。首先成本低，由于不需要差旅和布展费用，不受地域、时间的限制，网博会参展费用比传统展销会节省97%以上；其次，信息发布广泛和持久，传统展销会参展时间一般为4天左右，而网上博览会展览和集中推广时间长达一个月，信息可展示一年，且更新迅速，容量大；最后，运用数据技术，装饰网上展台。网博会网站通过和流量大的门户网站的联展将信息发布到全球。这些新颖的卖点得到了旅游同业的广泛支持。

据有关人士介绍，以往传统的旅游促销形式，如布展设摊、派发资料、异地交流等虽然也能收到一定成效，但在区域、受众等方面总会受到一定的局限；另外国内的旅游目的地形象不够鲜明，缺乏远程号召力，这在一定程度上限制了旅游业更加快速的发展。特别是遇到像“非典”这样的情况，传统的促销根本无法成行。

网上旅游博览会的推出则让旅游营销形式不停地进行，这是沿着以更为多彩、明晰的脉络方式，让旅游“动”起来，让旅游能更轻易地为人们所“触摸”，更具有互动性。因为促使消费者进行购买的最好方式，就是让旅游者和旅游目的地能产生交互活动，让旅游“动”起来，让潜在的旅游消费者“如临其境”，以激发他们的“购买”欲望。（资料来源：《旅游市场营销学》，刘德光主编，旅游教育出版社，2006年1月第一版）

【提示】：网络化技术的应用，使旅游者能够随时方便地从零售商的终端机上查询到旅游产品信息，从而缩短了旅游者与旅游产品生产者之间的距离。也就是说，这种直接销售渠道的开辟，使得旅游批发商可以更多地直接面向旅游者促销。

第九章 旅行社计调管理

➲技能目标：

能为特定的要素采购准备符合国家规定并维护自身合法利益的采购合同；

可以进行旅行社要素采购业务。

➲知识目标：

掌握计调业务的主要内容；

理解旅游服务采购的含义；

掌握选购各类服务要素的主要标准；

掌握旅游服务采购合同的内容；

理解掌握计调业务的两种方法。

关键词：

组团计调、地接计调、流水作业法、专人负责法

任 务：

作为以地接为主的中国最美的乡村婺源。每到旅游旺季的周末和黄金周，特别是黄金周，旅行社就很难拿到房间，更别说好的房间。婺源现有的房间数和客房数还不能满足旅游旺季时黄金周游客的需要，还有就是很多私人老板的饭店，为谋取暴利，淡季时与旅行社签订合同，提供客房；可一旦到旺季黄金周，他们就自己接待游客，而房间价格就大幅度上涨。如果你是旅行社的计调，请问：

1. 如何保证饭店老板履行合同，保证合同淡季、旺季都能顺利执行？

2. 如何通过你所学的计调管理知识，灵活而又低成本地在旺季拿到房间？

案例导读：

有位导游带团去天坛，计划书中要求的参观时间为上午，而导游擅自将参观时间改到了下午，结果被执法大队处罚了。他说，上午参观的时间并不合理，并说了许多理由，而这些理由确实都是为了客人着想的，理由看起来很充分。他还说到，其实都是计调没有安排好，团队带得好坏也不能全怪导游，计调也有不可推卸的责任。其实，很多时候——计调是旅游行程中的重要命脉。

事情的起因是这样的：前几天有个土耳其团到北京，导游准时在8点10分将游客接到了宾馆，把客人安顿好之后，就安排吃了早饭。吃过早饭后已经是上午10点钟了，可该团的行程计划书中，又安排客人12点半吃午饭。客人觉得刚吃过早饭，根本不可能在那么短的时间内再吃一餐，于是要求将午饭时间往后延。此时导游犯难了，计划书就是这样安排的，自己没有权利擅自更改，并且在新的导游员管理办法中，擅自更改行程是要扣分的。但不改吧，游客又不干，本来，这样的行程设计就是不合理。该团的导游员没有办法，如果按照计划书办事，让客人又吃一顿，虽然没有违反规定，但客人们都不高兴了。在客人的强烈要求下，该团的导游员实在没有办法，就没有按照计划书办事，而是像上文那样作了调整，结果运气

又欠佳，被执法大队罚了。“我都快冤枉死了。客人们都以为行程是我安排的，对我特别不满意，刚第一天就这样，以后这团就更不好带了。”这名导游说。

【思考】

1. 本案例中出现的问题是计调的失误，还是导游的责任？

2. 如何做到合理协调，达到既不违反合同又使游客满意的目标？

第一节 计调业务概述

一、计调的概念

计调就是计划与调度的结合称谓，是旅行社内部专职为旅行团，散客的运行走向安排接待计划，统计与之相关的信息，并承担与接待相关的旅游服务采购和有关业务调度工作的一种职位类别。英文名称 OP(OPERATOR)

二、计调的性质与任务

对计调而言，成本领先与质量控制是计调岗位的两大核心。

1. 成本领先

计调掌握着旅行社的成本,要与接待旅游团队的酒店、餐馆、旅游车队及合作的地接社等洽谈接待费用。所以，一个好的计调人员必须要做到成本控制与团队运作效果相兼顾，也就是说，必须在保证团队有良好的运作效果的前提下，在不同行程中能编制出一条把成本控制得最低的线路。在旅游旺季，计调要凭自己的能力争取到十分紧张的客房、餐位等，这对旅行社来说，相当重要！

2. 质量控制

计调在细心周到地安排团队行程计划书外，还要对所接待旅游团队的整个行程进行监控。因为导游在外带团，与旅行社惟一的联系途径就是计调，而旅行社也恰恰是通过计调对旅游团队的活动情况进行跟踪、了解，对导游的服务进行监管，包括对游客在旅游过程中的突发事件，代表旅行社进行灵活地应变。所以说，计调是一次旅行的幕后操纵者。

在质量控制上，中小旅行社十分需要水平高的计调人员进行总控。整合旅游资源、包装旅游产品、进行市场定位等都需要计调来完成。计调是市场的敏锐器，要求懂游客心理，具有分销意识及产品的开发能力等等。

在具体操作团队的过程中，一名称职的计调要业务熟练，对团队旅行目的地的情况、接待单位的实力、票务运作等都胸有成竹。

【链接 9-1】

计调入职门槛

计调是个杂家，所以计调必须有很丰富的知识面。一般而言，加入计调这行，需具备以下这些知识中的某几项内容:当前行业发展现状及旅行社的地位;旅行社业务及计调工作基本常识;旅游产品的设计原则及价格构成;航空公司、铁路、轮船公司的基本常识及票价;交通工具、酒店、餐饮与旅游产品的关系及对旅游产品价构成的影响;旅游合同及旅游保险;计调相关表单的制作；旅游心理研究；旅游质量管理；旅游市场的细分，旅游市场的营销；旅游网络应用；如何做旅游广告；旅游客户管理；当地地接操作常识；全国旅游线路设计应掌握的知识；有旅行社实习经验。过了两三年后，以上知识全部掌握的话，你就是资深计调了，同时如果能具备管理能力的话，晋升为主管是指日可待的事。

三、计调业务的特点

(一)具体性

计调工作无论是收集本地区的接待情况向其他旅行社预报，还是接受组团社的业务接待要约而编制接待计划，都是非常具体的事务性工作，总是在解决和处理采购、联络、安排接待计划等具体工作。

(二)繁杂性

首先，计调业务的种类繁多，涉及到采购、接待、票务、交通以及安排旅游者食宿等工作；其次，计调业务的程序繁多，从接到组团社的报告到旅游团接待工作结束后的结算，无不与计调人员发生关系；第三，计调业务涉及的关系繁杂，计调人员几乎与所有旅游接待部门都有业务上的联系，协调处理这些关系贯穿计调业务的全过程。

(三)多变性

计调业务的多变性是由旅游团人数和旅行计划的多变性而决定的。旅游团的人数一旦发生变化，几乎影响到计调人员的所有工作，可谓“牵一发而动全身”。此外，我国交通和住宿条件不能保证正常，也给计调工作带来不确定。

四、计调业务的作用

(一)计划工作

计调部门是旅行社接待任务的计划部门。当招徕客源后，计调部门就是旅游团接待工作的第一站。计调人员要根据组团社发来的接团要约，收集旅游团的各种资料，进行分析，并按照本社在一定时期内的客源数量，所需人、财、物以及如何接待等情况，编制科学的接待计划，然后下发接待部门做好接待工作。

(二)联络工作

计调部门是当地各旅游企业的联络站。当组团社发来要约后，计调部门就要预订当地的食宿交通等，以此将本来松散的旅游企业和其他部门统一协调起来，围绕旅游团运转，从而形成综合接待能力。也可以说，没有计调部门，就没有旅游团的总体服务，当地旅游企业也形成不了体现综合接待能力的联合体。同时，计调部门又是旅游团整个行程中的联络站。它要保证旅游团在行程中各站之间的衔接，避免发生延误和脱节。从这个意义上讲计调部门是旅游线路上的枢纽。

(三)参谋工作

计调部门是旅行社决策层搞好计划管理的参谋部门。旅行决策层要编制计划，就要掌握全面而科学的统计资料，而这些资料大部分来自于计调部门。计调部门不仅有旅行社接待旅游者的全部资料，而且有与其他旅游企业的交往资料。这些资料的分析与统计结果，就是旅行社决策层进行计划管理的依据。

(四)结算工作

旅行社和饭店、餐厅、交通部门等接待单位的经济结算是通过接待计划和合同来完成的，而这些接待计划往往会因为导游或其他人为的疏忽而产生差错，或由于交通、气候等因素的影响而发生变化，这就给财务结算带来了麻烦。在这种情况下，计调部门的旅游团原始资料就成了团队结算的凭证。

【链接9-2】

计调人员的素质要求

1.遵纪守法，敬业爱岗。

2.熟悉业务。一个出色的旅行社计调，除了需要相应的文化程度、文字功夫和外语基础外，还必须具备下列专业知识：

①熟悉旅行社的管理；

②熟悉全包价、小包价、单项委托，散客、展览、会议等业务知识；

③掌握票务、行程和其他委托业务；

④熟悉航空、铁路、航运、酒店、餐厅以及旅游车队及有关涉外单位的有关情况，特别是业务情况；

⑤具有财务、统计、外汇管理方面的知识；

⑥熟悉办公自动化；

⑦熟悉《旅行社管理条例》等行业法规，掌握经济合同法及有关海关、边检以及出入境规定和法规。

3.要有宾客至上的观念，要有强烈的质量意识，要有明确的市场观念，极具公关能力，极具协作精神等等。

总之，我们做旅游，首先是做好人，然后要成为好的生意人，有了玲珑的交际能力和经商的敏锐再加上懂业务、成功的渴望和激情的投入，不断地超越自己，那才是名副其实的旅游人。

五、计调的工作方式

(一)人性化

计调人员在讲话和接电话时应客气、礼貌、谦虚、简洁、利索、大方、善解人意、体贴对方，养成使用“多关照”“马上办”“请放心”“多合作”等“谦词”的习惯，给人亲密无间，春风拂面之感。每个电话，每个确认，每个报价，每个说明都要充满感情，以体现你合作的诚意，表达你作业的信心，显示你准备的实力。书写信函、公文要规范化，字面要干净利落、清楚漂亮，简明扼要、准确鲜明，以赢得对方的好感，

(二)条理化

计调人员一定要细致地阅读对方发来的接待计划，重点是人数、用房数，有否自然单间，小孩是否占床；抵达大交通的准确时间和抵达口岸，核查中发现问题及时通知对方，迅速进行更改。此外，还要看看人员中有否少数民族，或宗教信徒，饮食上有无特殊要求，以便提前通知餐厅；如果发现有在本地过生日的游客，记得要送他一个生日蛋糕以表庆贺。如人数有增减，要及时进行车辆调换。

(三)周到化

"5定"(定房、定票、定车、定导游员、定餐)是计调人员的主要任务。尽管事物繁杂零乱,但计调人员头脑必须时刻清醒,逐项落实。这很像火车货运段编组站,编不好,就要"穿帮""撞车",甚至"脱节"。俗话说:"好记性不如烂笔头"。要做到耐心周到,还要特别注意两个字。第一个字是"快",答复对方问题不可超过24小时,能解决的马上解决,解决问题的速度往往代表旅行社的作业水平,一定要争分夺秒,快速行动。第二个字是"准",即准确无误,一板一眼,说到做到,"不放空炮",不变化无常。回答对方的询问,要用肯定词语,行还是不行,"行"怎么办?"不行"怎么办?不能模棱两可,是似而非。

(四)多样化

组一个团不容易,往往价格要低质量要好,计调人员在其中往往发挥很大作用。因此,计调人员要对地接线路多备几套不同的价格方案,以适应不同游客的需求,同时留下取得合理利润的空间。同客户"讨价还价"是计调人员的家常便饭。有多套方案,多种手段,计调就能在"变数"中求得成功,不能固守"一个打法",方案要多、要细、要全,你才可"兵来将挡,水来土掩",纵然千变万化,我有一定之规。

(五)知识化

计调人员既要具有正常作业的常规手段,也要善于学习,肯于钻研,及时掌握不断变化的新动态、新信息,以提高作业水平,肯下工夫学习新的工作方法,不断进行"自我充电",以求更高、更快、更准、更强。如要掌握宾馆饭店上下浮动的价位;海陆空价格的调整,航班的变化;本地新景点、新线路的情况,不能靠"听人家说",也不能靠电话问,应注重实地考察,只有掌握详细、准确的一手材料,才能沉着应战、对答如流,保证作业迅速流畅。计调人员不仅要"埋头拉车",也要"抬头看路",要先学一步,快学一步,早学一步,以丰富的知识武装自己,以最快的速度从各种渠道获得最新的资讯,并付诸研究运用,才可以"春江水暖鸭先知"。虚心苦学、知识化运作其实是最大的窍门。

六、计调作业的流程与方法

(一)计调作业流程

计调通常被分为组团计调、地接计调两种。组团计调是指旅行社作为组团社进行的计调工作,地接计调则是旅行社作为地方接待社进行的计调工作。二者的基本程序是相同的。

1. 接受计划:计调部收到计划后应该按照类别,编号登记,按轻重缓急的顺序及时报送相关领导、财务,以及计划涉及的所有部门和机构。

2. 预订:根据预订采购宿、食、行、游等相关服务要素。

3. 确认:为了确保接待计划的顺利实施,杜绝各种责任事故的发生,计调部要对所发送的计划进行逐一确认,切实落实各接待部门已经明确了自己的接待任务。确认计划是计调部业务流程中至关重要的环节,琐碎繁杂、耗时耗力,但却不容忽视。这就要求计调人员必须认真负责、耐心谨慎。确认计划,要求坚持书面确认的原则,无论是通过传真还是电子邮件的形式,一定都要有对方的书面确认。书面确认的内容包括:确认人、确认项目、确认时间,避免今后不必要的责任扯皮。

4. 更改:如遇任何变化,如日程、人数、接待标准等。应及时发出更改通知,使相关安排作出调整。

5. 资料归档：计调部对外，不但要与饭店、交通、旅游景点、定点商店等机构联络合作，还要与其他旅行社合作；对内，更要与外联、接待和财务等相关部门搞好交接工作。计调部每天往来的传真、电子邮件、记录等非常多。团队旅行虽然结束了，但结算、统计等后续工作还有待完成。这就要求计调部务必要将计划作为原始资料归档收存，建立团队业务档案库，妥善保存起来，以便查阅。团队计划档案的留存时间一般为2—3年。

6. 业务统计：影响旅行社经营情况的一切数量关系，均是计调部统计的内容，具体包括如下几个方面：

(1)客源统计：对客源情况的统计分析，是计调部统计工作最主要的一环。本旅行社一年及各个月份接待的人数、天数，各客源国(地区)的客源数量、客源流向，淡、旺季的分布等。通过对各期数据的对比，从中发现问题，找出规律，有利于旅行社开拓市场。

(2)合作单位情况统计：旅行社与民航、铁路、饭店、汽车公司、旅游景点、餐厅、定点商店等方面都建立了合作关系，有必要对合作单位进行全面的统计和分析，比如本旅行社在一定时期内，向以上单位输送了多少客源，为今后能争取到更为优惠的价格提供依据。可根据需求设计各种统计表。如用车一览表、旅游景点价格一览表等。对这些表格也要妥善收存，分门别类以备查询使用。

(二)计调业务操作方法

旅行社的计调人员对每个旅游团的接待计划逐项进行具体落实，目前一般常用的操作方法有流水操作法和专人负责法两种。

1. 流水操作法。就是有几个业务员，每人负责一项工作，其常见的流程线是：

接待计划(A业务员签收)；

订车、船票(B业务员负责)；

订房(C业务员负责)；

市内交通(D业务员负责)；

安排游览活动(E业务员负责)；

订文艺节目(F业务员负责)；

向接待部下达接团通知(G业务员负责)。

这种操作方法常被接待量较大的旅行社所采用，它一环套一环，不太容易出现差错，即使在某个环节上发生差错，也容易发现。

2. 专人负责法。就是将与本社有关系的旅行社(客户)分成几块，让每个业务员负责一块，从客户发来的接待计划起，一直到向本社的接待部发接待通知为止，均有一个业务员负责到底。这也是一种行之有效的操作方法。

第二节　服务采购

旅行社的采购是指旅行社为组合旅游产品而以一定的价格向其他旅游企业或其他行业、部门购买相关旅游服务项目的活动，是计调的主要任务。

一、旅游采购服务

旅游采购服务是计调最基本的业务，旅游服务采购的成效，直接关系到旅行社经营活动的成败。

（一）什么是旅游采购服务

旅游产品是旅游经营者为满足旅游者在旅游活动过程中的各种需要所提供的有偿服务。旅行社作为旅游经营者，通过旅游中间商向旅游者（或直接向旅游者）出售的综合包价旅游产品，大部分是由其他旅游服务企业或相关部门供应的，也就是说，旅行社通过向其他旅游服务企业或相关部门采购交通、食宿、游览、娱乐等单项服务产品，经过组合加工再进行销售。旅行社是一种旅游中介组织并不直接经营旅游活动中的交通、食宿、游览、娱乐等服务项目，采购旅游服务也就成为旅行社经营活动的一个重要方面。旅游服务采购是旅行社通过合同或协议形式，以一定价格，向其他旅游服务企业及相关部门定购的行为，以保证旅行社向旅游者提供所需的旅游产品。

（二）旅游采购服务的内容

旅游活动涉及到食、宿、行、游、购、娱等方面，航空公司、铁路、轮船公司、酒店、餐厅、景点以及娱乐场所等也就成为旅行社的采购对象，对于组团社而言，还要采购接待社的产品。

1. 交通服务的采购

旅游是一种异地活动，无论从常住地到旅游目的地，还是在目的地的暂时逗留与旅游活动期间各地之间的往返，交通都承担着旅游者空间位移的任务。交通不仅要解决旅游者往来不同旅游点间的空间距离问题，更重要的是解决其中的时间距离问题。因此，安全、舒适、便捷、经济是旅行社采购交通时需要考虑的因素，交通的形式主要有飞机、火车、汽车和轮船，旅行社必须与包括航空公司、铁路部门、轮船公司、汽车公司在内的交通部门建立密切的合作关系。事实上，为寻找稳定的客源渠道，交通部门也非常倾向于同旅行社的业务合作。旅行社要争取取得有关交通部门的代理资格，以便顺利采购到所需的交通服务（何况取得交通代理已成为国内许多旅行社获得利润的来源之一）。

（1）采购航空服务

作为大众旅游时代最主要的远程旅行方式，航空服务的主要优点是安全、快速和舒适。一般而言，旅行社选择航空公司主要考虑以下因素：

A. 机票折扣大

B. 机位数量充足

C. 工作配合度高

D. 付款方式灵活

E. 航班密度较大

F. 各地联络网络方便等

旅行社采购航空服务，具体落实在飞机的订位上。计调部根据旅游接待预报计划，在规定的期限内向航空公司提出订位，如有变更，应及时通知有关方面。航空服务主要分为定期航班服务和包机服务两种。如遇客流量超过正常航班的运力，旅游团队无法按计划成行，则旅行社就要考虑包机运输。

【链接9－3】

民航常识

1. 航班号即航空公司代号：CZ—南航；CA—国航；MU—东航；3Q—云航；

XO—新航；WH—西北航；SZ—西南航；MF—厦航；G4—深航；H4—海航；

表达：如CZ3395意即CZ指南航，3指出发地郑州，3指到达地广州，95表示往返（去程为单）。

2. 国内常用机型：

波音（B）居多；欧产空客（A）、麦道（MD）次之；运7（Y－7）用于支线。

3. 机位（座）：

B737－200型120座；

B737－300型145座；

B737－500型150座；

B747（双层）－340型400座，分头等、公务、经济；

B757型198座；

B767型246座；

B777型380座；

空客A320型150座；

MD－82型MD－90型168座；Y－7型40座。

4. 飞机餐（配餐）：

飞行超过两小时有正餐，指米饭；配餐只有点心；特殊旅客（如穆斯林）有特餐。

5. 直达、经停、联航：

直达：指点到点，不需要技术支持的航班。

经停：因技术原因，需要加降（如加油等），也有的从经营考虑。

6. 舱位等级：一般分头等、公务、经济三个等级。

7. 订座：

A. 票价：一般分为公布票价、折扣票价两种。

B. 儿童（2～11岁）票价为定价的50%；婴儿（2岁以内）为10%；

C. 团体：指有组织的游客，他们须同一日期、同一等级、同一目的地，人数10人以上；

D. 行李：通常免费行李额规定为头等舱40KG，公务舱30KG，经济舱20KG。有特殊规定除外。

（2）采购铁路服务。

火车票具有价格相对便宜，沿途又可以饱览风光的特点，特别在包价产品中具有竞争力。近年来，我国铁路加大力度改善交通环境，使火车运输仍具优势。目前，国内多数旅游者仍选择火车作为首选出游交通工具。旅行社向铁路部门采购，主要是做好票务工作。采购铁路服务就是按照旅游接待计划订购火车票，确保团队顺利成行。出票率、保障率是衡量铁路服务采购的重要指标。

【链接 9－4】

我国铁路进入高速时代

按照我国近期高速铁路规划，到 2012 年，我国将建成客运专线 42 条，总里程 1.3 万公里，其中时速 250 公里的线路有 5000 公里，时速 350 公里的线路有 8000 公里。全国将形成“四纵四横”铁路快速客运通道，东部、中部和西部地区大多数大城市都纳入了这个规划。

一、四纵线

1. 北京到哈尔滨(含大连)
2. 北京到广州(含深圳、香港)
3. 北京到上海
4. 上海到深圳

二、四横线

1. 青岛到太原
2. 连云港到西安
3. 上海到成都
4. 杭州到长沙

“四纵”“四横”把中国的东部、中部和中西部地区大多数城市纳入规划，不但打通南北东西的大通道，还将形成环渤海、长三角、珠三角三个城市群的轨道交通网。以北京为例，到 2012 年将会形成一小时、二小时、三小时、四小时城市圈。从北京乘坐高铁出发，一小时可达天津、唐山、秦皇岛、石家庄、张家口、承德等地；二小时可到济南、郑州、太原、沈阳一带；三小时可达青岛、南京、合肥、包头、长春、大连一带；四小时可达杭州、武汉、西安、哈尔滨等地。

高速铁路网的建成必将对我国旅行社的经营带来深刻影响。

【链接 9－5】

火车票务知识

1. 车票—A. 基本票，指客票；B. 附加票，指加快票、空调票、卧铺票等；火车票分为：YZ、RZ、YW、RW 四种。按运输分类分为：普快、直快、特快等。

2. 列车—YZ 车厢：21、22 型 118 座，已淘汰；24、25 型(新型、多用)128 座；卧铺车厢，66 个铺；双层车厢，162 座。

采购铁路服务就是按照旅游接待计划订购火车票，确保团队顺利成行。出票率、保障率是衡量铁路服务采购的重要指标。

(3)采购水路交通服务。

鉴于我国的大陆形态，除去三峡、桂林等内河及少数海路，轮船不是外出旅游的主要交通工具。旅行社向轮船公司采购水路服务，关键是做好票务工作。如遇运力无法满足，或因不可抗力因素无法实现计划，造成团队航次、船期、舱位等级变更，应及时果断地采取应急措施。

(4)采购公路服务。

尽管汽车已成为人们普遍的旅行方式，但一般认为，乘汽车旅游的距离不宜过长，最好控制在短距离：景点间距离最好控制在 50 公里(约一小时)左右；长距离的城市间交通最好控制在 300 公里(不超过五小时)以内/天，否则客人会感觉疲劳。旅行社在采购汽车服务时应考虑：

A. 车型合适

B. 车况好

C. 司机驾驶技术一流

D. 服务规范

E. 具备准运资格等

通过考察，最终选择管理严格、车型齐全、驾驶员素质好、服务优良，已取得准运资格，且善于配合，同时车价优惠的汽车公司，并与之签订协议书。

提示：

个别旅行社为了节约成本，租用没有营运资格的车辆，一旦出现纠纷甚至交通事故，将为游客索赔和旅行社自身声誉带来严重损失，是严重的违法违规行为。

2. 采购住宿服务

酒店（饭店）是旅游业三大支柱之一，是旅游产品的重要组成部分，在一定程度上已成为衡量一个国家或地区旅游接待能力的重要标尺。

根据使用目的（主要功用）划分，酒店的种类主要有：

A. 商务酒店

B. 度假酒店

C. 会议酒店

D. 旅游酒店等

根据酒店等级划分：有 1 ~5 星五个等级，现在又增加白金五星。

近些年经济型酒店因其价格实惠、预订方便、全国连锁、会员制等原因越来越受到游客的欢迎。

计调应按接待计划提出的等级要求采购住宿服务，并在选择酒店时充分考虑以下因素：

A. 酒店安保无忧

B. 同级备份方便

C. 房况良好

D. 酒店销售配额充足

E. 房价低廉及结算灵活等

3. 采购餐饮服务

餐饮属于旅游者基本的旅游活动之一，餐饮质量关联到旅游产品的质量。因此，计调在选择餐厅时，应着重考虑如下因素：

A. 餐厅卫生符合 GB－16153—1996；

B. 地理位置方便

C. 车位、洗手间充足

D. 餐标合适

E. 风味（特餐）

F. 结算形式

G. 配合程度等

4. 采购参观及景点服务

参观游览是旅游活动最基本最重要的内容，计调代表旅行社向可供游览参观的单位采购游览服务，此项采购的关键是就价格和支付方式达成协议。对于一些特殊的参观点，如工厂、民宅等，应征得同意，并力争取得支持与配合。

5. 采购娱乐服务

娱乐是旅游活动六要素之一。旅行社采购娱乐服务时，须与供应商就预订票额以及演出内容、日期，演出时间、票价、支付方式等达成协议。

6. 采购购物商店服务

旅游购物为非基本旅游需求，但是引导旅游者购物，是接待社的主要任务之一。为使旅游者购物方便、安全，计调应当慎重选择旅游购物商店，要与其建立相对稳定的合作关系。

条件成熟时，应考虑对购物佣金进行规范化管理，提高游客的购物体验。

7. 采购保险服务

根据《旅行社条例》及相关法律，旅行社应该为旅游者提供规定的保险服务。旅行社计调部门负责采购旅行社责任保险，同时要积极向游客推荐旅游意外险等险种。

8. 采购异地接待服务

旅行社向旅游者销售的旅游线路，通常有多个旅游目的地。采购异地接待服务的目的，是保证旅游接待质量。应该说，旅游者对旅游产品的质量的满意程度在很大程度上取决于各地接待旅行社的接待质量。因此，选择高质量的地方接待旅行社，是采购到优质接待服务的关键。

计调在采购时应考虑：

A. 接待社的资质、实力、信誉

B. 接待社的体制、管理

C. 接待社的报价

D. 接待社的作业质量

E. 接待社的接待质量

F. 接待社的结算（垫付）周期

G. 接待社的合作意愿等

（三）旅游服务采购合同

旅行社为购买各种旅游服务项目而与旅游企业或相关部门订立的各种购买契约通称为旅游采购服务合同。它以一定价格向其他旅游企业及与旅游相关的其他行业和部门购买相关的服务行为，是一种预约性的批发交易，通过多次成交完成。这种采购特点决定了旅行社同采购单位签订经济合同的重要性，以正确处理可能发生的各种纠纷。

采购合同的基本内容包括：

1. 合同标的

合同标的是指法律行为所要达到的目的。旅游采购合同的标的就是旅行社向旅游企业或相关部门购买的服务项目，如客房、餐饮、航空、陆路交通等等。

2. 数量和质量

数量指买卖双方商定的计划采购量（非确切购买量），质量则由双方商定最低的质量要求。

3. 价格和付款办法

采购价格是合同中所要规定的重要内容。确定采购量和定价的关系，以及合同期内价格变动情况，还要规定结算方式及付款时间等。

4. 合同期限

指签订合同后开始和终止买卖行为的时间，一般一年一签，也可按淡旺季分立两个合同。

5. 违约责任

按照我国《经济合同法》规定，违约方要承担支付违约金和赔偿金的义务。

二、变更后的采购

因自身在产业链的位置，旅游社旅游计划极易受到相关因素以及突发事件的影响而造成变更。这种影响直接对原先的采购构成威胁。当外联部或接待部告知变更时，计调部应予以积极协助处理，并作出相应调整，如根据团队人数增减、交通问题、行程变动等情况，作出修改行程、取消原定并重新采购等。

通常，计调在对原计划进行调整时，应遵循以下原则：

（一）计划调整的原则

1. 变更最小原则

既将因计划变更所涉及的范围控制在最小限度，尽可能对原计划不作大的调整，也尽量不引起其他因素的变故。

2. 宾客至上的原则

旅游计划是旅游活动的依据，旅行社同旅游者一旦形成约定关系，一般不要随意更改，尤其在行程进行中。对不可抗因素引起的变故，应充分考虑旅游者的意愿，并求得他们的谅解。

3. 同级变通原则

变故后服务内容应与最初的安排在级别、档次上力求一致，尤其是用房。

（二）变更后采购通常办法

1. 航班变故。考虑包机，但要注意控制成本。

2. 飞机改火车。尽量利用晚间，但距离不宜过长。

3. 铺位不足。考虑加挂。

4. 加挂不行。考虑利用汽车运输。

5. 房、餐出现问题。应选择就近同级房、餐。

6. 另外，采取加菜、赠品等小优惠弥补因变故给客人带来的损失。

计调承上启下，连接内外，在旅行社中处于中枢位置。当计划变更和突发事件发生时，计调应立即拟出应急方案，并与旅行社的相关部门，如外联、接待，以及交通、酒店、地接社等迅速构成协同通道，用以应对所有可能的突变。

三、旅行社常用旅游服务采购合同举例

（一）餐饮服务采购合同

旅行团用餐合同

（参考文本）

×××旅行社（甲方）与×××餐馆（乙方）就旅行团（者）用餐事宜经双方协商一致签订如下合同：

一、客人用餐标准。以每次传真确认为准。传真必须约定用餐人数、标准、时间。乙方需保证客人够吃，如菜不够吃，添菜不另收费。

二、陪同、司机用餐标准：×××。

三、甲方陪同以餐饮结算单向乙方结算每餐费用，甲方财务人员每月(季度)凭陪同填写的结算单向乙方结算付款。

四、报损。两小时前退餐，不收损失费；两小时内退餐，收取30%费用；订餐后未去用餐，收取50%费用。为保证食品卫生，餐馆应对所提供菜品留样24小时。

五、乙方为甲方团队车辆提供停车用餐车辆看护服务，车内物品及客人进店随身携带物品由甲方自行看管。

六、其他约定条款：

七、本合同履行中发生纠纷，双方可协商解决；协商不成的，请求×× 调解，也可申请仲裁，或向法院诉讼。

八、本合同自签订之日起生效，有效期一年。期满后另作商定。

甲方：	乙方：
法定代表人：	法定代表人：
委托代理人：	委托代理人：
电话：	电话：
传真电话：	传真电话：
通讯地址：	通讯地址：

签订合同时间：　　年　　月　　日

(二)交通服务采购合同

旅行社旅游团队接待用车合同范本

(供参考)

甲方：×××旅行社

乙方：×××汽车公司

甲乙双方就车辆租用事宜订立如下合同：

1. 本合同为长期合同，在本合同有效期内甲乙双方可就租车事宜达成多个具体租车协议。甲方租用乙方车辆时，应提前以书面形式向乙方订车，并详细写明各项用车要求，包括用车数量、时间、路线、价格、结算方式、确认期限要求等。

2. 当乙方接到甲方订车通知后，应根据甲方要求，以书面形式通知甲方确认或不确认。一经双方确认，双方必须按照要求认真履行各自的责任。

3. 乙方向甲方提供的车辆应经公安等部门检验年审合格并符合行业标准或合同约定标准，车辆驾驶员应是公安等部门登记在册的并有丰富驾驶经验及技能的人员，足额办理了乘员险、第三者责任险等保险手续，符合交通部门认定的旅游目的地经营范围的旅游客车。

4. 乙方应在车辆使用前向甲方提供使用车辆及驾驶员的相关资料(资料名称见附件)。

5. 乙方在出车前，要认真检查车辆性能，确保车况良好，保持车辆内外清洁卫生。驾驶员应有良好的服务态度、礼节礼貌和仪容仪表。

6. 司乘、导游等人员要密切协作，共同搞好行车安全工作。不得搭乘无关人员。驾驶员要严格按照交通规则驾驶车辆，在行车过程中要严格遵守有关规定。对单程行程400公里(高速公路600公里)以上的客运车辆，乙方必须配备两名驾驶员，每名驾驶员连续驾车不得超过3小时，24小时内驾驶时间累计不得超过8小时。在高速公路上行车时要严格遵守小型客车最高时速不超过110公里，大型客车、货运(行李)汽车不得超过90公里的限速规定。

7. 因乙方的原因发生安全事故、抛锚、漏接、车辆被查扣等造成的经济损失，由乙方负责赔偿。

8. 租车费用价格，一经双方确认后即作为甲方向乙方付款的依据，每月(天)结算一次，并开具发票。乙方在结算时应向甲方提供订车单复印件和结算单。

9. 违约责任：

(1)乙方如不能按照约定时间提供车辆，应提前——日书面通知甲方，并支付约定车费的____%为违约金。乙方如不能按照约定时间提供车辆，又不及时通知甲方的，应当支付约定车费的____%为违约金。乙方如不能按照约定数量提供车辆，缺少的车辆视为不能按约定时间提供，乙方负有本项规定的通知义务，并应承担相应违约金。乙方如不能按照约定时间、数量提供车辆，给甲方造成损失的，乙方还应当赔偿经济损失。

(2)甲方如不能按照约定时间使用车辆，应提前日通知乙方，并支付约定车费%违约定金；甲方如不能按照约定时间使用车辆，又不及时通知乙方的，应当支付约定车费的____%为违约金；甲方如不能按照约定数量使用车辆，不使用的车辆视为不能按照约定时间使用，甲方负有本项规定的通知义务，并应承担相应违约责任。因甲方不能按照约定时间、数量使用车辆，给乙方造成损失的，甲方还应当赔偿经济损失。

(3)乙方提供的车辆标准低于约定标准的，实际价款由双方协商确定，乙方应当减少或退还约定价款与实际价款差额，并支付约定价款的____%为违约金；给甲方造成经济损失的，还应赔偿经济损失。

(4)由于乙方原因造成旅游团延误行程或误机(车、船)的，乙方应支付约定车费%违约金；给甲方造成经济损失的，还应赔偿经济损失。

(5)由于甲方原因造成延误行程，超出约定租车期限的，甲方应当支付超时部分的租车费用，费用标准由双方协商确定；给乙方造成经济损失的，还应赔偿经济损失。

(6)乙方应当对运输过程中游客的伤亡承担损害赔偿责任，但伤亡是游客自身健康原因造成的或者是游客故意、重大过失造成的除外。

(7)乙方过错造成游客随车物品损坏的，乙方应当赔偿实际损失。游客中途离开车辆时，导游应当告知游客随身携带贵重物品。因驾驶员过错造成车内物品丢失的，乙方应当承担赔偿责任。

10. 免除或减轻责任情况：

(1)甲乙双方因不可抗力不能履行合同的，不承担违约责任，但应当提前3日通知对方，并提供不能履约的充分证据；如不可抗力是在该时限之后发生的，则应当在不可抗力发生后12小时内通知对方，并提供不能履约的充分证据。

(2)损失是由一方自己过错造成的，对方不承担责任。

(3)一方违约的，对方应积极采取适当措施阻止损失扩大，否则不得就扩大部分的损失要求赔偿；违约方应当承担对方为阻止损失扩大而支付的合理费用，但以损失可能扩大的数额为限。

11. 甲乙双方在执行本合同时如发生纠纷，应本着友好合作的态度协商解决，如不能协商解决，可向____旅游质量监督管理所请求调解或向____仲裁委员会提出仲裁，也可向人民法院提出诉讼。

12. 本合同一式两份，双方各执一份，具有同等效力。

13. 本合同有效期自____年____月____日至____年____月____日。

甲方(公章):　　　　　　　　　　　　乙方(公章)

法定代表人:　　　　　　　　　　　　法定代表人:

委托代理人:　　　　　　　　　　　　委托代理人:

电话(传真):　　　　　　　　　　　　电话(传真):

年　月　日　　　　　　　　　　　　年　月　日

附件:乙方应提供有关证件

1. 机动车驾驶证

2. 机动车辆保险单

3. 车辆购置税完税证明

4. 道路运输证

5. 道路运输规费缴讫证

6. 营运车辆驾驶人员上岗证书

7. 其它有关资质证明

(三)景点合作(门票采购)合同(协议)

甲乙双方:济南××风景名胜区管理处

乙方:

为推动旅游事业的发展，加强双方友好合作，本着平等互利的原则，经甲乙双方协商，签订协议如下:

一、甲方的权力与义务

1. 甲方应为乙方提供良好的游览环境和优惠政策。

2. 甲方应按协议价格向乙方出售门票。

3. 乙方必须是国家旅游行业和当地旅游主管部门正式批准认可并交纳了本年度质量保证金的旅游公司和旅行社，方可签订本协议，享受甲方给予的优惠政策。

4. 乙方导游员带队旅游，应持有国家旅游局或省旅游局颁发的证书，乙方导游员出示导游证，可享受免费。

5. 乙方应做好销售甲方门票的宣传促销工作，并根据游客的反映，将信息及时反馈甲方。

6. 乙方如违反本协议所定条款，甲方有权终止协议，并有权向乙方索赔由此造成的损失。

二、具体优惠措施

1. 乙方带团来甲方游览，甲方将给予乙方六五折的门票优惠(现价门票价格30元/位)。

2. 乙方所带学生团体(20人以上)，凭学生证享受优惠，小学生按“1票5人”，中学生按“1票3人”，大学生按“1票2人”优惠。

3. 乙方带团可从甲方正门(步行)、东门(车行)进入，来团时请携带协议书复印件(双方盖章有效)，购票时应由带团导游认真填写“旅行社入园回执单”。乙方本年度独立发团累计超过3000人，(以“入园回执单”为依据)，甲方视其为重要合作伙伴，年底将按实购票款的15%给予返还;超过2000人，将按实购票款的10%给予返还;超过500人，将按实购票款的5%给予返还。

4. 乙方旅游车辆入园免费，来团20人以上，提前预约可享受免费导游服务(春节、五一、十一黄金周、学生团体除外)。

三、协议期限及其它

本协议有效期限自2007年1月1日至2007年12月31日。

本协议一式两份，自双方签字之日起生效，甲乙双方各执一份，具有同等法律效力。

未尽事宜由双方协商解决。

甲方(签字盖章)	乙方(签字盖章)
联系电话:(0531)8266××××	联系电话:
传真:(0531)8266××××	传真:
邮编:	邮编:
地址:	地址:
邮箱:	邮箱:

(四)地接服务采购合同

旅行社团队接待合作合同

甲方(组团社)： (以下简称:甲方)

乙方(地接社)： (以下简称:乙方)

为了规范旅游团队的操作程序，保证旅游团队的作业质量;为了保护好甲乙双方的权利和义务;在自愿、平等、互利的前提下达成本合同书：

一、工作内容:乙方接待甲方组织的国外、国内旅游团队、散客和甲方接待乙方的国外、国内旅游团队、散客。

二、合同签订后，甲乙双方均需相互交换:经营许可证副本复印件、法定代表人的委托书(委托哪些人员可以代表本方向对方确认团队操作事宜)、双方认可的公章、结帐单格式表、传真电话等事宜。

三、甲乙双方必须以文字的形式向对方报告团队计划书，特殊情况来不及用文字报告的，第二天也需补办。

1.组团社报团队计划书，应写明:团队出发时间、结束时间、行程、景点、酒店标准、用餐要求、客源成分及对地陪的要求等事项。

2.地接社报价，应该写清楚:成人价、儿童价、司陪住房费、地接社团号，地陪导游姓名、手机号(对已经明确了的团队)、接团地点(必要的话，要附接团图)，报价计调员姓名、日期并加盖公章。需要分列费用的团队，还需要费用单列。

3.组团社在收到地接社的报价传真后，如果无异议的话，则需由经手人签名、盖章，并写上全陪姓名、手机号、车辆类型、车牌号后，回传确认给地接社。如果有不同意见时，应先电话联系，再将改动的结果回传确认给地接社。

四、结帐方式：

1.对于现金结帐的团队，在地陪导游接到团队后的合适时间，全陪先支付百分之五十至百分之百的团款。在团队作业结束时，应结清余下团款，开出发票。

2.对于赊帐签单汇款结算的团队：

①甲方必须提前与乙方签订本合同；

②甲乙双方在履行本合同第二条、第三条的条款要求后，乙方凭甲方全陪签名的团队作业结束确认书(或可证明该团队有多少大人、小孩、司陪，游玩了哪些景点，用了多少餐，住了哪间酒店等事项的文字依据)，开据团队结算通知书，通知甲方。甲方必须在3个工作日内

签名、盖章后回传确认该团的结算总价款；

③在团队作业中，有改变行程、减少和增加景点，以及更换酒店等情况时，均应由甲乙双方导游在取得大多数客人签名认可的情况下，在征得甲乙双方计调或经理同意后，才可以改变行程，并办理相应的文字手续；

④对于团队作业时有投诉的情况，甲乙双方应立即着手处理，不可将事件任其扩大；力争将投诉在现场得到解决，并办理相关手续。对于团队作业结束后，客人对团队质量提出投诉的，双方计调或经理均应立即着手处理；如果处理结果会影响结算费用的，一定要形成文字处理意见；

⑤赊帐作业的团队，原则上一团一确认一结算。但对于某一个星期或某个节日较多团队作业的，可以合并确认，合并结算。但每个月底(30 日前)，必须对清以前的数目和当月数目。并按合同规定及时付款。

3. 赊帐汇款结算的团队，必须在团队作业结束以后 30 个工作日以内付清团队款项，或下个月的 10 日前付清上月的团款，但总团款不得超过 5 万元人民币。否则，应缴纳应付团款部分的滞纳金。另外，被赊帐方上门收取团费的费用或诉讼费用，应由赊帐方承担。

4. 具体到某一团队是现金结算，还是赊帐签单、汇款结算由甲乙双方一团一确认来决定。(未约定时应视为赊账作业)。

五、违约责任：甲乙双方任何一方由于自身责任引起的损失由自己承担，给对方造成的损失，须根据国家旅游局的有关规定及《合同法》的有关规定予以赔偿。由于不可抗力因素引起损失，双方各自承担，或友好协商解决。

六、合同中的未尽事宜，由双方友好协商解决。协商都不能解决问题的，按有关法律法规处理。或向乙方所在地的法院提起诉讼。

七、本合同一式两份，甲乙双方各持一份。

八、合同以双方签字盖章时生效，至 2004 年 12 月 31 日止。但合同中的应收应付团款，应延续到付清款项为止。(合同期限未满前签订的续延期合同可作为该合同的有效合同)。

甲方：	乙方：
甲方代表(签名)：	乙方代表(签名)：
联系电话：	联系电话：
传真：	传真：
地址：	地址：
日期：	签订日期：
开户行：	开户行：
全称：	全称：
帐号：	帐号：

四、计调的信息业务

计调包括对外、对内两大业务，就对内提供业务信息而言，除向外联部提供旅游供应商及相关部门的服务信息，以便组合旅游产品外，主要是向旅行社决策部门提供有关旅游需求和旅游供应信息，而这又是通过做好统计工作实现的。

决策离不开信息，旅游市场的动向、旅行社的实际运转情况等等，这些内容只有经过科学的综合分析处理，才能成为有价值的情报。统计工作是对经济活动数量方面的分析和管理，是达到认识经济现象的性质及其规律性的重要手段。旅行社计调部统计工作涉及到客源的统计和各采购单位情况的统计，它并不是简单的收集、整理，更重要的是进行定量分析和定性分析。

（一）客源统计

客源统计是计调统计工作的重要环节，其目的在于分析现状、找出问题，以便进一步确定目标市场的经营策略。客源统计通常以一个旅游年度或淡旺季时段为统计单位，统计内容包括：

1. 接待人数、人天数。反映旅行社综合接待能力。

2. 人均天数。反映产品性能并作为单位盈利的依据。

3. 团均人数。该指标尤为重要，它反映团队（特别是组团）的单位成本，人数越多则费用越低。

4. 国家和地区客源分布统计。用于发现主要客源市场。

5. 客源流向、流量。与组团中的市场导向有极大的相关，同时作为采购服务的依据。

（二）采购统计

采购单位情况统计，目的在于，一是及时发现问题，提高采购质量；二是为争取最优惠价格提供依据。统计内容有：

1. 房、餐情况。根据使用情况决定续用或取消采购。

2. 接待社情况。根据接待质量、客人投诉决定续用或更换。

本章小结

旅行社是一个综合性的企业，即要招徕和接待旅游者，同时又要和其它的旅游企业一起形成综合的接待能力。旅行社的计调业务就是搞好接待任务的计划工作和一切相关联的调度工作，计调工作属旅行社业务操作之一。从分工看，计调岗位可以分为组团型计调、接待型计调、专线型计调、散客型计调。

本章主要立足于旅游团或旅游者的接待工作来介绍计调业务基本知识及旅游服务采购等内容。

实训练习

一、案例分析：出境游，开放国家多线路覆盖少

1. 目的：理解采购在旅行社经营中的重要性，掌握采购的一般过程

2. 训练方式：课堂案例分析

3. 实训内容：阅读案例，就以下问题展开讨论。

（1）为什么会有这么多已经对中国游客开放的国家不能出现在旅行社的线路当中？

（2）你认为旅行社出境游的采购流程应该是怎样的？

【案例正文】

目前中国国家旅游局已经批准的中国公民自费旅游目的地国家有68个（这一数字随时都在增加，查一查目前这一数字是多少），已就中国旅游团旅游签证及相关事宜签署谅解备忘录的有53个，广州旅行社可以正式组团前往的国家有26个。但调查发现，出现在报纸广告上的出境游线路所涉及的国家不过十几个。

我们要问，为什么旅行社不组团，或者组不到团？

不少国家难进旅行社线路

据统计，到目前为止，国家旅游局已批准了68个中国公民自费旅游目的国家，但其中41个国家虽然在政策上都拥有了中国公民旅游目的地国地位，但仍须与中国有关部门就交换地接社名单、签证手续等诸多具体问题展开讨论。只有在经过开放法规协商、设计合适航班线路、双方旅游商接洽等一系列工作落实后，并通过中国国家旅游局正式允许组团后，中国公民才能前往旅游。

而在已经可以成团的26个国家中，不少线路并不受旅行社及游客的青睐，从市场方面分析，一方面，这些地方较远，当地旅游局推广功夫做得不到家，游客亦认知不足，对其线路感到陌生，自然不肯掏钱消费。另一方面，从旅行消费习惯来讲，国内游客与国外游客存在相当的不同。大多跟团出游的国内游客出游讲究休闲、舒适，以及购物，住要有空调，行要有巴士，因此才有了豪华团、至尊团的热卖，因此趋向原始、设施简陋的地方并不受其欢迎。非洲、美洲的线路大多属于这一类。

采购能力限制出境游线路

除了市场原因，采购能力的限制亦令旅行社不愿做甚至害怕做一些出境游线路。

有业内人士指出，很多旅行社受国际采购能力限制不愿或不能自己亲自采购，而只能依赖目的地国家旅行社驻中国内地、香港或东南亚的"办事处"，但是这样拿到的旅游产品由于经过了很多中间环节而价格高涨，又因为价格超高而无法接到更多的客人，从而失去规模效应，做成了零售商。而这些"办事处"却因汇集了多间旅行社的游客而形成规模效应，有了向航空公司以及酒店拿折扣的资本。于是，他们成了批发商。但是该人士亦对部分"办事处"的存在是否合法提出了质疑。

据介绍，旅行社受采购能力限制主要分为三种情况。第一，旅行社的国际采购能力不强，采购不到；第二，采购本身的成本很高，根本就不去采购；第三种情况比较常见，即能采购到的，由于交通、地接成本太高，而不愿意做，亦即采购到的产品不合市场需求。以古巴线为例，旅行社最初有几种前往古巴的方案。第一，经美国前往古巴，但是担心有人在美国"走佬"，风险太高；第二，经加拿大前往古巴，交通费又太高，时间也太长；第三，经巴黎前往古巴，但是第二种方案的问题则同样存在。

回想曾经辉煌的东南亚线，几千元的报价也着实令大多数人仰视，但时至今日竟一落千丈。业内人士表示，这是由于东南亚近，而且时间长，已经做开了。旅行社接收的客人越来越多，也就有了同中间商讨价还价的本钱，于是价格越压越低。业内人士预测，尚在酝酿中的欧洲游也一样，刚上市的时候也会有一个高价期，但之后便会经历大幅降价，进入特价期，特别是常规产品。（资料来源：根据有关报道综合整理）

二、社会实践：本地服务要素调查

1. 目的：熟悉本地旅游服务要素情况

2. 训练方式：社会调查课堂汇报

3. 实训内容：了解本地旅游接待要素情况，是旅行社开展地接服务的重要基础。请分组完成以下任务：

(1)设计本地地接服务要素调查表格，要求全面、具体，用以了解以下情况之一：

本地知名旅游景点门市价、团队价；

三星、四星级旅游饭店标准间淡旺季门市价和团队价；

旅游交通公司车型、价格；

旅游定点餐馆菜品、服务质量、价格情况；

旅游购物点主要商品种类、价格、佣金等。

(2)假如你设计的是本市三星和四星级旅游饭店调查表，则小组成员分工就旅游饭店的情况展开调查，将信息填写在自己设计的表格中，如旅游饭店很多，可选择其中有代表性的，比如三星级两家、四星级两家，要求一店一表。其他类别参照进行。

(3)最后不同小组将调查的情况加以汇总，以便了解本地食、宿、行、游、购等服务要素总体情况。

第十章　旅行社服务质量管理

技能目标：

能熟练运用多种方法对旅行社进行质量管理；

能针对不同的情况妥善处理游客的投诉。

知识目标：

了解旅行社服务质量、质量标准的概念和内涵；

熟悉旅行社质量管理特点；

掌握旅行社质量管理的方法和处理游客投诉的技巧；

了解售后服务管理的主要方法。

关键词：

旅行社质量、售后服务、游客投诉

任　务：

最近，某旅行社“质量管理部”收到的投诉越来越多，涉及门市接待、导游服务、本社安排的外地旅行社的地接服务、旅游购物中买到假货等等。假如你是质量管理部经理，准备开展一次“精致服务月”活动，以全面提升本社的服务品质及宾客满意度。请每一小组在充分调研、讨论后提交本次“精致服务月”活动实施方案。方案至少应包括：服务质量问题原因诊断、服务质量提升具体措施、激励机制等。待本章结束时组织一次实施方案的展示和评比活动，并评出最佳方案。

案例导读：

某旅行社服务品质核心理念

一、倡导纯服务理念是以增大有形成本换来的，不给导游员发工资，纯服务就不可能实现。

二、力争零投诉的话很好说，但实际操作起来能达到团队90%以上人满意就是赢者。

三、100－1＝0的教训：一百件事做好了，如果有一件事没有做好，游客对旅行社的好印象就会模糊不清甚至反感之至，百密一疏，结果是前功尽弃。因此，要设法消灭差错上的“1”出现。

四、团队氛围营造之术存在于接导游一心，无心便无可能做到融洽和欢乐满旅程。

五、真情投入是最大的营销，精细周密是最好的服务。

六、细节管理之重要性体现于不管团队人数多与少、时间长与短，要看整个过程中周密服务程度是否到位。

七、培训是一种待遇体现，受训的员工培训的时间越长，说明其待遇越高，在老板心中的位置越重要。

八、情感馈赠是灵丹妙药。谁向游客吝啬情感，谁就将付出代价。

九、幸福的“约束”是向游客理性唤醒和避免尴尬事情出现的手段和方法。

十、企业领导品质是一种资源，导游魅力也是一种资源。两种资源的融合作用大于二。

十一、特色经营是避免同质产品恶性和低价竞争的最好利器。

十二、优良的企业品质是最好的广告促销，也是最大的卖点和致胜法宝。

十三、导游不要忽视第一印象的作用，搞好开场白，发送快乐“小贴士”，可以得到事半功倍的效果。

十四、品牌是建立在品质基础上的一种文化和可视载体。

十五、现代人事管理新类型：对后进员工采取忽视管理、对中间员工采取间歇管理、对上进员工采取虚实管理。

十六、高度重视旅游过程比关心游客评价更重要，这是旅游企业管理者应该明白的最普通道理。

十七、“四个观念”的导入是带团成功的前提。“四个观念”是：安全观念，时间观念，团队观念，价格观念。

十八、“五心服务”：“服务专心，组织精心，待客诚心，讲解耐心，让人放心。”它是提升品牌的关键要素。

十九、“人文关怀”也是竞争力，缺乏人文关怀，旅游企业的引力和张力就会大打折扣。

二十、新的形式下，旅游企业要努力避免新的十大危机出现：素质危机、公众信任危机、执行力危机、品牌危机、资源整合危机、行业自律危机、服务质量危机、营销力危机、信息危机、文化沙漠危机。

【思考】

1. 阅读案例，说说你对旅行社服务质量的内涵是如何认识的？

2. 旅行社应采取哪些方法和手段来保证企业服务品质的持续上升？通过案例以及对本章内容的预习谈谈你的看法。

第一节　旅行社质量概述

一、旅行社的质量概念

案例 10－1

坚持质量优先，山东国商阔步前进

山东国商旅行社是国内首家具体实施质量化战略的旅游企业，现拥有一批多年从事旅游业务的“三高”队伍，即高素质专业人员、高水平导游人员和高水准旅游新产品(线路)开发设计人员。它还是国内首家进行新产品系列化、标准化的旅游社。它经营的核心宗旨是质量优先原则，是该省旅游局与消费者协会评出的首批“山东旅游消费信得过单位”。

(资料来源：山东旅游网)

【思考】你认为什么是旅游社的质量，应包含哪些内容？

制造业一般注重用符合标准来定义质量，而服务业则更多地用顾客的满意度来定义质量。在竞争激烈的市场环境中，质量就是旅行社的生命。

旅行社服务质量，就是旅行社所提供的旅游产品的质量，主要表现为旅游服务在使用价值方面适合并满足旅游者的物质和精神需求的程度。旅行社的质量包含四个方面：

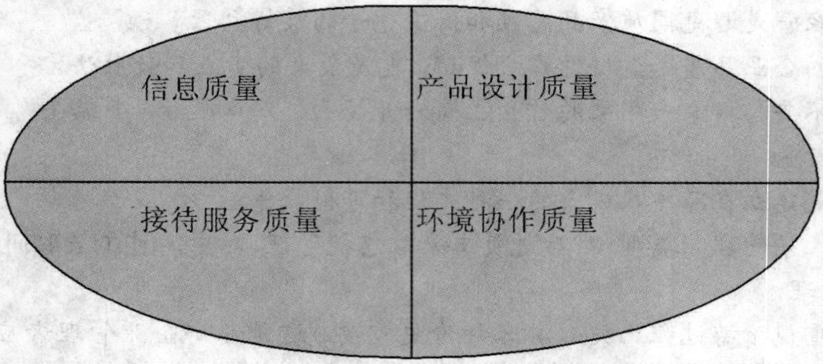

图 10－1　旅行社质量的内容

首先是旅行社提供的信息质量，即旅行社提供的信息是否准确、清楚、到位；

其次是旅行社产品设计质量，即要求旅行社设计出能满足不同层次旅游者需求的线路和项目，行、住、食、游、购、娱等项目供应标准要质价相符；

再次是旅行社人员的实际接待服务质量，即旅行社的门市、导游和其他接待人员要通过礼貌、热情、周到、舒适方便和迅速及时的服务，使旅游者得到满足；

最后是旅行社的环境协作质量，即主要指旅行社的业务、采购、接待和财务等部门，以及景点、饭店、餐厅、车队等协作单位的综合服务质量是否让游客满意。

旅行社产品质量包括了信息、行、住、食、游、购、娱等各种服务，其质量的内涵极为丰富，包括旅游者所接触到的服务人员、服务设施与设备以及服务环境等，它们都使旅游者对其质量的评价产生极大的影响。

二、旅行社服务质量标准

尽管旅游者的主观感受能影响对产品质量的评价，但旅游产品本身也存在其客观的质量标准。标准不仅可用来衡量服务质量的有形方面（如硬件、食品和饮料等），而且也可衡量服务质量的无形方面（如服务人员的态度、导游的行为等）。

国家在服务行业推行规范化管理，便是将服务质量进行量化测定。我国国家旅游局先后颁布了旅行社的国家标准和行业标准，如《导游服务质量标准》《旅行社出境旅游服务质量标准》《旅行社国内旅游服务质量要求》《旅游汽车服务质量标准》《旅游餐厅卫生标准》等，都是旅行社服务质量的量化标准。

旅行社最基本的客观质量标准可以怎样概括呢？至少应有以下五点：

1. 提供设计合理、内容丰富、劳逸适度的旅游计划，这是保证产品质量的前提条件。

2. 保证制订的旅游线路和日程能顺利实施，不耽误、删减顾客的行程。

3. 遵照预定计划保质保量地提供各项服务，如保证饭店档次、餐饮质量、车辆规格、导游水平和文娱节目等等。

4. 确保旅游者人身及财产的安全，保证其合法活动不受干预和个人生活不被骚扰。

5. 各种服务人员不仅要有良好的文化素养和服务技能，还要有优秀的服务意识、高尚的职业道德和良好的服务态度，能够创造宾至如归的旅游氛围，给游客美好的体验。

案例 10－2

天津旅行社质量评定地方标准出台

2008 年 1 月，天津市旅游局与天津市质监局联合推出了《天津市旅行社质量等级划分与评定》地方标准，按此标准，旅行社将被划分为 5 个级别。

按照标准，天津市旅游行政管理部门、标准化管理部门、旅游质量监督管理部门、旅游培训部门和旅游协会旅行社分会成员及相关专家将组成旅行社质量等级评定委员会，根据基本条件、综合指标、综合管理、商业信用及社会声誉和附加奖励等 5 个方面内容以《天津市旅行社服务质量游客调查表》为依据，对合法注册并经营一年以上的旅行社进行等级划分与评定。等级共分 A、AA、AAA、AAAA、AAAAA 五个等级，A 越多等级越高。

据悉，等级评定先由旅行社提出申请，待等级评定委员会检查、评审、审批合格后，授予相应的等级标志和证书。已被评定质量等级的旅行社每两年将进行一次复核，复核达不到相应等级的旅行社，将按情节轻重给予警告、降低或取消等级处理，并向社会公布。旅行社的等级标志使用期限自颁发之日起 4 年内有效，品牌加盟和代理机构不得使用其等级标志。

此标准的推出，对于发挥旅行社主管部门的引导、服务和监督职能，树立旅行社在市场中的资质等级形象，正确引导旅游者对旅行社的选择，打造一批具有较高知名度的旅游品牌社，提升旅行社行业的整体素质，规范旅游市场秩序，将起到积极的推动作用。

（资料来源：北方网）

【提示】近年来，全国很多地区和天津一样，经济和城市建设发展迅猛，旅游业也呈现出前所未有的良好发展势头。作为旅游业的龙头企业，旅行社的整体规模正在不断壮大，在旅行社行业快速发展的过程中也暴露出一些质量问题，“小散弱差、大小不分、强弱不明”的状况普遍存在。此项地方标准出台，不仅为旅行社质量评定提供依据，也在国家统一标准尚未出台前，填补了天津旅行社质量管理上的空白。

三、旅行社服务质量管理的特点

质量是企业的生命线，旅行社是以赢利为目的的企业，其所提供的服务产品质量，直接关系旅行社的生死存亡。因此，质量管理是旅行社经营与管理重要内容之一。

【链接 10－1】

旅行社服务质量管理的内涵

旅行社服务质量管理是指旅行社为了保证和提高旅游产品质量，综合运用一整套质量管理的体系、思想和方法进行的系统管理活动。具体而言是：领导重视，各部门和全体员工同心协力，把服务技术、经营管理、数理统计等方法和职业思想教育结合起来，建立从市场调查、产品设计、制定标准、计划执行及过程控制及其信息反馈等产品生产销售全过程的质量保证体系。

旅行社服务质量管理的特点主要有：

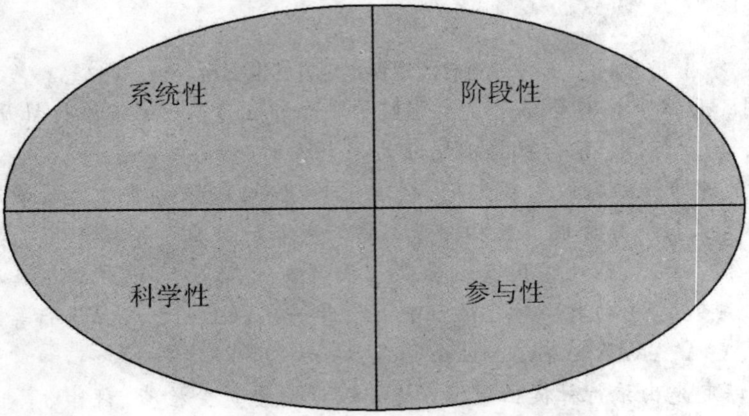

图 10－2　旅行社质量管理的特点

1. 系统性

由于旅行社的产品质量是对旅游者全过程服务工作的综合反映，涉及到旅行社内外的各个部门和协作单位的工作质量，对管理的要求也是全面的、系统的。旅行社必须实施全方位的直接或间接管理，才能保证产品质量，因此，旅行社应对其所提供的旅游产品实施系统管理。

2. 阶段性

旅行社产品的形成与使用和反馈过程分别对应于旅游者的游前、游中、游后阶段。在不同的阶段，质量管理的重点是不一样的。

表 10－1　各阶段质量管理的重点

阶段	质量管理重点
游前	旅游产品设计、宣传、销售和门市接待，对收集信息、设计包装、经营决策、操作实施和门市接待等环节实施质量控制，使游客心悦诚服地进行选购。
游中	导游服务质量和协作单位的环境工作质量。
游后	做好旅行社产品质量的检查和评定，提供售后服务、处理游客投诉。

3. 科学性

旅行社质量管理必须采用现代管理科学成果与方法，把可能出现的质量管理问题消灭于萌芽状态，通过对收集到的原始数据进行科学处理与统计分析，才能有效地解决旅行社经营与管理过程中存在的质量问题。可使用的科学方法包括市场调查、数理统计、系统工程、运筹学等。

4. 参与性

旅行社产品质量最终如何，关键在于全体员工提高服务质量积极性。如果没有后勤部门细致、协调的工作作为保证，前方的导游接待人员的优质服务就得不到保障。实践证明，只有当旅行社全体员工都从自己所在的岗位出发，参与质量管理的过程时，旅行社的服务质量才有保证。

总之，每个购买旅行社产品的旅游者，可能来自不同国家或地区，属于不同的社会阶层，受过不同的教育，有着不同的文化渊源，生活习惯、兴趣爱好各不相同。即使同一旅游者，跨进同一个旅行社，不同场合也可能产生不同的服务需要。此外，旅行社接待人员也会影响服务质量，由于对旅游服务质量难以进行量化测定，因此，服务质量的好坏在很大程度上受旅游者主观感受的影响，这就要求旅行社要重视研究旅游者的不同需求，有针对性地提供服务，满足个性化需求。

第二节　旅行社质量管理的方法

旅行社服务工作本身的特殊性和旅游过程中的不可预见因素十分复杂，应该采用什么样的方法对旅行社质量实施管理呢？

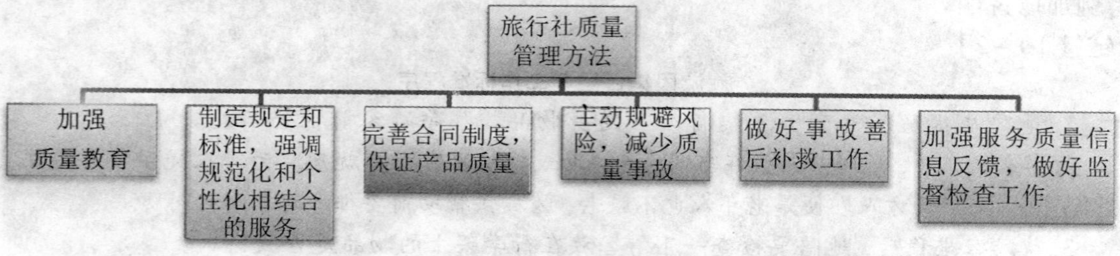

图 10－3　旅行社质量管理方法

一、加强质量教育

旅行社质量管理取决于全体员工对质量做出保证和承诺，共同向旅游者提供产品和服务。因此，必须充分调动员工积极性，不断提高员工素质，培养质量意识，扎实开展诚信教育和职业道德教育，从根本上保证质量。

（一）服务质量意识的教育

强化服务质量意识是提高服务质量的先决条件，必须教育全体员工树立“质量第一、顾客至上”的服务思想，要让他们明白“人人都要接受他人的服务，人人都要服务他人”，同时牢记“100－1＝0”，保证每一次接待的服务质量。

（二）旅行社职业道德教育

要逐步树立正确的职业道德观，即“热情细心、诚实耐心，服务至上”。

（三）旅行社业务知识和技能的培训

每一个合格的员工都必须具备一定的历史、地理、文学、美学以及心理学方面的知识，同时必须具备提供优质服务的技能。因此，对全体员工进行业务知识和技能的培训是十分必要的。

提示：

正像本章案例导读中所说的，培训是一种待遇体现，受训的员工培训的时间越长，说明其待遇越高，在老板心中的位置越重要。

二、制定规定和标准，强调规范化和个性化相结合的服务

旅行社对自己能够直接控制的环节，应贯彻国家和行业标准。对于导游服务，目前有两个质量标准，一个是国家技术监督局在 1995 年 12 月颁布、1996 年 6 月 1 日实施的

《导游服务质量》标准；另一个是国家旅游局于1997年3月13日发布、1997年7月1日正式实施的《旅行社国内旅游服务质量要求》。前者是国家标准，后者是行业标准。这两个标准都规定了导游服务的质量要求，是指导中国导游工作的权威性文件，也是导游人员提供服务的工作指南。另外，还有一些不是专门针对导游人员的标准，如2002年7月27日由国家旅游局发布并正式实施的《旅行社出境旅游服务质量标准》是专门规范旅行社做好出境旅游市场的行业标准。

当然，仅有上述标准是不够的，企业还应根据自己的情况，对这些规范进行精细化处理，使之更富有操作性和以客为本。以地陪导游服务规程“导游接团——集合登车”为例加以说明。

【链接 10－2】

旅游团集合登车工作标准程序

1. 地陪应提醒游客带齐手提行李和随身物品，引导游客前往登车处。

2. 游客上车时，地陪应恭候在车门旁，协助或搀扶游客上车就座。为客人提供帮助要注意内外有别。一般西方人即便是老年人也不服老，故提供帮助前要征得其本人的同意。

3. 待游客坐稳后，地陪要检查一下游客放在行李架上的物品是否放稳。

4. 礼貌地清点人数、到齐坐稳后请司机开车。清点人数时忌用手指指点点。

5. 地陪在旅游车上开始工作前，要将移动电话调至静音或振动功能上，无紧急事情不要在旅游车上打电话。

6. 注意安排客人座位，照顾老弱病残，不能让客人作陪同座，以保证安全。

7. 将电话号码告知游客，并提醒他们存在自己的手机中。必要时，如游客多为老年人士，可以为每位游客发放事先准备的不干胶电话号码，粘贴在衣服或随身的包上，以备不时之需。

事实上，世界上一些口碑好的旅行社，在实施规范化服务的同时，都十分注重推行“个性化服务”和“人情化服务”。所谓个性化服务是指在保证旅行社整体战略和利益的前提下，授予员工一定的灵活处置权，允许他们在实际服务中随机应变，满足顾客的特殊需要，使顾客在接受服务的同时，产生愉悦的心情，从而达到心理、生理、物质上的满足。

总之，旅行社应遵守质量标准、明确操作规程与岗位责任，并通过与奖罚制度相结合使之得以贯彻。个性化服务是以标准化为前提的，标准化服务又是以个性化为归宿的。

案例 10－3

中国招商国际旅游管理总公司理念

中国招商国际旅游管理总公司自1987年1月成立以来发展迅速，1993年进入全国旅游行业“四强”，目前已形成以旅行社为主业的发展框架，总资产3亿多元人民币。目前在全国拥有15家国际旅行社、3家航空运输代理公司、1家旅游船公司及2座写字楼。此外，还在日本、英国、香港特别行政区设立了旅游事务所或合资旅行社。

作为“招商旅游”全国网络中的龙头企业，秉承百年民族企业自强不息的文化基因，在近二十年的成长过程中，坚守着自己的理念。

经营理念：精心致品创新成牌

管理理念：和则有兴合则有道

服务理念：诚在做人信在做事

发展理念：招天下客行五洲商

行动准则：知行合一

发展历程：

1997 年首批获准特许经营中国公民出境旅游业务。

1998 年率先通过 ISO9001 质量体系认证。

2005 年由国资委划转进入香港中旅集团。

三、完善合同制度，保证产品质量

旅行社对于需要向有关供应单位采购的食、住、行、游、购、娱等部分产品的服务质量问题，往往不能直接管理。但是，这部分服务又是旅游产品的重要组成部分，必须加以规范和控制。为此，旅行社要采取完善合同的办法来保证其所提供产品的服务质量。这就要求旅行社在事前应严格选择并定期检查、更换旅游服务供应商，并通过双方签订合同约束供应商保证服务质量。

提示：有关旅游合同的内容在计调管理一章中有具体介绍。

四、主动规避风险，减少质量事故

旅行社应对企业无法控制而又可能经常发生的质量问题早做预防，并尽力避开。如某景区（点）交通运力紧张、客房供应不足、传染病流行、气候恶劣等，旅行社应早做准备，要么提前做好交通工具和客房预订准备工作，要么避开，不安排游客到这些地区，以减少不必要的质量事故的发生。

五、做好事故善后补救工作

对于已发生的质量事故，旅行社应努力做好善后补救工作，尽可能减少其负面影响。旅行社人员还要详细记录相关情况，总结经验与教训。

案例 10－4

没有红叶的"红叶谷"

我国东北地区某市的郊区有一条山谷，每年秋季，山谷中的一些树叶就会变红，成为层林尽染的"红叶谷"。春天旅行社于 2004 年推出"红叶谷一日游"线路产品并获得成功。2005 年秋，当红叶谷的旅游旺季又来临时，该旅行社打算在"十一"黄金周期间，挖掘潜力，大力促销，争取获得更好的效益。

2005 年 10 月 6 日 7:30，又一个旅游团出发了。途中，导游员小李向游客们介绍了红叶的成因，并特别提到"红叶谷"的红叶与北京香山的红叶特点不同。游客听了更增添了对"红叶谷"的向往。小李组织游客唱歌吟诗，车内的气氛热烈而友好。

旅游车刚一停稳，游客就迫不及待地向谷中走去。这时，令游客们大失所望的情形出现了。整条山谷中，红叶大部分脱落，游客们看到的只是铺满地上的厚厚一层红叶。有的游客想捡几片红叶留作纪念，但是却被告知，此处是自然保护区，一草一木都不能带出。大家的情绪更低落了。小李也很着急。她一边安慰大家，一边和旅行社联系。经请示有关领导，小李对游客们说："各位游客，非常抱歉，因事先没有及时沟通联系，红叶脱落的情况我们没有及时掌握，给大家的游览造成了损失。附近还有一个南湖瀑布景点，那条山谷被称为天然氧吧，空气清新，鸟语花香，泉水清澈，也是一个不错的景点。我带大家去游览好吗?”游客接受了小李的建议，也没有过多地责怪她。游览了南湖瀑布景点后，中午吃饭时，导游员代表旅行社，给游客加了一道地方特色菜，以表歉意。导游员和旅行社的诚意，取得了游客的谅解和好评。

事后，旅行社认真总结了此次“红叶谷一日游”失败的教训，更加注重从多方面及时了解景区景点的信息，掌握景区景点的变化，确保线路产品的质量，尽量避免类似事故的再次发生。

（资料来源：梁智《旅行社经营管理精选案例解析》，旅游教育出版社，2007 年）

【思考】

1. 结合案例谈谈旅行社的产品质量对旅行社经营的意义，并思考旅行社的产品设计质量管理应侧重于哪些方面。

2. 案例中导游员在化解危机中起到了关键作用。谈谈旅行社的接待质量管理包括哪些方面的内容，该如何实施接待质量管理。

【提示】从案例可以看出，“红叶谷一日游”产品以红叶谷为依托，而红叶景色是否优美，主要依赖当地的气候条件，具有很强的时令性。旅行社没有注意到当地天气情况的变化及其对红叶谷景色的影响，忽视了由此可能导致该旅游产品整体质量的下降。结果，导游员越是按照接待规范努力向游客介绍红叶谷的景色，就越可能导致旅游者在见到迥然不同的景色时的极大失望。由此可见，旅行社在提供时令性较强的观光旅游产品时，必须时刻关注季节因素对产品质量乃至旅行社接待质量可能产生的不利影响，采取适当的预防措施，以便当不利情况真的发生时，能够加以妥善处理。

面对突发情况，导游员小李能够处变不惊，迅速采取恰当措施，在领导支持下，另行安排游客前往具有特色的景区游览，并在午餐时为客人添加菜肴，充分体现了旅行社和导游员处理此事的诚意。

六、加强服务质量信息反馈，做好监督检查工作

旅游社的质量信息是保证旅游产品高质量的基础。旅行社在实行质量管理的同时，如果能够正确而及时地进行质量信息的收集、处理、传输、存储和决策反馈，管理就会达到较高水平。旅行社质量信息的反馈，一般有这样几个渠道：

1. 行业组织、主管部门向旅行社企业提供的质量改进信息。

2. 服务人员在工作中，及时发现服务规范、标准同游客满意度存在的差异，旅行社积极改进。

3. 顾客提供的反馈信息。这种反馈在旅行社质量信息中所占的比重最大。

4. 代理商距离游客更近，也可以就产品质量的某些方面反馈有用的信息。

5. 旅游行政主管部门，在日常管理、企业年审、质量监督等方面也会反馈一些关于旅行社的质量信息。表 10－2 是某省旅游局对辖区内旅行社进行质量评价检查的表格。

表 10－2　　旅行社服务质量评价检查表

旅行社名称：　　　　　　　　　　　　　　　　总经理签字：

类别	检查项目	分项计分	实际得分	基本达标	个别不足	未达标	存在问题
制度规范（54 分）	一、质量监督管理制度(28 分)						
	1. 质量管理组织机构(专职、兼职)	2					
	2. 投诉处理制度(投诉处理档案、调解书各 1 分)	3					
	3. 投诉登记簿	2					
	4. 公示投诉电话(办公地、组团行程)	3					
	5. 旅行社责任投诉到质监所(每次扣 2 分扣完为止)	6					
	6. 悬挂旅行社业务经营许可证	2					
	7. 行前说明会	2					
	8. 经营及服务环境	2					
	9. 服装统一、佩带服务标识	2					
	10. 对合作方资质备案(交通、餐饮)	4					
	二、安全制度(11 分)						
	1. 事故伤亡应急预案	2					
	2. 疾病救治应急预案	2					
	3. 财物丢失或被盗应急预案	2					
	4. 行程受阻应急预案	2					
	5. 投保旅行社责任险	2					
	6. 投保人身意外险	1					
	三、培训制度(6 分)						
	1. 对员工进行爱国主义教育(有记录)	2					
	2. 对员工进行业务培训(有记录)	2					
	3. 对员工进行安全教育(有记录)	2					
	四、遵守法规、规章情况(旅行社受到行政处罚不得分;门市部没有备案，每一个扣 3 分，扣完为止)	9					
导游管理（26 分）	1. 持证上岗及违规(导游每被扣 2 分扣旅行社 2 分)	10					
	2. 导游被处以行政处罚的(每一人次扣 3 分，扣完为止)	6					
	3. 对导游人员有考核标准	2					
	4. 对导游人员有考评记录	2					
	5. 出境领队持证上岗(无证上岗每人扣 2 分)	6					

续表

业务档案（20分）	一、案卷装订规范、便于查找（分类清楚、装订整齐、统一编号）	3					
	二、案卷内容齐全、完整（22分）						
	1. 旅游合同	3					
	2. 出团通知单	2					
	3. 旅行社双方传真确认	2					
	4. 团队名单及证件号码	1					
	5. 派团通知单（地接）	2					
	6. 团队计划（地接）	2					
	7. 导游日记	2					
	8. 服务质量调查表（意见反馈）	2					
	9. 财务结算	1					
备注							
市局检查员意见：（签字） 年　月　日				省局检查员意见：（签字） 年　月　日			

第三节　旅行社接待管理

一、接待工作的性质和特点

接待过程是旅游产品价值实现的过程，接待工作的好坏直接关系到旅行社的产品质量、企业声誉和企业的经营效益。所以，接待过程的管理对旅行社非常重要。要实施对接待工作的管理，首先必须对接待工作有全面的了解。

接待工作具有四方面的特点：综合性、规范性、文化性、原则性。

接待工作的综合性主要是由旅游产品的综合性导致的，从内容上包含了吃、住、行、游、购、娱等内容，从工作环节上则包含了从供应商联络到实施接待的一系列过程。

规范性是由旅游产品先购买后消费的特点以及旅游服务的劳务属性决定的，为了保证服务质量，使客人满意，必须要有规范，尽可能消除由于上述特点引起的服务质量不稳定等问题。

文化性是由旅游的目的决定的。人们在旅游中追求休闲、娱乐的同时更追求知识的获得与文化的交流，体验文化差异或认同是激发旅游动机的主要原因。所以接待工作必须满足旅游者的这一要求。

原则性则是对接待工作的要求，接待人员在服务工作中的指导原则是坚持四项基本原则和遵纪守法。

二、接待管理的主要内容

1. 接待工作的计划管理

接待工作的计划管理首先是计划的制定。旅行社的计划是根据销售情况来制订的，包括组团接待服务计划和地方接待服务计划。制订接待计划应重点放在接待人员的安排、餐厅用餐、饭店住宿、景点游览、交通行程、娱乐节目安排、安全保障等问题上。接待部门的计划管理要注意对客流量的管理，要做到尽早获得销售信息，密切注意客流量的变化；还要做好客流量的统计工作，以逐渐掌握客流的变化情况及对客流情况的分析预测。接待工作计划管理的另一个重点是计划的变动问题，旅行社必须建立一套严格的制度，保证变动的信息及时得到传递，避免发生漏接、错接、误接和住房与交通不足等事故。

2. 接待工作的成本管理

旅行社的成本主要有三个方面：采购成本、财务成本和接待成本。加强成本管理，在强调降低接待成本的同时，必须注意不能降低旅行社的服务质量。为了使降低接待成本的工作落到实处，旅行社应实行单团接待成本预算和决算制度，并严格执行。

3. 接待工作的质量管理

接待工作的质量管理关系到旅行社的产品质量和声誉。为做好接待工作的质量管理，要注意这样三项工作内容：一是建立旅游质量的标准；二是设立质量管理机构；三是质量信息的收集和处理。

旅游服务质量的高低最终取决于旅游者的满意程度。满足程度涉及两个方面的内容：旅游资源或吸引物的品位的高低，旅游接待质量的好坏。

质量管理的前提是掌握客人对旅行社提供产品的评价，即客人的满意程度。旅游服务具有无形性及生产和消费同时性的特点，质量的好坏来自消费者的事后评价。

提示：

基于以上的理论，旅行社管理者可以引入外部监督机制，比如必要时可以通过聘请义务监督员、邀请游客暗访等方法帮助旅行社提升服务品质。

4. 接待工作的安全管理

一般情况下，安全是旅游者的第一需要。旅游安全事故的发生也会对一个国家或地区的旅游业产生较大的打击，所以，要尽可能减少乃至杜绝安全事故的发生，保障旅游者生命和财产安全，这是旅游安全管理的首要任务。

旅游安全事故有多种形式和原因，除了天灾以外，主要有社会治安、交通、服务供应、旅行社工作及旅游者个人等原因。

旅行社为了预防旅游事故的发生，必须做到以下几点：

(1)在旅游产品设计时要充分考虑旅客的安全，在旅游方式的选择上更要注意安全；

(2)对陪同、导游人员必须认真进行安全教育；

(3)为旅客或建议游客向有关保险公司投保旅游安全险。

一旦发生旅游事故，旅行社应采取一切措施进行抢救和处理，尽可能减轻事故的损失和缩小事故的影响。对事故的处理应遵循以下原则：

(1)尽一切可能保护和挽救游客的生命财产安全；

(2)在无法挽救的情况下，要求妥善处理，包括查清事故的责任人和进行必要的赔偿；

(3)尽可能使未受事故影响的旅客按原计划继续旅游；

(4)旅行社要及时通报信息、争取援救和组织联络各方投入抢救和处理。

提示：安全管理属于旅行社风险管理的内容，我们将在下一章《旅行社风险管理》中具体介绍。

三、团队业务管理

(一)一般旅行团的接待业务管理

旅行团的接待工作一般分为三个阶段，即准备阶段、接待阶段、总结阶段，接待管理贯穿全过程。

1. 准备阶段

接待的准备工作是顺利完成接待工作的前提和保证。要从以下几个方面做好接待的准备工作。

(1)制定接待计划。旅行团接待计划一般包括该团的基本情况和要求、日程安排、成员名单三部分。

(2)配备适合的接待人员。接待计划制定好以后,根据旅行团的特点,安排相应的陪同人员。

(3)其他的准备工作。主要有领取票据、情况汇报单,确认团队情况等。

(4)检查接待工作的准备情况。对进展较慢的导游员加以督促;对活动日程中不适当的安排提出改进意见;对重点旅游团要特别关照;对于新导游员给予具体指导等。

2. 接待阶段

接待阶段管理包括对领队、全陪和地陪人员接待工作的管理,他们的工作在《导游业务》相关课程会有详细介绍。

由于担任接待工作的导游员往往独立带领旅游团活动,接待部门难以随时保持对接待人员的控制,而接待过程中发生的问题又多集中于这一阶段,故这一阶段是接待管理中最困难也是最薄弱的阶段。接待阶段管理的主要方法是建立接待规程、导游人员的请示汇报制度和建立现场抽查与监督制度。图 10-4 是某旅行社一日游流程图。

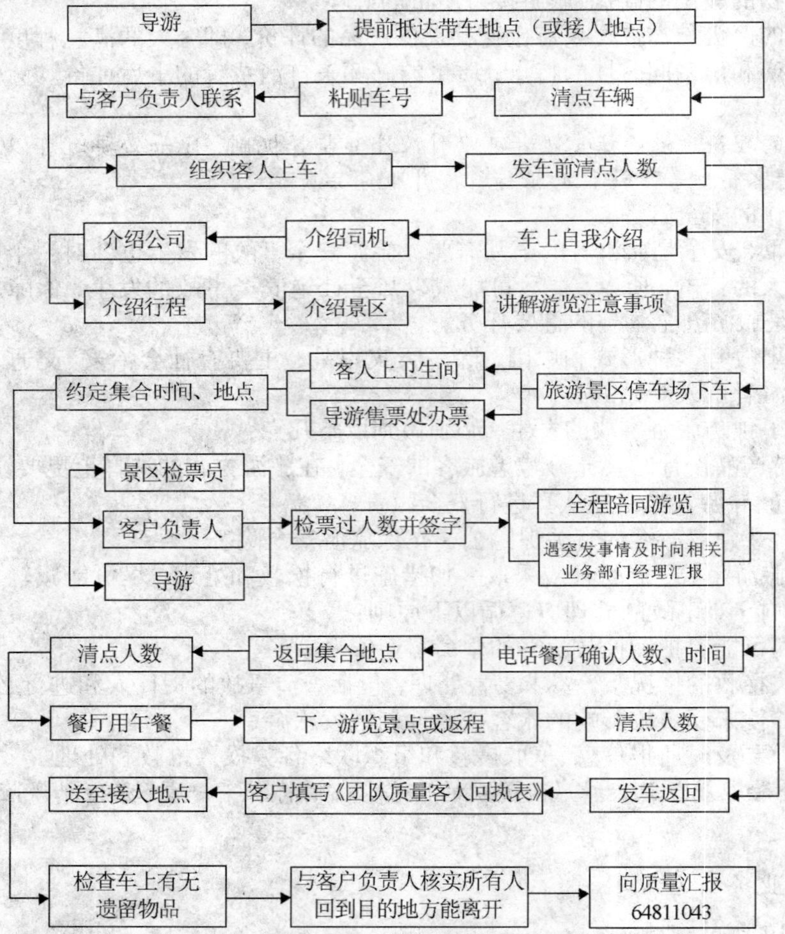

图 10-4 某旅行社导游带一日游团工作流程图

3. 总结工作

导游在接待工作结束后，要认真做好总结，处理旅游者的表扬和投诉。填写单据并整理有关资料，相应的团体资料要及时整理归档。

(二)大型和特种旅游团的接待管理

我国旅行社接待的大型和特种旅游团主要有国际会议团、企业奖励旅游团、友好城市访问团、节庆活动团、宗教朝圣团、海洋游船团、豪华列车团及体育、探险、狩猎、钓鱼、观鸟等专业专项团。

这些旅游团的特点是:人数较多，时间短，活动项目多，专业性强，服务要求高，常要求一些特殊的节目或待遇，接待工作政治性强、安全保卫工作的任务重。所以，接待这类团队必须注意解决以下几个问题:

1. 要有充分的准备时间。
2. 要有周密的组织准备工作和有力的临场指挥调度工作。
3. 要根据旅游团的不同特点安排接待工作。

总之，接待大型和特殊的旅游团的难度大，准备时间长，多数是一次性的，很少有系列团，费事费时。但这类团的利润一般较高，而且对旅行社提高知名度有极大的帮助。

四、散客的接待管理

散客旅游对旅游设施、旅游服务提出了更高的要求，是未来旅游业发展的趋势。

从接待工作的角度看，散客和团体旅游的不同点是:

1. 散客一般在出发前只订购少量服务项目，其他服务则是在到达后视情况现购;
2. 散客在目的地现购服务项目通常是分散进行的;
3. 散客购买的预订期一般很短。

针对散客旅游批量小、批次多、预订期短、要求多、变化多等特点，为了做好散客的服务工作，旅行社要做好下列工作:

1. 在客源地设立销售点，为上门的散客提供服务;
2. 与其他城市的旅行社、饭店建立相互代理的关系，代销对方的服务项目;
3. 和客源地的交通、饭店、景点、文娱场所等建立代理关系，代销他们的产品;
4. 根据散客市场情况设计多种“选择性旅游项目”;
5. 备有翻译导游对散客提供短期服务。

第四节 游客投诉处理及售后服务

一、游客投诉

案例 10 – 5

导游诱骗游客购物 贪婪多收儿童门票

2007 年 7 月，由于孩子放暑假了，北京的黄女士在一家旅行社的极力推荐下，参加了北戴河一日游线路。到老龙头的时候，导游把他们带进一家珠宝店，老板很热情，免费传授他们鉴定珠宝的独家秘诀，无意问起大家的家乡，巧得很，居然祖籍是北京的，说老乡见老乡，两眼泪汪汪，珠宝打一折。好几个团员就各买了上千元的，戴在身上觉得这一趟值了。结果回北京鉴定后得知是假的。而且在动物园，导游对孩子也收全票，可是动物园售票处的墙上写着:1.2 米以下免票，1.1 ~1.4 米半票，全票60 元，半票30 元。当时团里包括黄女士的小孩在内有6 个1.4 米以下的孩子。所以回北京后黄女士向相关部门投诉。

（资料来源:北方网）

【提示】这是导游串通奸商诱骗游客购物和故意欺诈的行为。购物本身是旅游消费的一大要素，游客也有需求。导游要推荐旅游局定点或与旅行社有协定的购物店给游客，要推荐有特色、质量有保证的商品，作为游客要理性消费，而且要保留购物发票或收据等证据，以备日后投诉。

根据国家旅游局1991 年制定颁布的《旅游投诉暂行规定》，旅游投诉是指旅游者、海外旅行商、国内旅游经营者为维护自身和他人的旅游合法权益，对损害其合法标准的旅游经营者和有关服务单位，以书面或口头形式向旅游行政管理部门提出投诉，请求处理的行为。

游客投诉是旅游者对旅行社提供的旅游服务或其产品中所包含的其他旅游服务部门或企业服务感到不满的一种反映，对于旅行社的声誉和经营效果均有一定的损害，因此，旅行社应该尽量设法避免旅游者的投诉，把可能引起旅游者投诉的各种因素加以化解，使旅游者对旅行社及其产品的投诉降低至最低限度。一旦出现投诉，也要正确对待、积极处理，力争把坏事变好事。

二、游客投诉的原因

动手实践：

旅游接待千头万绪，俗话讲“百密一疏”，对旅行社而言，哪怕倾尽全力，也难免投诉。现在就讨论一下，那“百密一疏”的“一疏”会出现在哪里呢？

（一）与旅行社相关的服务提供部门的过失

1. 交通服务提供部门过失

（1）抵离时间不准时

交通工具抵离的延误会给旅游者的旅客活动造成不便甚至彻底打乱原来的行程计划，从而造成损失，招致投诉。

（2）服务质量低劣

有些交通部门工作人员没有质量意识，服务态度粗暴或懒散，对于旅游者提出的合理要求熟视无睹，造成不满和投诉。

（3）忽视安全因素

有些人员只关心企业的经济利益，忽视安全因素，给旅游者的生命财产造成损失，引起投诉。

2. 住宿服务提供部门过失

（1）设施设备条件差

有些饭店设施设备陈旧，维护保养差，给旅游者带来诸多不便。

（2）业务技能差

有些饭店对服务人员的业务技能培训缺乏重视，或者贪图一时的经济利益而大量雇用临时工或实习生，导致无法提供符合规范的服务，导致不满和投诉。例如，前台服务员不熟悉饭店预订系统操作程序使旅游者长时间等候等。

(3)服务态度差

一些饭店服务人员缺乏职业道德，不尊重顾客，对旅游者态度生硬，要么冷淡无礼，要么出言不逊，甚至为小事与旅游者发生争执。还有的服务人员提供服务时敷衍搪塞，不负责任，导致投诉。

(4)卫生条件差

卫生条件差往往是由于管理不善，忽视对员工的教育，不重视维护等造成的。有些饭店片面强调经营利益，将承担卫生工作的人员大量裁减，还有的热衷于面上卫生，忽视死角管理、细节管理，导致投诉。

3. 餐饮服务提供部门过失

(1)菜肴质量低劣

原因主要有三种：

厨师没有按照菜谱上的规定进行烹调，造成菜肴质量下降；

厨师的烹饪技术差，菜肴口味与规定不符；

菜肴的分量不足。

(2)就餐环境恶劣

如餐厅里摆放的餐桌、桌椅已经损坏；卫生条件差，出现蚊蝇、蟑螂等害虫；餐具没有清洗干净；厨房与餐厅隔离较差，导致烹饪的噪音、气味跑到餐厅里，影响客人情绪等。

(3)服务态度差

主要表现在：

对待客人冷若冰霜，对客人提出的要求不予理睬或寻找借口不予以满足；

服务时懒懒散散，不主动向客人介绍本餐厅的特色产品，客人提出意见时，表现出不耐烦的神情；

态度恶劣，与客人发生争执、冲突；

对待客人不能一视同仁，对某些客人曲意逢迎，对另一些客人不屑一顾。

(4)服务技能差

员工未经专业培训，无法提供规范的餐厅服务，有的甚至给旅游者造成损失，如将菜汤泼在旅游者身上，上错菜肴等。

4. 其他服务提供部门过失

其他一些旅游服务部门如浏览景点、娱乐场所、购物商店等也会因服务质量低下造成旅游者投诉。历年来，旅游者对景点的不满意有一定的比例，主要原因在于景区建设中优势资源发挥不充分。旅游者对团队旅游到定点商店购物的投诉比例也一直较高，其中“被骗”购买质次价高、假冒伪劣商品是引起旅游者投诉的重要因素。

(二)旅行社自身原因

1. 活动日程安排不当，这主要表现在四个方面：

活动内容重复；

活动日程过紧；

活动日程过松；

购物时间过多。

2. 接待人员工作失误，这也表现在四个方面：

擅自改变活动日程；

不提供导游服务；

发生责任事故；

服务态度恶劣。

【**链接** 10－3】

《旅游投诉暂行规定》

1991年6月1日国家旅游局发布、于1991年10月1日起实施的《旅游投诉暂行规定》，是根据我国民法、民事诉讼法、行政诉讼法、行政复议条例等法律法规制定的。其制定宗旨是：保护旅游者、旅游经营者的合法权益，及时、公正地处理旅游投诉，维护国家声誉。在中国境内旅游活动中发生的投诉均适用于该规定。

三、游客投诉的心理

旅游投诉是不可避免的。这是因为，不同的旅游者具有不同的价值观，参加旅游的动机也各不相同，旅游阅历也不一样，并且旅游产品本身就有异质性的特点。旅客投诉是件坏事，但可以把它转变成好事。在这个过程中，重要的是了解旅游者的投诉心理。

（一）要求尊重的心理

有些旅游者提出投诉是因为他们认为没有受到接待人员的尊重，这类旅游者多属事业上比较成功或拥有一定社会地位的人。他们往往十分看重别人对待他们的态度。

他们投诉的目的主要是获得其所希望得到的尊重，对于经济补偿则不大重视，也不要求必须处理被投诉的人员。旅行社管理者应针对这种心理特征，在处理其投诉时主动表示对其遭遇的同情，并对其表示较高的敬意，使其感到旅行社确实尊重他们，以平息怨气。

（二）要求发泄的心理

要求发泄的是另外一些旅游者投诉时的心理状态。他们因对旅游接待人员的服务感到不满，觉得受了委屈或不公平对待，希望诉说其心中的不快。这种人在投诉时或喋喋不休，反复诉说其不幸遭遇，或态度激动，使用激烈的语言对被投诉者进行指责。

他们投诉的主要目的是向旅行社管理者发泄其胸中的不满和怨气。当怨气发泄完毕，并得到某种安慰后，往往会得到心理上的满足，而不一定提起赔偿的要求。旅行社管理者应针对其心理特点，耐心地倾听其投诉，不要急于安抚对方，也不要为了急于弄清事情的真相而打断对方。当投诉者将所要说的话全部讲完后，旅行社管理者应给予适当的安慰。

（三）要求补偿的心理

还有一些旅游者提出投诉的主要动机是要求得到一定的补偿。这种要求补偿的心理可能是物质性的，如希望旅行社向其退还部分旅游费用，也可能是精神性的，如希望旅行社管理者向其道歉。

旅行社管理者应根据对投诉者投诉心理的分析和掌握，加以适当的处理。如果确实是因旅行社接待服务的失误给旅游者造成经济损失或精神损失的，应根据有关法律或规定给予相应的经济补偿、赔礼道歉或重新履约。如果是旅游者因误会而向旅行社投诉的，则可以委婉地加以解释，以消除误会。

案例 10 - 6

事前已有明示，不惧非理性诉讼

2名市民(1男1女，非夫妇)前往中国康辉旅行社股份有限公司，报名参加该旅行社组织的成都——九寨沟线路。由于该线路系经济等散客旅游产品，所以旅行社的接待人员向他们说明到成都后，将参加由成都的一家旅行社组织的旅行团，前往九寨沟，而且提供4人间客房。如需住单间客房，应另付房费。在征得他们的同意后，旅行社与他们签订了旅游合同。

然而，在旅游过程中，此二人在成都向接待他们的旅行社导游员提出同住的要求。导游员帮助他们在饭店里另租了一间双人间客房，并由他们直接向饭店付了房费。

旅游结束后，此二人否认旅行社的接待人员事先告知他们由成都的旅行社接待一事，认为旅行社侵犯了他们的知情权，并以康辉擅自将他们转交给成都的旅行社接待，是一种"倒卖游客"行为为由，向该旅行社的总经理提出投诉，要求退还旅行社费用和报销双人间客房的费用。

总经理在经过详细调查后认为：旅行社事先已经告诉他们将由成都的旅行社进行接待，如需住单间客房，应另行付费等事项，并得到他们的同意，签订了旅游合同。旅行社在提供旅游服务中，并未出现违规行为，因此，不同意承担赔偿的责任。

于是，此二人以康辉违反旅游合同为由，向法院提出民事诉讼，要求法院判令旅行社退还其全部旅游费用和双人间客房的房费。

法院在经过调查和庭审后，认为：

1. 原告未能提出旅行社侵犯其知情权的有效证据；

2. 旅游合同上已明确规定了该旅游活动系经济等旅游，旅行社向旅游者提供4人间客房，并经双方签字同意，是双方意思的真实表达；

3. 原告在旅游过程中，另行租住双人间客房，属于自动放弃4人间客房的住宿权利，旅行社不应该承担双人间客房的费用

4. 由于旅游活动已经结束，且在旅游过程中并不存在旅行社方面的服务质量问题，旅游合同实际已经履行。

据此，法院一审判决，中国康辉旅行社股份有限公司不须退还旅游费用，原告租住的双人间客房房费由原告承担。驳回原告的诉讼要求。

资料来源：梁智《旅行社经营管理精选案例解析》，旅游教育出版社，2007年

【思考】

1. 在这起游客投诉纠纷中，康辉旅行社为什么能胜诉维护自己的权益？

2. 本案例对旅行社正确处理游客投诉有什么启示？

3. 旅行社如何尽量减少和避免被游客投诉？

四、游客投诉处理

(一)旅游投诉的处理程序

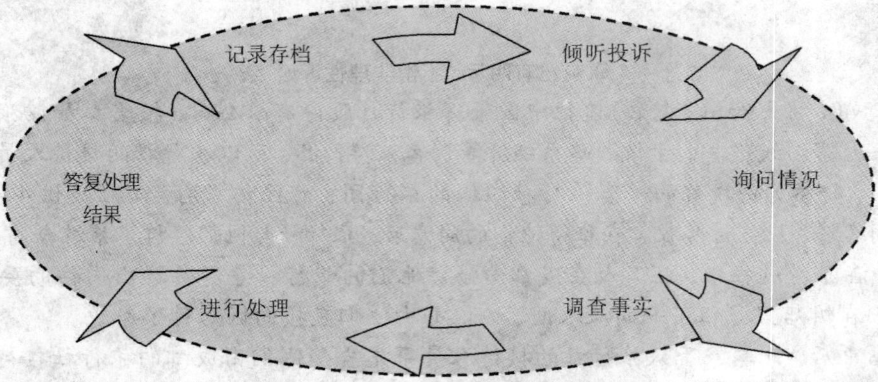

图 10－5　旅游投诉处理程序

1. 倾听投诉

投诉有书面投诉和口头投诉两种形式。旅行社管理者在接到旅游者的书面投诉时，应仔细阅读其来信，归纳出投诉的要点。在接待提出口头投诉的旅游者时，管理者应耐心倾听旅游者的讲述。

倾听旅游者投诉时，应做到：

（1）端正态度

应态度严肃、神情专注，给旅游者一种认真对待的印象，切不可面带微笑，使投诉者误认为不被重视，或产生被嘲笑的错觉。

（2）认真倾听

不应打断旅游者的叙述，无论投诉理由是否正当，都必须让他把话讲完，必要时还要引导他将内心的怨气和不满全部发泄出来。

（3）头脑冷静

必须保持冷静的头脑，不管旅游者的言辞如何激烈，都要避免发生争吵或对其进行指责。

2. 询问情况

倾听投诉后，应首先表示对其遭遇的同情，使旅游者感到管理者通情达理，愿意解决其所投诉的问题，得到心理上的安慰。然后，应就投诉中尚未搞清楚的关键情节进行询问，以便了解投诉的事实。最后，应就旅游者能够坦诚地向旅行社反映情况表示感谢，指出这是对旅行社的信任和爱护，并答应尽快进行调查和处理，并将处理结果反馈给旅游者。

3. 调查事实

应立即着手对投诉所涉及的人员和事件经过进行调查核实。

4. 进行处理

在事实调查清楚的基础上，应根据具体情况进行妥善处理。在处理过程中对旅游者的价值量补偿的心理要引起高度重视。因为随着旅游者收入的递增，补偿价值量的重心逐步移向超过旅游合同原值，形成所谓“惩罚性赔偿”要求。

对于涉及旅行社员工的投诉，如果与事实相符，应立即采取适当的措施，按制度和规定对当事人进行批评教育；情节严重并造成经济损失的，还应根据错误的严重性和造成的后果给予扣发奖金、暂停接待工作、赔偿经济损失、通报批评、行政记过、解聘或开除等处分。

对于涉及其他旅游服务供应部门的投诉，经过调查证明确属该部门责任的，则应通过适当渠道向该部门的有关领导反映。如果发现该部门屡次出现旅游者因同类情况进行的投诉，应减少直至终止合作，寻找其它合作伙伴。

5. 答复处理结果

完成处理之后，应及时将结果以书面形式通知旅游者。如旅行社负有责任，在答复时应诚恳地向旅游者表示歉意。如果涉及经济赔偿，还应征求旅游者的意见，以适当方式进行赔偿。如果发现投诉与事实出入较大，属于旅游者的误会，旅行社管理者则应向旅游者做实事求是的解释，并欢迎他在今后继续关心和监督旅行社的服务质量。

旅游投诉得到妥善处理后，旅行社管理者应将投诉的原因和处理结果向旅行社的有关部门和人员公布，以提高员工们对服务质量重要性的认识。同时管理者还应根据旅游者的投诉，对出现问题的环节进行检查，以提高服务质量。

对典型投诉，必要时要在旅行社内部进行相关培训，使大家举一反三，避免类似问题的发生，提升服务品质、工作质量。

6. 记录存档

旅行社应将旅游投诉的内容和处理经过进行详实记录，并存入档案，以备必要时核对。

（二）旅行社防范旅游者投诉的一些方法

1. 合同管理

旅行社应自觉地以“法治”的方法来防范投诉。旅行社应在现行合同文书中的“其他约定”一栏内，将本旅行社在经营活动过程中旅游者曾经发生的投诉原因或者可能发生投诉的原因，以及其他旅行社曾经发生投诉的原因作为补充项目列于其中，由旅游者确认后签字。

2. 建立旅游业务合作伙伴档案

选择合作伙伴的一个重要标准是信用加质量，从而达到降低因业务合作伙伴出现质量问题进而造成旅游投诉风险。

3. 提高员工服务意识和服务水平

通过全员培训和员工间的经验交流，加强一线从业人员的职业道德教育，使员工真正意识到只有优良的服务和高超的技能才能赢得游客的信任。

4. 针对目前国内游的情况，旅行社还应注重出行前召开“行前说明会”，让旅游者了解责、权、利，有效地降低投诉的概率。

五、旅行社的售后服务管理

（一）售后服务的内涵

旅行社售后服务是指在旅游者结束旅游以后，由旅行社向客人继续提供的一系列服务，旨在加强同客人的联系和主动解决客人遇到的问题。

案例 10－7

旅行社售后服务——作用大落实难

如何才能使空乏的售后服务具体、可感、可用，可为旅行企业带来真正的效益？

ZL 国际旅行社出境部陈经理介绍，该社专门设有质量办公室，负责维护旅行社自身服务质量。他们主要通过对旅客的档案管理进行随机抽样，通过短信、电话回访（偶尔也做上门访问）等方式，收集游客意见和想法。在地接团中，通过在旅游过程中发放意见征求表，征求游客对住宿、就餐、景区、导游等方面的评价，从而对一些合理意见加以采用。据了解，目前该社在设计旅游产品时，有三成左右意见来自售后服务收集的意见。但这样的售后服务因为人手紧张，一般只有在淡季才会实施。

另外一家XY旅行社施先生说：售后服务对于旅行社很重要，它是巩固老客源，发展新客源的主要手段，从去年下半年开始，旅行社决定外联部承担最重要的售后服务，并直接由总经理管理。通过外联部，XY旅行社对50%的游客发放意见反馈表或电话回访、上门访问等；每逢节假日则向老客户发送祝福和礼品。目前，通过逐步完善的售后服务，已经达到一定的效果，老客户巩固率较高，不少客户主动找到外联部的人，要求旅游，并对旅行社服务质量提出很多中肯的意见。

目前大部分旅行社都已意识到旅行社售后服务的重要性，但从目前的情况看，一些实力较强的大型旅行社企业所做的售后服务，往往仅限于电话回访和抽样登门回访。且回访的内容和效果都有不尽如人意之处，要完善旅行社售后服务，还有不少工作要做。

（资料来源：《温州日报》，2003年10月28日，作者：郑海华，刘国钧，有删改）

【思考】

1. 案例中的旅行社采用了哪些售后服务方法？

2. 目前售后服务还有何不足之处，应如何完善和加强？

（二）售后服务的主要方法

1. 问候电话：客人旅游结束后的第二天向客人打电话。表达对客人的关心，了解其旅游的情况，特别是可以主动征求意见和建议。即便产生投诉，也可以争取主动，早作工作，妥善处理。

在对象选择上，散客团应争取能做到100%回访，如果做不到，也应选择一定的比例，比如50%以上；对有组织的团体旅游，比如机关、企业、事业单位等，除了保证回访的一定比例，要把回访的重点放在对团体出游决策有较大影响力的人身上，如办公室主任、工会主席等。

2. 意见征询单

印刷精美的征询单，即可以对游客表示问候，更可以比较客观地征求客人对旅行社服务的看法，游客可以采用无记名的形式，毫无顾虑地发表意见。以下是样表。

案例10－8

旅游质量跟踪调查表

QUESTIONNAIRE

尊敬的游客：

您好！欢迎您到中国优秀旅游城市、历史文化古都——西安观光游览。非常感谢您在珍贵的旅游过程中填好这份意见调查表，您宝贵的意见将协助我们及时了解和纠正我们旅游接待中的问题，提高服务质量。

谢谢您的配合支持，欢迎您再次来西安旅游并再次为你服务！

西安市××旅游公司

Dear tourists:

Welcome to one of the top touring historical cities Xi'an in china. Thank you for filling in this questionnaire and give us some wonderful suggestions during your travel in Xi'an , which will help us know and correct the problems occurring in your travel and improve our service.

Thank you for your cooperation and support.

We are looking forward to seeing you again.

Xian × ×Travel Service

编号：××××××

姓名 Name		团队编号 GroupNo.	
国籍 Country		抵离日期 (dd/mm/yy) Arr/DepDate	到 to

服务 Service	满意 Satisfactory	一般 Fair	不满意 Unsatisfactory
总体印象 Overall impression			
游览行程安排 Itinerary schedule			
导游服务 Guides ervice			
住宿安排 Hotel arrangement			
餐饮安排 Food&beverage arrangement			
购物安排 Shopping arrangement			
娱乐安排 Entertainment arrangement			
交通安排 Communications arrangement			
其他意见和建议：Others uggestions：			

征询单收集后，要进行认真的统计分析，从中发现旅行社服务中的问题和不足，从而有针对性地采取措施、改进工作。

除以上两种方式外，常用的售后服务方式还有：

与游客保持必要的书信往来；

邮寄明信片；

召开游客招待会；

逢年过节或游客生日时表达节日的祝贺或生日祝福；

向重点顾客寄送本社的内部刊物；

开展旅行社开放日，使游客加深对本旅行社的认识，提高对该旅行社的信任度。

动手实践：

和你的同学们开展一次小型的头脑风暴，看看谁能想出一些旅行社售后服务的新花样？

本章小结

在本章内容当中，我们一起学习了旅行社质量、质量标准的基本概念和内涵，了解了旅行社质量管理的特点，对旅行社质量管理的方法和处理游客投诉的技巧进行了分析，还探讨了常用的旅行社售后服务方法，最后介绍了 ISO9000 族质量标准在旅行社的应用，我们可以通过课后练习来巩固这些内容。

实训练习

一、案例分析

1. 目的：掌握旅行社质量管理体系。

2. 训练方式：案例分析

3. 实训内容：研读案例、分组讨论、回答问题。

湖南中青旅是如何抓好旅游质量体系建设的？对其它旅行社搞好质量管理有何启示？

【案例正文】

湖南中青旅的旅游服务质量体系

湖南中青旅是湖南省第二大旅行社，经营出境旅游、入境旅游和国内旅游业务。自 1984 年成立以来，以创新的理念、优良的服务、良好的信誉在湖南旅游市场上具有较高的知名度，一直引领行业潮流，为使企业在经营和管理上再上一个新台阶实现更大的发展。湖南中青旅从 2002 年 9 月开始导入 ISO9001 质量管理体系。

旅游服务属于典型的服务行业，怎么确保服务质量并提高服务质量呢？在建立旅游服务质量体系上，他们重点抓了三个重要环节：

一、抓好旅游服务采购过程，强化服务质量控制

就六大服务要素而言，真正由旅行社独立提供的只有“游”的一部分即导游接待服务，其他几大要素都是通过采购来提供的。因而，采购在旅游服务质量中具有举足轻重的作用。过去中青旅对这些要素的采购由各经营中心管理随机决定，采购的质量往往是因人而异、因经验而异。通过建立质量管理体系，中青旅对地接社、旅游车队、餐馆、酒店、购物点、娱乐场所等旅游服务供方建立了评价、选择、验证的准则和方法，使旅游服务的采购过程由随机决策变成有序决策，由经验控制变成了规范控制，强化了服务质量控制的力度和深度。

二、贯穿旅游服务实现过程，完善旅游服务质量控制

过去，中青旅对旅游经营是以出境旅游中心、入境旅游中心和国内旅游中心三大中心为主体开展的，而三大旅游中心在经营过程上，又是以“计调”为主体。旅游服务实际上被人为地分割为旅游计调和实现旅游两个阶段，即各旅游中心管理的重点只是计划编制、计划操作，而真正实现和满足游客要求的旅游实现过程，却不被作为重点来管理。这种经营主体不管“经营重点”的做法，显然难以完善对服务过程的控制。针对这一管理缺陷，新建的质量管理体系编制了专门的程序文件，把旅游计划编制、计划操作和旅游实现作为一个完整的过程进行控制，消除了计划操作与旅游实现相脱节的现象，强化了各旅游中心对旅游实现环节的重视和控制。

三、深化服务质量评价，确保旅游服务质量

以往中青旅对旅游服务质量评价，只向游客发放“征求意见表”这一方式。显然，这一单一评价方式是不全面、不完整的。质量管理体系的建立，使这一问题得以解决。在旅游服务质量外部评价方面，中青旅增加了游客回访等评价方式，并注重对游客满意程度进行统计分析。同时，增加了服务质量内部评价方式，分别对旅游营销、计划操作和导游服务三个方面，建立了量化评价体系，使企业对旅游服务质量的监测体现了全面性和完整性。

二、情景模拟

1. 目的：了解旅游消费中常见的不规范现象，掌握处理此类问题的基本方法。

2. 训练方式：情景模拟分组讨论

3. 实训内容：

(1)根据剧本内容进行分角色扮演。

(2)情景模拟中提到了哪些常见的不规范现象？

(3)你认为旅行社应如何采取措施尽量避免这些服务质量问题的发生。

【剧本】：这两天身边的好多同事都在盘算着“五一”去哪儿玩，毕竟长假7天，机不可失啊，可一说到旅游，同事们立刻分成了两个阵营，一边说，当然是找家旅行社，吃、喝、住、行、玩全都安排好，自己就尽情享受吧，另一边却说，还是自助游的好，自己想怎么玩就怎么玩，不必被旅行社牵着鼻子走，一不小心再被骗了，生一肚子气回来，得不偿失。你看看，这旅行社都让大家落下病根了，个别无良旅行社到底会设下哪些陷阱，今天我们就来一一拆穿，好让您心明眼亮去旅行。

1. 旅游陷阱第一幕：文字游戏

旅行社工作人员：“西安游组团报名了啊，坐的是豪华大巴，住的是星级酒店，每顿饭都有八菜一汤，快来报名了啊！”

游客：“大巴有冷气么？”

旅行社工作人员：“有！”

游客：我报名。

游客：“这就是豪华大巴？冷气呢？”

某小胡同里的小招待所，名字叫“星级酒店”。

餐桌上，八菜一汤，都是迷你型。

正文：这旅游陷阱第一幕就是那些骗子旅行社的常用伎俩，先用各种花言巧语让你报名，倘若你真的被他们忽悠得上了当，一脚踏进了他们设下的陷阱，就别指望这次旅游能有什么好心情了，这不又出事儿了。

2. 旅游陷阱第二幕：景点“缩水”

游客：“今天去哪个景点？是这传单上的大雁塔吗？”

导游：“大雁塔？大雁塔歪啦，不能去了，再上人就倒了。”

游客：“啊？那兵马俑呢？”

导游：“张艺谋在那儿拍戏呢，包场了，不能去不能去。”

游客：“……那能去哪儿啊？”

导游：“好不容易来一趟，我带你去一地儿，准保你没去过，西安的特色。”

正文：旅游服务项目打折、缩水是“黑导游”最常用的手法之一，他们领团之后，往往不按照接待计划安排行程，甚至擅自减少旅游项目，不过他们一般不会明说，而是编造一些借口，比如：下雨、下雪或天色已晚等理由来搪塞消费者。

赵军：签合同的时候，一定要注意交通、住宿、购物、自费项目这几个问题。另外当地的导游用车，是不是都是正经的旅游车，是空调车还是非空调车，一定要说清楚，因为游客不是非常了解旅游这个程序，往往签合同的时候，听旅游公司一些业务人员介绍这个地方怎么怎么好，一动心就去了，往往忽视了合同的重要性，合同签得比较粗一些，有一些消费的环节不是非常清楚，包括一些标准也不是非常清楚，这就造成了游客出去旅游回来生一肚子气。

正文：如今翻看报纸中五花八门的旅游广告，有些国内游、出国游的团费低得简直令人难以置信，超低价格不免让人心动，殊不知这正是旅行社布下的又一陷阱，团费中没有赚头了，这堤内损失就得让你堤外补。

赵军：现在的旅游操作很多地方都是低于成本操作的，旅行社靠什么盈利呢？很多旅游目的地的旅行社都是靠导游自己的水平去返还利润来盈利，导游想方设法的，使游客多买一些物品，使商店多返佣金。

3. 旅游陷阱第三幕：异地购物

导游：这里是西安最大的珠宝玉器店，里面的货品真是物美价廉，同样的商品在北京要贵出好几倍呢，这么好的机会可别错过呀！

售货员："你们是哪里的？"

游客："我们是北京人。"

售货员："真的吗？我们老板也是北京的！"

老板："我有很多矿，珠宝的、钻石的，本人祖籍就是北京的，家住西城区狗耳朵胡同，现在那还有一套老宅呢，我这人见着家乡人就觉着亲，今天既然碰到了，我做东，店里所有的货，都按成本价，随便看！"

游客："老板，这个镯子多少钱？"

老板："这块玉的成本是多少？"

售货员："500 元。"

老板："收 450 元，我来签单！"

游客："这个红宝石项链呢？"

老板："小姐好眼力，这标价 6000 元的红宝石项链是今年的最新款，我也只收个成本价，2600 元。"

游客："那这个钻戒最低多少钱能卖啊？"

老板："这个 13000 元的男式钻戒，如果你真喜欢，我咬咬牙，5000 元给你。"

游客："这么便宜！"

4. 真相大白

转场：旅行归来

游客朋友："哎，听说你这次旅游买了不少好东西，正好我有一个朋友是搞鉴定的，不如你拿去让他看看？"

游客："好啊，我也正想找人帮我看看呢。"

鉴定员："这个镯子，是最次的地摊儿货，几块钱的东西，这项链嘛，也是假的，根本不是红宝石，是玻璃啊，这钻戒就更不用说了，是锆石的，根本不值什么钱！"

游客："啊？我花了八千多块呢！"

正文：八千多块买了一堆不足百元的破烂儿，这事让谁摊上都够窝火的。出门旅游一趟，回来总要给亲戚朋友带点纪念品或土特产，而导游也正是利用了游客的这种心理，把游客带到那些能拿回扣的商店；有的"黑导游"还故意延长购物时间，甚至采取不购物就不离开的办法，敲游客的竹杠，我的一个朋友为此练就了一套"金钟罩、铁布衫"的功夫，任凭你导游说得天花乱坠，我就是什么都不买，可是真要买点东西，这旅游购物有什么技巧呢。

专家提醒:出门在外当地的纪念品价格不是很贵,这样的东西买回来做一个留念,或者买一些小礼物送给亲戚朋友很正常。如果非常昂贵的翡翠、钻石等等,我觉得不必要非得旅行的时候去买。有的时候购物商店通过一些宣传的方法,把一些保健品会说的天花乱坠,对人身体有这个或者那个好处,使游客产生一种冲动的心情,不自觉地购买这些产品,回来以后,一看这个产品也没有太大的用处,不是生活必须要用的。

正文:业内人士的建议是:花少量的钱,买一些价格便宜的纪念品,比如这个,就是我上次去云南时买的,十几块钱,很有民族特色,又有纪念意义,而对当时导游大力推销的云南神药,我就没有心动。外出旅游难免会遇到一些不愉快的事,在这儿提醒您,有备而行,保护好自己的权益。

赵军:像黄金周期间,很多事情都是旅行社不好控制的东西,包括人多也是一个要素,人多、吃饭吃不好,两人间并成三人间也是有的。出现这些问题,游客一定要保护好自己的协议、发票这些证据或者是降低标准的证据,这需要游客提供一些书面的东西,比如说我们经常所说的"有团队餐,八菜一汤的标准",一般的标准餐都是10人一桌,八菜一汤,盘子都是比较大的,是12寸的盘子。有的可能是盘子大,但是菜量非常小,有的或者是盘子非常小,有的比如说四荤四素,有的基本上都是素菜,遇到类似问题时,游客要写明哪顿餐,在什么餐厅,用的是什么、什么时间、几月几号、是中午还是晚上,最好把这些餐的照片照下来,这样投诉的话,也是一种证据。

正文:业内人士透露,在投诉的旅游者当中,有很大一部分就是因为缺乏足够的证据而败诉,因此搜集和保留证据也是相当重要的,比如:您在外地购买到了假冒伪劣产品,只要留有发票,不但能够挽回自己的损失,还可以要求索赔,从而做一个聪明的消费者。

正文:要说餐饮中的陷阱也是比比皆是,看看下面易小姐这顿饭吃得真是防不胜防。

5. 大鱼变小鱼——步步为营的餐厅陷阱

易小姐今天很高兴,约了几个朋友外出吃饭。照例,先点上几道常规的菜,对于特价菜,当然更是青睐有加。

客人:有什么招牌菜?

服务员:尝尝我们的招牌鸡,来一只。

客人:要一些小炒。

服务员:我们有特价小炒,18元。(定格出字幕:别以为便宜,其他菜上捞回损失)

客人:卤水拼盘来一个、鹅掌来一个,还有什么好介绍的?

服务员:尝一尝我们的海鲜,很新鲜的。

客人:那我们出去看看。

广东人吃饭都喜欢到海鲜池点新鲜的鱼虾蟹,这样感觉过瘾又实在,易小姐当然也不例外。

服务员:多宝鱼吧,128元一斤。

客人:好贵啊。

服务员:不贵了,那就福寿鱼吧,20元一斤,黄鳝呢。

客人:太阳鱼吧,要两斤,有虾吗?

服务员:有,很新鲜的,要麻虾吧。

客人:要麻虾。

正文:点完菜,剩下的就是厨房的事儿了,客人是不能进厨房的,餐厅也不会允许,何况到外面吃饭图的就是个省事，还可以有时间与朋友聊聊天。

服务员：今天有很多女士，尝尝我们的酸奶吧，美容酸奶。

正文：饮料是餐饮业的暴利项目，他们是不会放过这个机会的，特别是对于那些请客吃饭的，更是不好谢绝。

客人1：小谭，吃鱼吧。

客人2：很新鲜啊。

客人1：尝尝，唉？我们刚才点的鱼是两斤吧，怎么左看右看都不像两斤，像减了肥似的。

客人2：对啊。可能是被骗了。

客人1：大鱼变小鱼，叫他们进来问问。

服务员：小姐，有什么要帮忙？

客人：我们刚才点了鱼的吧？

服务员：是啊。

客人：这条鱼多少斤？

服务员：两斤啊。

客人：我怎么看都不像两斤。

服务员：有两斤了，连水一起蒸起来差不多两斤了。

客人：我发现在海鲜酒楼买鱼，一定要看着他称，如果有可能的话我要在鱼的身上做个记号，我看这条鱼绝对不是刚才那条。

服务员：我们一定会给你打折的。慢慢吃吧。

正文：这可是餐厅惯用的手法，一方面，餐厅好像让步了，有诚意了，另一方面消费者的面子也挽回了，这时候消费者一般都会消了气，其实这可是缓兵之计。

服务员：你好，哪位买单？588元。

客人：鱼打折了吗？

服务员：打了。

客人：好贵啊，不如看看结帐单。豆腐不是28元吗？怎么变成48元呢？

服务员：我看你们人多，给你们上了一个中盘。（陷阱一）

客人：我没有说呀。酸奶40元啊？

服务员：一般酒楼都是如此的了。（陷阱二）

客人：外面都是10多元。对了，茶位，外面不是写着两元吗？

服务员：哦，两元是早茶，晚上都是五元的。（陷阱三）

客人：这个菜都没有上，小炒东山羊，没有上啊，你们说没有的嘛。

服务员：好的，给你们删掉。（陷阱四）先买单吧。

客人：这些是你们上次给的赠券。

服务员：只能用一张。

客人：为什么？

服务员：因为消费满五百元才能用一张。（陷阱五）

客人：没有写啊。

服务员：写了，有写的。

客人：字太小了，没有注意。

服务员:我先去买单吧。

客人:我发现你说什么他都有道理，我怎么觉得这顿饭都偏贵，那些小食品和纸巾还不知道算了你多少钱? 我看了，纸巾两块，小食物8块。现在都是这样的，比如，你看见100元，以为很便宜，其实旁边还有一个很小的“起”字，这种消费陷阱真是要当心。如果消费者很精明的话，酒楼就会让步，如果你要面子的话，那你就只能这样啦。

正文:看来这餐饮陷阱也是招招见血，宰你没商量，什么茶位费、加工费，总能说出一些巧立名目的费用让你交钱，不过这商家也是看人下菜碟，记得北京刚刚取消包间费的时候，许多餐馆依然照收不误，但是如果客人提出质疑，他们也会马上取消收费，不过反过来说，在当前如此激烈的市场竞争中，一个不诚信的商家只能是作茧自缚，被市场淘汰。

(资料来源:2005年4月30日《城际特快》精华刊05－18期;原始资料来源:北京电视台财经频道)

三、案例分析:括号的代价

1. 目的:旅行社质量投诉处理。

2. 训练方式:案例分析

3. 实训内容:阅读案例，谈谈案例说明了什么道理。

2006年7月21日，宋某报名参加某旅行社组织的黄山双卧五日游，在所附的行程表中约定的住宿及参观景点的标准分别为:“山下住双人标间(独立卫生间)，景点大门票(缆车65元/次，环保车20元/人)”，后因旅行社未支付缆车费用，遂以涉嫌欺诈，将旅行社投诉到质监所。

旅行社辩称，合同中并没有约定所交纳的团费中包含缆车费用，旅行社在景点大门票后面，用括号将缆车及环保车的价格标出，是为了提示游客，是出于好意，游客如果需要乘坐缆车游览，费用需要自理，旅行社并没有欺诈游客。

质监所经过调查，发现同等价位的该类旅游行程一般均不包括乘坐缆车及环保车费用，旅游报价通常都只含有景点的大门票，但旅行社在行程中的语句表达方式有误，属于我们通常所说的“病句”。如在双人标间的后面，用括号将独立卫生间括住，实际意思就是双人标间里面含有独立的卫生间，括号里面的内容是对前面内容的解释和补充。同样的道理，旅行社在景点大门票后面，用括号将缆车及环保车括住，给人的理解就是景点大门票包含缆车及环保车的费用，也就是说旅行社提供的服务里面有乘坐缆车的项目，由于旅行社未能给游客提供该项目，属于旅行社擅自减少旅游项目，责令旅行社赔付游客乘坐缆车的花费65元。

(资料来源:中国旅游报2006－08－21)

四、社会调查

1. 目的:了解旅行社质量管理的现状。

2. 训练方式:分组进行社会调查，并讨论分析。

3. 实训内容:将同学分组，分别走访学校所在城市或地区管理比较严格的一家旅行社，了解该旅行社是如何进行产品质量控制和改进的。将访谈与收集的资料进行归整，不同小组之间就调查对象在质量管理方面的异同进行对比，写出分析报告。

第十一章　旅行社风险管理

技能目标：

能运用旅行社风险管理的有关知识进行旅行社风险识别与控制；

能针对特定风险，制定风险预案。

知识目标：

理解旅行社风险管理的概念、主要种类；

掌握旅行社风险管理的基本步骤。

关键词：

风险管理、旅行社风险识别、风险预测

任务：

现在旅行社面临的挑战越来越多，其中风险是旅行社发展中绕不开的一道槛，通过本章的预习、学习，掌握旅行社风险的种类，从近几年国内外发生的与旅行社相关的风险中，为每一类风险选择一个有代表性的案例，并说说当时的旅行社是如何应对的。每一个小组在课堂上至少汇报一个案例并与同学展开讨论。

案例导读：

2008 年的中国旅游业

2008 年对旅游业来说是不平凡的一年，既有美国游、台湾地区游相继开放的喜讯、北京成功举办奥运会的机遇，也有冰冻雨雪、拉萨打砸抢事件、汶川地震、泰国政局动荡、全球金融海啸等突发事件。

春节，正值旅游高峰，一场雪灾毁了人们春节出游的行程，许多游客被困在路上，火车停运、飞机停飞。旅游业陷入停顿。

3 月底的西藏本应进入旅游旺季，却因拉萨打砸抢烧事件造成旅游活动戛然而止，西藏旅游一度处于停滞状态。虽然当地政府确定从 2008 年 4 月 23 日起恢复内宾进藏旅游观光，但不少地区西藏旅游线路的价格也创下了多年同期最低价。

5 月，是四川旅游的旺季，突如其来的汶川大地震让旅游业顿时停摆，西部游倍受打击。据统计，汶川大地震造成了旅游系统损失逾 500 亿元，震区大部分旅游景点基础设施遭到严重损毁，包括世界文化遗产都江堰—青城山景区以及绵阳猿王洞、千佛山等。同时，地震还不可避免地影响到周边旅游，甚至连其他省份的旅游如云南丽江等，也出现退团和取消预订的情况，造成有些旅行社直接经济损失逾千万元。

再后来，HIN1 疫情在全世界的蔓延、全球金融海啸，都令中国旅游业面临严峻的挑战。

有些国家的社会危机和政局不稳定，也对我国旅游业造成负面影响。比如泰国，9 月上旬的政治动荡，使得国庆泰国游备受打击。特别到 11 月底，由于泰国国内又出现大规模抗议活动，危及机场安全，泰国机场管理局于 11 月 25 日晚间下令关闭首都曼谷素万那普国际机场。为确保游客安全，旅行社只能暂停出游泰国的团队。在曼谷进行的长达半年之久的群众示威游行，对泰国的经济支柱旅游业造成前所未有的沉重打击，使泰国旅游业进入了“寒冬”。

而欧洲的意大利威尼斯市也拉响了洪水警报，这场威尼斯20多年来最严重的洪水淹没了街道，水路交通也被迫中断，整个水城中心地区95%的陆地成为泽国。为挽救旅游市场，威尼斯旅馆业推出“威尼斯高水位”旅游促销计划，包括住宿费打折等服务。

【思考】

1. 结合课本内容，谈谈案例中出现的风险都属于哪些类型？

2. 讨论最近有没有发生过类似事件？

3. 如何预防和应对此类事件的发生。

一、旅行社经营的主要风险

旅行社在经营过程当中经常会遇到一些难以预料到的、具有不确定性的损失，这就是企业经营中的风险。为尽可能减少损失，企业就需要进行风险管理。风险管理即是经济主体对威胁其收益的实际损失与潜在损失所进行的识别、测定和控制。

(一)财务风险

旅行社与酒店或景点等旅游供应商之间、与旅游者之间，接待社与组团社之间存在着较为复杂的债权债务关系。如果旅行社应收账款数额太大，就可能产生很多无法收回的坏账，包括海外拖欠款、国内三角债等都是困扰旅行社的重大问题。一旦大量应收账款无法按时回收，就会构成财务隐患，威胁到旅行社的正常经营。比如曾有不良海外旅行社，利用境内旅行社急于发展入境旅游的心理，大量拖欠海外入境团队款项，而境内旅行社追讨不利，应收团款达到较大数额时，不良海外旅行社故意申请破产，给境内旅行社造成不可挽回的重大财务损失

(二)市场及竞争风险

旅行社在对市场进行调查研究的基础上开发产品，而后进行宣传促销，把产品推向市场。产品开发是否对路，旅行社希望通过销售产品来实现企业利润的目的能否实现，都要依靠市场来检验。市场的不确定性是旅行社面临的主要问题。由于旅游者的心理需求非常复杂，有时又容易受政治、经济、社会等各方面因素的影响，随时可能发生变化；加之旅行社产品大多易于模仿，容易被竞争对手掌握相关信息，从而使市场发生很多变化。所有这些都会影响到旅行社原来对市场的预测，最终形成经营现状和市场预期之间的巨大落差，并造成旅行社旅游产品开发和促销的投入损失。

(三)财产及人身风险

旅游活动具有较大的时间、空间跨度，在旅游活动中旅行社会接触到社会的方方面面，遭遇到各种问题。由于社会治安状况、各类突发事件(相关内容见链接11-1)以及旅行社工作人员及旅游者的失误，都可能使人身及财产安全受到损失。同时，旅行社员工也有发生人身财产损失的可能性。这些不确定因素就构成了旅行社经营过程中的人身及财产风险。

(四)责任风险

在旅游者购买旅游产品时，旅游者与旅行社之间会签订合同，规定双方的权利与义务，其中对旅行社接待活动的细节也会有详细规定，如住宿、交通、景点、餐饮、购物、娱乐等。而在旅游活动进行中，由于旅游活动本身的综合性与复杂性，旅行社对旅游者的履约情况很大程度上取决于旅游服务供应商对合同的履行情况。同时，旅游活动中随时可能出现的一些意

外问题也使旅行社的合同履行产生风险。一旦旅行社不能实践对旅游者的承诺，没有很好地履行合同，旅行社都负有责任，需要对旅游者进行赔偿。

旅游业本身具有敏感性，旅行社业务涉及面广、综合性强，因此旅行社业是一种高风险的行业，必须加强风险防范与管理。

【链接 11－1】

旅游突发事件的种类

旅游突发事件是造成旅行社经营风险的重要原因，主要分为自然灾害、事故灾难、突发公共卫生事件、突发社会安全事件、旅游重大活动危机事件等五类：

(1)自然灾害。主要包括旅游景点景区暴雨、洪水、暴雪、冰雹、台风、地震、山体崩塌、滑坡、泥石流、森林火灾等重大灾害。

(2)事故灾难。主要包括公路、水运、铁路、民航等旅游交通事故，影响或中断城市正常供水、供电、供油、供气等城市事故，通讯、信息网络、特种设备等安全事故，以及重大环境污染和生态破坏事故等。

(3)突发公共卫生事件。主要包括突然发生，造成或可能造成游客健康严重损害的重大传染病(如鼠疫、霍乱、血吸虫、肺炭疽、传染性非典型肺炎等)、群体性不明原因疾病、重大食物中毒，重大动物疫情，以及其它严重影响游客健康的事件。

(4)突发社会安全事件。主要包括恐怖袭击事件、经济安全事件、影响较大的针对性破坏事件以及规模较大的群体性事件等。

(5)旅游重大活动危机事件。政府或有关组织主办的大型旅游节庆、会展、赛事等相关重大活动的危机事件。

二、旅行社风险管理步骤

(一)风险识别

风险识别是对企业性质、经营方式、经营过程以及经营环境进行分析，找出其面临的风险并加以判断、归类和鉴定风险性质的过程。

1. 前提：

旅行社风险识别的重要前提是了解国内外政治、经济形势和预期；对本社旅游线路涉及的地区以及客源地的地理、气候、社会、民族等诸多方面进行分析研究，掌握情况。

2. 旅行社的风险识别的步骤，主要可以从如下几个方面来进行：

对旅行社的各个业务活动环节进行分析与考察，分析旅行社活动各环节所存在的责任风险；

对旅行社的人员、财产状况进行分析，明确可能出现的人身、财产风险；

分析旅行社的财务状况，尤其重视对应收账款的账龄、数额等分析，预测财务风险；

根据历史资料及市场状况、竞争对手情况预测分析旅行社的市场风险。

(二)风险预测与评价

旅行社的风险预测是通过对行业与旅行社以往的损失估计、投诉以及赔偿情况的资料进行详细分析，并运用概率论与数理统计的方法来估计和预测风险产生的可能性和损失程度。风险评价则是对旅行社风险的预期损失程度和控制、处理风险可能发生的成本费用的大小进行衡量，决定应对哪些风险进行处理以及处理的程度。由于旅行社的经营环境时刻都在不断变化，历史资料只能为进行风险预测及评价提供一些参考，因此还需要根据风险发展趋势、旅行社内外因素对历史资料进行修正，以获得比较切合实际的数据。

（三）风险控制

在对旅行社的风险进行了合理评估的基础之上，就可以控制和处理风险。对于不同类型的风险，控制与处理的方法也不相同：

1. 旅行社的财产风险

可通过投保和财产监察加以转移或控制，雇员人身风险控制的基本方法是为旅行社员工安排有效的社会保险计划。

2. 市场及竞争风险

规避市场及竞争风险的方法，主要是遵守市场开发与产品涉及的科学规律，就像我们在前面学过的"旅游产品设计与生产"一章所要求的那样：

进行市场开发时必须进行科学的市场分析与预测，可以采用旅游产品多样化和市场多样化的方法来分散风险，新产品投入市场前可以在目标市场中进行试产试销，保守商业机密，尽量增加产品中独有的特色，使别人对产品进行模仿的门槛提高。

3. 旅行社财务风险

旅行社管理者要经常分析财务报表，及时发现问题，制定有效的信用制度；坚持"先付款、后接待"原则不动摇，减少应收账款数额，提取合理的坏账准备金，准备适度的流动资金，防止财务危机，采用合理的定价及催款制度，有效规避外汇风险。

4. 旅行社的责任风险

为减少旅游活动中出现问题的几率，旅行社首先要向员工，尤其是导游人员进行相关教育，强化其遵照合同提供服务的意识，提高所有员工特别是一线人员处理突发事件的能力与技巧；要慎重选择合作伙伴，建立信誉登记制度，选择信誉好的合作者；健全与供应商之间的合同化管理，在因供应商原因而发生损失时，可以行使追索权；在与旅游者签订合同时，尽量争取比较大的缓冲余地，对于不确定性强的事项适当降低承诺；针对旅游过程中可能出现的人身、财产损失以及旅行社责任风险，要向保险公司投保并在事件发生后及时向保险公司办理索赔。

三、旅行社风险规避

（一）树立风险意识

1. 我国旅行社业发展历史比较短，行业发展不健全

我国旅行社业的真正发展始于改革开放之后，与西方发达国家相比，发展历史比较短，经营管理水平不高，管理者与服务者仍或多或少地存在着保守、片面等思想观念；行业内相互合作、制约的经济与法律关系尚未完全建立，很多时候还存在着人情交易等不合乎市场经济规律的现象。在旅行社发展的初级阶段，管理者在风险管理问题上存在某些思想局限十分普遍。

2. 随着改革开放的深入，旅行社的所有制结构正变得多样化

全民所有制企业经过企业制度改革也真正转变为企业化运作的独立经济法人。在现实情况下，旅行社必须要自担风险，这就会使其管理者日益重视风险管理的重要性。

3. 保险业等社会保障行业发展相对滞后

在西方发达国家，保险业等社会保障体系健全，全民的保险意识都比较强。而在我国，保险业在近几年才有较大发展，社会保障体系尚不够健全。保险业发展的相对滞后使旅行社

的风险管理缺少一个成熟行业的支持，很多风险管理思想也就难以得到贯彻。

4. 旅游者不够成熟，保护自己权益的意识较差

我国旅游者不够成熟，缺乏保护自己权益的意识与相关知识。由于中国人性格特点与消费习惯，很多旅游者即使遇到问题也只是抱着"多一事不如少一事"的态度，不愿采用法律武器维护自己的权益。这种思想给侵犯旅游者权益的行为提供了滋生的土壤，是旅行社可以忽视某些责任风险的又一原因。随着国内旅游的普及与旅游者权益意识的觉醒，越来越多的旅游者在受到权益伤害后会主动采取措施讨个说法，这也迫使旅行社重视服务质量以及责任风险。

5. 缺乏相关法律法规，管理力度不够

在很长一段时间里我国旅行社行业管理法律法规尚不够健全，使得行政管理部门对旅行社缺乏足够的约束手段，使旅游过程中发生的一些风险事故无法得到及时处理，责任人也可能逃脱应有的惩罚。

（二）建立风险管理组织

在一些旅游业比较发达的国家，部分较大的旅游批发商、经营商内部设立了专门的小型组织或类似机构来专门开展或涉及风险管理工作，如风险事故委员会等。这些机构的工作内容涉及旅行社的风险预测、预防、控制和风险事故的处理等方面。有一些旅行社专门聘请了风险经理或风险顾问。还有一些国家在旅行社外部设立专门组织，处理旅游意外事故，如日本的"紧急事故委员会"。旅游意外事件的处理需要专门知识与技巧，同时，很多问题的解决也有赖于旅行社内部各部门的共同配合。设立专门风险管理组织的优越性在于可以使该组织既具备相关知识与处理方法，又可以在第一时间迅速反映，并召集相关部门解决问题。而如果发生问题后层层上报，由总经理做出决策后，再指定某一部门负责解决，这一部门再到其他部门去协调，则往往浪费了宝贵的时间。因此，有条件的旅行社都应该设立专门机构或人员来负责风险管理事宜，协调各部门开展工作。

案例 11－1

某旅行社突发事件报告流程

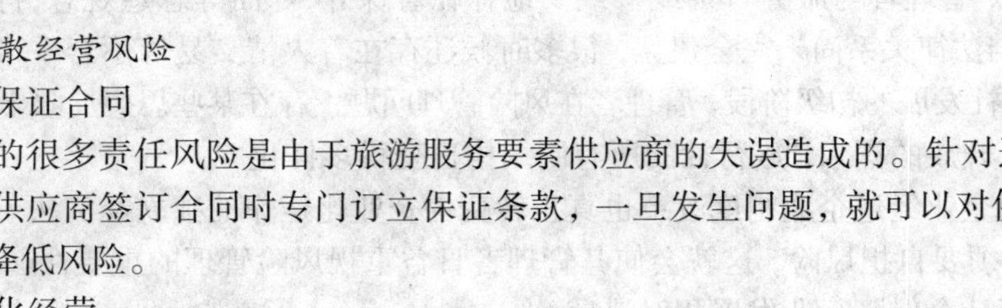

（三）分散经营风险

1. 订立保证合同

旅行社的很多责任风险是由于旅游服务要素供应商的失误造成的。针对这种情况，旅行社可以在与供应商签订合同时专门订立保证条款，一旦发生问题，就可以对供应商的过失进行追索，以降低风险。

2. 多元化经营

旅游业具有季节性、敏感性等特点，而通过投资于其他行业或地区，旅行社可以分散经营风险，提高抗风险能力。很多时候，在其他产业的发展也可以为旅行社业带来客源，可以

从一定程度上缓解市场风险。

旅行社经营的多元化主要有股权多元化、产品多元化、经营多元化和地域多元化等。股权多元化就是指一个企业的股权分散化，由多人以多种方式持有，股权多元化能够给企业带来相对稳定的风险承担能力。目前我国旅行社的观光旅游产品和全包价旅游产品占到81%的比例，这样一种产品结构肯定不利于旅行社之间的竞争，也不利于旅行社分散经营风险。旅行社需要开发多样化的旅游产品，实现产品的多元化，比如不要过分依赖观光旅游市场而忽视度假、会议等市场，也不应只重视团队旅游市场而轻视散客旅游潮流。从经营模式上来说，在一定区域范围内建立一个经营网络，形成地域多元化也是分散风险的有效方法。

至于具体采取何种形式，应视市场企业具体情况而定，同时要特别注意防止因多元化不当而造成企业资源分散和核心竞争力模糊问题。

3. 集团化经营

集团化经营是增加企业经营稳定性、降低风险与波动的有效途径。通过集团化经营、横向一体化、纵向一体化、跨行业联营等策略，可以将经营风险化整为零，增加旅行社抗风险能力；同时，集团化使一部分旅行社的外部风险内部化，有利于对一部分财务风险、市场风险、责任风险的控制与管理。加入世贸组织以后，我国旅行社业要建立和发展外向型企业集团，以兼并、收购、合资的形式使原来分散的单个企业向社会化大生产集团集结，使分散的对外经营向集团化的外向经营、规模经营转化，避免企业的恶性竞争和压价竞争。

【链接 11－2】

近年来，上海春秋国旅成立低成本航空公司春秋航空；港中旅合并招商国旅，后重组中旅集团等举动，均为我国旅行社为增强企业抗风险能力和市场竞争力而进行的集团化、一体化经营的有益探索。

（四）积极参加保险

国内的旅行社很多为降低成本不愿主动为旅游者投保，这种现象在国内旅游中尤为突出。随着国家政策的引导与强制责任险的落实，现在大多数旅行社已接受为游客购买责任险、动员游客购买旅游意外伤害、行李损失险等保险。针对旅游活动中责任风险较多的问题，为逐步建立合理、完善的旅游保险体系，国家旅游局于2001年5月15日颁布了《旅行社投保旅行社责任保险规定》。根据这一规定，自2001年9月1日起，旅行社从事旅游业务经营活动，必须投保旅行社责任保险，对依法承担的七个方面的责任进行投保，主要包括：

由于旅行社责任导致的旅游者人身伤亡、医疗、交通费用，死亡处理和遗体遣返费用，对旅游者必要的施救费用、行李物品的赔偿、诉讼费用以及旅行社与保险公司约定的其他责任。《旅行社投保旅行责任保险规定》只对保险金额的最低标准进行了规定，各旅行社可以根据以往经验、组织接待量大小、自身管理水平、抗风险能力等来决定投保数额。在意外事故发生后，旅行社可以依据有关规定、按照程序向保险公司索赔，保险公司将按照双方合同，对合同约定范围内的责任进行适当程度的赔偿。《旅行社投保旅行社责任保险规定》理顺了保险各方的法律关系，有效保障了旅游者与旅行社双方的合法权益，降低了旅行社的经营风险。

（五）培育产品品牌

鉴于行业特点，旅行社更需要也更适合实施品牌策略：

1. 旅行社产品是一种服务，具有无形性，其生产与消费具有同步性，旅游者通常是“先预订，后消费”，无法在进行消费之前对旅行社产品的量等各方面进行考察从而进行消费决策。

因此，旅行社企业就需要利用品牌，在旅游者心中树立起良好的信誉，将旅游者的购买产品转化为购买信任。

2. 相对于其他行业，旅行社是一个人员高流动性的行业，一个员工的跳槽就有可能给企业带来巨大的损失，不利于旅行社的稳定。如果进行品牌塑造，旅行社就可以依靠旅行社本身的信誉和客户联系，进而避免旅行社企业行为的个人化。

3. 知名旅游品牌能有效防止同质化竞争。旅行社产品（主要是旅游线路）很容易受到同行的模仿，以至旅游者真伪难辨，而知名品牌的建立可以有效地建立较高的模仿门槛，使其他旅行社很难模仿。

4. 品牌本身也是产品增值的重要手段。旅游者和其他消费者一样，对知名旅游企业及其知名产品品牌容易形成消费信赖和偏好，从而促进旅行社的成长。

附：

旅行社接待通用安全操作规程

1. 适用范围

本规程提出了旅行社接待国内旅游活动安全操作的基本规范要求。

本规程适用于旅行社所接待旅游团队的安全操作控制。

2. 引用标准

下列标准所包含的条文，通过在本标准中引用而构成为本标准的条文。在标准出版时，所示版本均为有效，所有标准都会被修订，使用本标准的各方应探讨、使用下列标准最新版本的可能性。

GB/T15971—1995《导游服务质量》

LB/T002—1995《旅游汽车服务质量》

LB/T004—1997《旅行社国内旅游服务质量要求》

GB16153—1996 饭店（餐厅）卫生标准

3. 术语和定义

下列术语和定义适用于本标准

3.1 旅行社 travelservice

依法设立并具有法人资格，从事招徕、接待旅行者，组织旅游活动，实行独立核算的企业。

3.2 导游人员 tourguide

持有中华人民共和国导游资格证书、受旅行社委派、按照接待计划，从事陪同旅游团（者）游览等工作的人员。导游人员包括全程陪同导游人员（全陪）和地方陪同导游人员（地陪）。

4. 总则

4.1 旅行社接待安全操作规程贯彻“预防为主，安全第一”的方针

4.2 领导者责任

旅行社总经理对接待安全管理工作全面负责。

4.3. 旅行社接待安全工作的主要任务是：

4.3.1 预防危害国家安全的破坏活动；

4.3.2 预防刑事案件和治安案件；

4.3.3 预防交通安全事故；

4.3.4 预防食物中毒事故；

4.3.5 及时处置危及旅游者人身和财物安全的事故和突发事件；

4.3.6 预防接待过程中的其他违法犯罪活动。

5. 安全事故报告及处理

5.1 事故发生单位在事故发生后，应按下列程序处理：

5.1.1 陪同人员应当立即上报主管部门，主管部门应当及时报告归口管理部门；

5.1.2 会同事故发生地的有关单位严格保护现场；

5.1.3 协助有关部门进行抢救、侦查；

5.1.4 有关单位负责人应及时赶赴现场处理；

5.1.5 对特别重大事故，应当严格按照国务院《特别重大事故调查程序暂行规定》进行处理。

5.2 处理外国旅游者重大伤亡事故时，应当注意下列事项：

5.2.1 立即通过外事管理部门通知有关国家驻华使领馆和组团单位；

5.2.2 为前来了解、处理事故的外国使领馆人员的组团单位及伤亡者家属提供方便；

5.2.3 与有关部门协调，为国际急救组织前来参与对在国外投保的旅游者(团)的伤亡处理提供方便；

5.2.4 对在华死亡的外国旅游者严格按照外交部《外国人在华死亡后的处理程序》进行处理。

5.3 对于重大安全事故，报告人或报告单位除向当地消防、公安、交通、卫生等有关部门报告外，要同时向当地旅游局报告，有组织接待的旅游团队还要向组团旅行社报告。

5.4 事故处理后，立即写出事故调查报告，其内容包括：

5.4.1 事故经过及处理；

5.4.2 事故原因及责任；

5.4.3 事故教训；

5.4.4 今后防范措施。

5.5 重大旅游安全事故的报告内容主要包括：

5.5.1 事故发生后的首次报告内容：

5.5.1.1 事故发生的时间、地点；

5.5.1.2 事故发生的初步情况；

5.5.1.3 事故接待单位及与事故有关的其他单位；

5.5.1.4 报告人的姓名、单位和联系电话。

5.5.2 事故处理过程中的报告内容：

5.5.2.1 伤亡情况及伤亡人员姓名、性别、年龄、国籍、团名、护照号码；

5.5.2.2 事故处理的进展情况；

5.5.2.3 对事故原因的分析；

5.5.2.4 有关方面的反映和要求；

5.5.2.5 其他需要请示或报告的事项。

5.5.3 事故处理结束后，报告单位需认真总结事故发生和处理的情况，并做出书面报告，内容包括：

5.5.3.1 事故经过及处理；

5.5.3.2 事故原因及责任；

5.5.3.3 事故教训及今后防范措施；

5.5.3.4 善后处理过程及赔偿情况；

5.5.3.5 有关方面及事故家属的反映；

5.5.3.6 事故遗留问题及其他。

6. 旅游者人身安全

6.1 乘车

6.1.1 司机在接团出发前必须做好一切准备工作，当车停稳后，导游员在车下照顾游客上车，然后清点人数，游客到齐坐稳后再示意司机开车。

6.1.2 汽车在行驶途中，不得停车让无关人员乘车，遇有不明身份人员拦阻车辆时，不得停车。

6.1.3 导游员有权阻止非司机开车。因本车司机身体欠佳，经请示同意可调换司机。

6.1.4 当感到车速过快时，导游员有权加以制止，尤其是窄路、坡路、雨雪雾天等路况不佳时更应注意。

6.1.5 当行车路线较长时，导游员应定时与驾驶员交谈，提醒驾驶员以免打盹造成安全事故。

6.1.6 当车辆出现车祸时，导游员和司机要尽全力立即将游客从车内救出，迅速拦截过往车辆将危重病人送往医院。如临时无过往车辆，应以最快速度用电话报告旅行社和本地急救中心、医院请求火速求援。

6.1.7 当发现其它车辆发生车祸时，在条件允许时要立即停车全力相救(在条件不允许时，要事后报告、讲明情况)。

6.1.8 在汽车停稳之前，导游员应向游客说明下次乘车时间和地点，待汽车停稳后，导游员应在车下照顾游客下车。

6.1.9 每天第一次见面，导游员要向司机讲明当日的详细活动日程，并协商出最佳行车路线。

6.1.10 严禁汽车司机在行驶中抢时间、赶日程，严禁酒后开车或疲劳驾驶、开英雄车、斗气车，以及拼命鸣喇叭。

6.1.11 司机、导游员必须于每日团队出发前至少提前10分钟抵达现场。

6.2 住宿

6.2.1 领队、全陪、地陪和客人都要掌握对方所住的房间号和位置。

6.2.2 导游员要弄清楚一旦发生地震或火灾时迅速离开饭店的安全通道。

6.2.3 全陪必须同客人住在同一饭店，如有事离开，必须通知地陪、团长或领队。

6.2.4 导游员要提醒游客锁好门，尤其是晚间，切不可贸然开门，让不明身份的人进入房间。

6.2.5 如游客发生意外伤亡，全陪和地陪应立即同饭店保卫部门及值班经理取得联系，保护好现场，并立即将危重病人送往医院。

6.2.6 旅行社自行选择旅游团队住宿饭店，应审查资格，明确责任，索取有效的卫生许可证、营业执照备案，并与饭店签订团队住宿协议，饭店名称、地址、电话应以传真形式报市旅游质量监督管理所、市卫生局卫生监督所和市公安局备案，并对饭店情况进行检查，发现问题应及时取消该店的供方资格。每次应与饭店签订具体住宿协议，注明住宿时间、标准、人数及注意事项等，并由双方盖章确认。

6.3 景点

6.3.1 在客人抵达景点之前，导游员要提醒游客如在景点附近摊点购物时，要严守日程和时间，避免掉队，影响参观。

6.3.2 在参观过程中，全陪和地陪要始终和客人一起活动，要维持好参观秩序，防止坏人伤害游客，要经常清点人数，避免游客走失。

6.3.3 全陪和地陪要注意观察旅游景点或通向旅游景点的通道是否安全。如不安全，除必须停止游客参观外，事后一定要向公司书面反映，以便公司对下一次的旅游做出新的更加安全的安排。因天气原因，如下雨、下雪、刮风等，确实给游客参观游览能带来危险时，可劝阻客人改期参观。

6.4 就餐

6.4.1 全陪和地陪如发现餐厅和楼道滑腻、地毯卷起、台阶破损等情况，除提醒客人注意外，要通知餐厅服务员立即清除或修复。

6.4.2 全陪和地陪在带领客人就餐中如发现饭菜、饮料或水果不卫生、有异味或发霉、腐烂变质时，要主动与餐厅负责人交涉，要求其按标准重新提供并向客人道歉。

6.4.3 如发现游客就餐后出现了头疼、头晕、恶心、呕吐等不适症状时全陪和地陪要呼吁游客立即停止进食，迅速将不适症状者送往医院，并报告检疫部门检查、化验，如确属食物中毒，导游员应立即向公司报告，并责成有关部门处理。

6.4.4 旅行社不得安排团队到无卫生许可证、无营业执照、卫生条件差的饭店就餐；

6.4.5 旅行社自行选择旅游团队就餐饭店，应审查资格，明确责任，索取有效的卫生许可证、营业执照备案，并与饭店签订团队就餐协议，饭店名称、地址、电话应以传真形式报市旅游质量监督管理所和市卫生局卫生监督所备案，并对饭店厨房卫生进行检查，发现问题应及时取消该店的供餐资格。每次应与饭店签订具体用餐协议，注明用餐时间、标准、人数及注意事项等，并由双方盖章确认。

6.4.6 加强对导游员的食品卫生知识培训，掌握游客身体状况，并对就餐饭店的菜单进行审查，原则不吃或少吃凉拌菜、小海货及冰啤、扎啤等易引起食物中毒或胃肠道疾病的食品。引导游客不喝崂山生泉水，不吃景区或街头摊点供应的凉粉、小海货等食品。

6.4.7 发现游客有中毒或疑似食物中毒症状时，应及时送医院就医，妥善安置病人，并立即向市、区卫生监督所报告，不得提前私自通知供餐饭店，防止破坏加工现场，影响食物中毒调查采样及其定案。

6.4.8 接待旅游团超过50人以上集体就餐要及时向发放卫生许可证的市、区卫生监督所报告。

6.4.9 旅行社应监督餐饮接待单位实行分餐制，可用服务员分餐或用公筷、公勺方式分餐。

6.4.10 团队外出需订购携带食品或盒饭时，应对集体订购配送餐单位，严格索证制度，严禁订购食用无配送卫生许可证单位配送的食品。

6.5 购物

6.5.1 如客人提出购物，导游应当带领游客到诚信购物商店购物。

6.5.2 带领游客到诚信购物商店购物，因购物出现的一切问题均由商店负责处理。

6.6 观赏文艺节目

6.6.1 全陪和地陪至少有一个必须陪游客一起观赏文艺节目。

6.6.2 全陪和地陪要留意，一旦发生意外，如何带游客从演出场地迅速撤出的安全通道。

6.7 其它

6.7.1 导游员应每天向游客公布当日和次日的天气预报，并提醒游客增减衣服，照顾好游客的人身安全，特别是对老、弱、病、残者要特别注意。

6.7.2 如游客有病，要热情关心。对危重病人要立即送医院救治。

6.7.3 如游客发生重大意外伤亡事故，除按《旅游安全事故报告控制程序》执行外，还应按本程序的有关要求，迅速向公司和有关单位报告。

7. 接待过程财物安全规程

7.1 旅游者进入本地

7.1.1 导游员接到旅游者后，要告诉游客把托运行李和手提行李分开，并提醒客人不要将护照(身份证)和贵重物品(如首饰、现金、支票、证券等)放入托运行李中。手提行李由客人自己保管，将托运行李集中起来后要检查是否上锁或破损。凡不上锁或破损到上锁无价值者不予托运，应提醒客人不要将香烟、打火机、胶卷、电动剃须刀等放入托运行李两侧的无锁袋内。

7.1.2 当旅游者进入时，全陪要将行李托单交给地陪或客人提取行李，清点行李后，在行李上挂上旅行社行李标志牌，办好手续运走。

7.2 旅游者进入饭店

7.2.1 导游员在游客离开机场、车站前，要提醒游客检查托运行李物品是否完整无缺。如有丢失，立即报告。

7.2.2 客人托运行李送到饭店后必须填写交接单，由双方签字。

7.2.3 饭店行李员必须在客人进入房间后及时把游客行李送进房间。

7.3 离开饭店

当游客离开饭店前将托运行李交出后，导游员要与饭店行李员交接，填写交接单，由双方签字。

7.4 离开本地

7.4.1 导游员负责将游客行李送到离站交通运输部门时，要办理好托运手续，将有关领取单据交给全陪妥善保管。

7.4.2 当旅游者离开本站时，导游员应将行李先于旅游者送到出境地点，然后将行李交给游客，办理托运手续等。

7.5 其它

游客在旅游期间，包括在机场、火车站、汽车、轮船、饭店、餐厅、旅游景点、观赏文艺节目、购物、自由活动时全陪和地陪都必须做到：时时刻刻提醒游客保管好自己的护照和钱物，不要将其忘在别处，如发生此类情况，要积极协助有关单位查找。

8. 旅游汽车安全

8.1 坚持一日三检，确保车况完好

8.1.1 出车前的检查：汽车发动机机油、燃油、冷却水、电解液加足适量；手脚制动器、转向机灵敏有效，各部管路完好，轮胎气压符合规定；车灯，喇叭、雨刷机及仪表工作正常；电瓶搭线清洁牢固；四轮制动鼓轮胎螺丝紧固，轴碗不松动。

8.1.2 行驶中的检查：行车中要随时注意发动机及底盘各部件的声响，如有异响，及时修复。长途行驶时，应中途检查各部位有无漏油、漏气、漏水情况及轮胎气压是否正常，并随时观察仪表工作是否正常。

8.1.3 收车后的检查:任务执行完毕后，装有电源总闸的车辆，应关闭总电闸，拉紧手制动器。气压制动车辆应放掉水分离器及储气罐内的污水，并拧紧堵塞。清洁烟缸内的脏物，检查车内是否有未熄灭的烟蒂，防止起火。注意补充燃油、机油。关好车门，锁好门窗及后备箱。

8.2 坚持安全操作，确保行车安全

8.2.1 车辆发动:拉紧手制动器，将变速杆放在空档位置上。用起动机启动发动机时，每次不超过 5 秒钟，连续三次使用起动机而发动机仍不发动时，应查明原因再启动。发动机发动后，禁止猛踩油门，各种仪表指示灯必须正常，读数符合规定。

8.2.2 平稳起步:起步时必须先观察车辆周围情况，应用标准档起步，松开手制动器，打开方向灯，通过后视镜察看后方有无来车，轻抬离合器，适量加油。坡路起步时，如发生熄火，必须立即停车，必要时在轮胎后部打掩。

8.2.3 驾姿端正:司机执行任务时必须精力充沛;不准将胳膊挎在车门上或斜坐驾驶;行驶中做到:起步平稳，转弯不晃，刹车不点头;不准吸烟、吃东西或做有碍安全行车的动作。

8.2.4 车辆行驶:要根据车速顺序换档，不得跳换，不得低速拉车和勉强行驶。行驶中要经常注意仪表和车辆的工作情况，发现异常立即停车检查，及时排除。严格遵守会车、让车、超车、跟车的规定，不超速行驶，禁止高速滑行、间歇滑行或熄火滑行。冰雪天气或雨雾天气时，必须在落实了各种安全措施后方得出车;驾驶中要根据特殊天气的特点，坚持“一慢二看三通过”。

8.2.5 车辆停放时，必须挂好档，拉紧手制动器。在坡道上临时停车时，司机不准离车，防止溜车滑坡事故的发生。

8.3 签订规范用车合同

旅行社在租用旅游车辆时，要按照旅游局公布的《旅行社旅游团队接待用车合同范本》与出租方签订正式合同，明确双方的权利义务。每次用车，应与出租方签订具体用车协议，双方盖章确认，并提供给司机具体的团队计划。

8.4 租用车辆应具备相应资质

租用的旅游车辆应经公安等部门检验年审合格并符合行业标准与合同约定标准。驾驶员应是公安等部门登记在册技能熟练人员，足额办理了乘员险、第三者责任险等保险手续，符合交通部门认定的旅游目的地经营范围的旅游客车。

8.5 用车前需索取相应资料

车辆使用前索取使用车辆及驾驶员的相关资料复印件备查:机动车驾驶证、机动车辆保险单、车辆购置税完税证明、道路运输证、道路运输规费缴讫证、山东省营运车辆驾驶人员上岗证书、其它有关资质证明。

8.6 用车当中注意事项

出车前，要认真检查车辆性能，确保车况良好，保持车辆内外清洁卫生。驾驶员应有良好的服务态度、礼节礼貌和仪容仪表。司乘、导游等人员要密切协作，共同搞好行车安全工作。驾驶员要严格按照交通规则驾驶车辆，在行车过程中要严格遵守有关规定。对单程行程 400 公里(高速公路 600 公里)以上的客运车辆，乙方必须配备两名驾驶员，每名驾驶员连续驾车不得超过 3 小时，24 小时内驾驶时间累计不得超过 8 小时。在高速公路上行车时要严格遵守小型客车最高时速不超过110公里，大型客车、货运(行李)汽车不得超过90公里的限速规定。

8.7 乘客意见卡

8.7.1 旅游汽车上必须放置“乘客意见卡”，在接待旅游团时，司机应主动将卡发放到乘客手中。

8.7.2 车队要及时收回“乘客意见卡”，对乘客提出的意见及时做出反应，并将各类意见汇总报告公司业务和质量管理部门。

8.7.3 旅游汽车公司业务和质量管理部门要定期对“乘客意见卡”做出统计和汇总，并对各类意见进行分析，报告公司领导，提出改进服务质量的办法。

9. 特殊情况处理

9.1 基本处理原则

9.1.1 旅行社对游客在旅游过程中出现的特殊情况，如事故伤亡、行程受阻、财物丢失、被抢被盗、疾病救护等，应积极协助处理。

9.1.2 旅行社应建立健全应急处理系统制度。

9.1.3 旅行社在处理特殊情况时，应维护旅游者的合法权益，不推卸负责，不草率应付，积极排除险情，妥善解决问题。

9.2 路线或日程变更

9.2.1 旅游团(者)要求变更计划行程

旅游过程中，旅游团(者)提出变更路线或日程的要求时，导游人员原则上应按合同执行，特殊情况报组团社。

9.2.2 客观原因需要变更计划行程

旅游过程中，因客观原因需要变更路线或日程时，导游人员应向旅游团(者)做好解释工作，及时将旅游团(者)的意见反馈给组团社和接待社，并根据组团社或接待社的安排做好工作。

9.2.3 丢失证件或物品

当旅游者丢失证件或物品时，导游人员应详细了解丢失情况，尽力协助寻找，同时报告组团社或接待社，根据组团社或接待社的安排协助旅游者向有关部门报案，补办必要的手续。

9.2.4 丢失或损坏行李

当旅游者的行李丢失或损坏时，导游人员应详细了解丢失或损坏情况，积极协助查找责任者。当难以找出责任者时，导游人员应尽量协助当事人开具有关证明，以便向投保公司索赔，并视情况向有关部门报告。

9.3 旅游者伤病、病危或死亡

9.3.1 旅游者伤病

旅游者意外受伤或患病时，导游人员应及时探视，如有需要，导游人员应陪同患者前往医院就诊。严禁导游人员擅自给患者用药。

9.3.2 旅游者病危

旅游者病危时，导游人员应立即协同领队或亲友送病人去急救中心或医院抢救，或请医生前来抢救。患者如系某国际急救组织的投保者，导游人员还应提醒领队及时与该组织的代理机构联系。

在抢救过程中，导游人员应要求旅游团的领队或患者亲友在场，并详细地记录患者患病前后的症状及治疗情况。

在抢救过程中，导游人员应随时向当地接待社反映情况；还应提醒领队及时通知患者亲属，如患者系外籍人士，导游人员应提醒领队通知患者所在国驻华使(领)馆；同时妥善安排好旅游团其他旅游者的活动。全陪应继续随团旅行。

9.3.3 旅游者死亡

出现旅游者死亡的情况时，导游人员应立即向当地接待社报告，由当地接待社按照国家有关规定做好善后工作，同时导游人员应稳定其他旅游者的情绪，并继续做好旅游团的接待工作。

如系非正常死亡，导游人员应注意保护现场，并及时报告当地有关部门。

9.4 其他

如遇上述之外的其他问题，导游人员应在合理与可能的前提下，积极协助有关人员予以妥善处理。

10. 导游服务

10.1 旅行社应为每辆旅游车上的旅游者配备至少1名导游人员；

10.2 导游人员的基本素质及其服务应符合GB/T15971的规定；

10.3 导游人员应具有一定的安全知识和防范技能，以保障旅游者的人身安全。

（资料来源：青岛市旅游局，该条例为青岛市旅游局制定的地方规章）

本章小结

风险管理是近年来旅行社越来越重视的课题，鉴于旅行社行业竞争加剧、经营环境日趋复杂，各类影响乃至威胁旅行社行业的风险种类越来越多、出现的可能性越来越大，因此通过本章学习，了解旅行社经营风险主要类型，能运用旅行社风险管理的有关知识进行旅行社风险识别与规避是每位旅行社从业者应有的素质。

实训练习

一、案例分析

1. 目的：掌握旅行社风险管理的基本知识与技能。

2. 训练方式：分组进行案例分析、模拟练习。

3. 实训内容：阅读案例，回答案例当中的问题。

上海春秋国际旅行社的"非典之旅"

假如100年后，有人说起"非典"，一定不会忘记有个行业堪称悲壮。那就是旅游业。

一场来势汹汹的非典疫情，使这个本应阳光明媚的春季蒙上了一层灰色，更使中国旅游业陷入前所未有的危机之中。

作为中国最大旅行社之一的上海春秋国际旅行社，经历了从惶恐、悲伤到不屈和抗争的心路历程，终于擦干眼泪，踏上了铭心刻骨的艰难突围。

这是春秋国旅的突围之路，也是整个中国旅游业奋勇突围的鲜明写照。

2003年3月23日：先兆

3月，初春的阳光依旧灿烂，但王正华却隐隐感到一丝不祥。

王正华，上海春秋国际旅行社总经理。2003年开年，和国内绝大多数同行一样，这家旅行社迎来了历史上最兴旺的“牛市”。作为国内最大的“包机+网络”旅游批发商，春秋国旅包租20多条航线，每周包机280个航次，每月仅包机风险金就达1.5亿元，全国各地几乎天天都有春秋的包机起飞降落。

问题1：说说什么是“旅游批发商”，“包机和网络批发”指什么业务？

3月23日，正在北京出差的王正华按照惯例，打开手提电脑，登录企业内部网络，查看当天的包机销售流量表。“这是我们领导层每天的‘功课’，通过对包机销售流量表进行比较分析，可以找出市场未来的走向趋势，或者异动的信号。”

眼前的销售分析显示，3月下旬，江浙旅游线路和外地市场十分火爆，各种热门景点和线路的旅游产品供不应求，市场形势可谓一片大好。然而，一个反常的现象引起了王正华的注意：春秋国旅针对白领市场精心开发的一些高端旅游产品，如“自由人”“纯玩团”等出现了滞销迹象——根据测算，整个3月份，这些高端旅游产品的销售量将会比2月份降低40%至50%。

问题2：作为旅游业今年广受瞩目的新星产品，自由人、纯玩团与一般观光旅游产品有何差别？

高端产品卖不动，说明外国游客和外企白领游客减少了。这是为什么？猛然间，王正华想起了3月17日世界卫生组织宣布的有关非典疫情的消息。他心中一紧：这是一个不祥的先兆！

通过连续几昼夜的数据搜集和分析，春秋国旅终于得出了结论：非典疫情会对当地旅游市场产生重大影响，而且，这种影响的传播具有高“五先五后”的特征——先国外游客后国内游客，先散客后团队，先高端产品后大众产品，先城市后县乡，先沿海后内地。

背景：成立于1981年的上海春秋国旅是一家综合性旅游企业，业务涉及旅游、酒店预订、机票、会议、展览、商务、因私出入境、体育赛事等行业，是国际大会协会（ICCA）在中国旅行社中最早的会员，被授权为目前世界最热门赛事2004年F1赛事中国站境内外票务代理，被授予上海市旅行社中唯一著名商标企业。

上海春秋国旅成立以来，依靠1000多名员工的不懈努力和勇于创新的开拓精神，使资产和年营业收入每年平均以30%至50%的幅度增长。1994年以来，上海春秋国旅在经营中国公民境内旅游业上成绩显著，连续八年荣获全国第一的殊荣。拥有“春之旅”“中外宾客同车游”“纯玩团”“自由人”“爸妈之旅”等多种特色旅游产品。同时，上海春秋国旅已经在美国、英国、泰国、德国、日本、澳大利亚、香港等7个国家和地区以及国内30多个大中城市设立分公司，形成了初具规模的“春秋联合体”。在分公司和1000多家网络成员之间实行电脑联网业务操作，做到“散客天天发，一个人也能游天下”便利的散客即时预订服务。

上海春秋国旅设有严格的质量监督管理机制，坚持“99+0=0”和“每团必访”的优质服务质量观，TQC部获得中国“优秀质量管理小组”称号。由于上海春秋国旅在企业经营、管理和发展方面取得了令人瞩目的成绩，因此10多年以来连续被授予“上海文明单位”的光荣称号。

问题3：TQC指什么？你认为旅行社在质量控制方面应该怎么做？

4月1日：急救

当国内绝大多数旅游企业依旧沉醉于旅游市场开门红、步步高的美好形势时，春秋国旅在全国31家分社打响了应对非典的紧急战役。

“网络包机批发”是春秋国旅的拿手好戏，但王正华意识到，一旦非典危机来临，处于风暴中心的旅行社将首当其冲，客源猛跌，大批包机空位、空载必然成为旅游企业亏损的无底洞。

当务之急，就是在最短的时间内停、退包机！4月1日，春秋国旅正式向国内各大航空公司递交报告，分析非典疫情的严重性；4月5日起，旅行社包机部所有工作人员被派往各家航空公司，商榷包机停飞以及可能形成损失的分担方案。

3月底、4月初，非典疫情对国内旅游行业的影响尚未显现，旅游市场价格持续走高，不少旅行社的包机部甚至为即将到来的“五一”黄金周待价而沽。此时此刻，春秋国旅停、退包机的举动招来一片非议：“有生意不做，有钞票不赚”“春秋傻了”……

“不管别人说什么，包机坚决要退，而且只能快不能慢。”王正华说，春秋国旅高层的态度十分鲜明，不仅如此，他们还紧急下达了第二道让同行费解的命令——全国各分社将包机销售流量尽量往前推，即使不赚钱，甚至赔点钱也要把机票尽早售出。

从3月下旬起，春秋国旅连续召开3次全国各分社总经理电话会议，严令各地分社照章执行。结果，武汉春秋3月下旬至4月上旬，每周分别比正常流量多卖了145%和152%的包机销售；重庆春秋4月22日把所有机票全部卖完。

之后的事实证明，春秋国旅的急救措施十分奏效。4月24日，最后一家四川航空公司也同意停、退包机，而且在所有航线停退之前，春秋国旅包下的多数航班都已卖掉99%的座位，损失被减少到最低程度。与此形成鲜明对比的是，许多旅行社直到4月下旬方才察觉手中的机票滞销，甚至完全卖不动，心急火燎地要求航空公司停飞，却为时已晚；有的包机旅行社，一个航班只卖出四五个座位，而一个航班一趟来回的成本高达20万元。

春秋国旅总经理王正华说，停退包机、降价出票给旅行社造成600多万元的经济损失；但如果当时顾惜眼前利益，不采取急救措施，整个旅行社的潜在损失将超过1亿元，企业无疑将被置于死地。

4月20日：噩耗

急救，让春秋国旅躲过了一场灭顶之灾；但噩耗，还是接踵而来。

按照常规，“五一”黄金周是旅行社全年的利好开端。今年，尽管境外游首先受到非典影响损失不小，但和许多同样一样，春秋国旅预备“境外损失境内补”，抓住时机在国内游市场好好施展身手，最大限度地挽回损失。为此，员工们摩拳擦掌。

不料，4月20日，形势急转直下。国务院新闻办公室向全国发出公告，为了防止非典疫情的扩散传播，国家将取消今年的“五一”长假，而且不提倡组织跨区域的旅游活动。

春秋国旅副总经理张秀智痛惜地说：“这真是当头一棒！”对于春秋国旅这家国内游业务排名全国第一的旅行社来说，取消“五一”长假，就意味着所有整装待发的旅游团队必须宣告解散，已经接到手的两万多名游客、上亿元的订单将化作泡影。2000多名春秋员工的心里很明白，这将是多么巨大的经济损失啊！

但“与其追求利润，不如莫负游客”，春秋国旅按捺住心头的痛楚，毅然决定以最快的速度退团，用笑脸和耐心面对游客。

旅行社经济全线萎缩。据对上海国际旅行社和国内旅行社的调查，4月1日至4月15日，全市国际旅行社收入同比下降78.26%，国内旅行社同比下降20%。此后，国家旅游局提出决定严格控制国内旅游，不组织跨省市旅游，上海国内旅行社全线停止接待，一些小型旅行社处境艰难。

旅游景点及相关收入受到严重影响。据统计，上海主要旅游景点、景区接待游客数量持续下降，各项相关收入显著减少。一些著名景点日接待游客同比减少六成以上。

5月2日：直面

处于风暴中心，有人退缩，有人哀叹，有人悲观，有人等待救援。在春秋，也有人发出了呻吟。春秋国旅内部网络的BBS上，“春秋完了”“泡沫大厦的毁灭”等哀叹一度弥漫，员工思想十分混乱。

总经理王正华看在眼里，急在心里。危机之中，人心不稳，比经济损失更加可怕！5月2日，一篇题为《莫惊慌，练内功，春秋大厦，坚如磐石》的文章出现在春秋国旅的BBS上：

“记得一位伟人曾经说过，当你失去了财产，你只失去了一点；当你失去了荣誉，你就丢掉了许多；当你失掉了勇敢，你把一切都丢掉了。”“让别人去惊慌，我们走自己的路。我们春秋本身就是在市场残酷竞争，或者讲在多多少少的磨难中成长起来的。今天的磨难，我们纯粹把它当做在社会大学中的一种继续和深造！我们要把主要精力放在迎战非典上，放在我们该做的事情上，不要为打口水战浪费我们宝贵的时间和精力。”“成功永远只属于有大勇大智者，即使眼前损失很多，我们力量还在、信心还在，明天仍在我们手中！”

恰似一石激起千层浪，短短几个小时，跟帖、回帖的数量直线上升，达到近百篇。朴实的情感，生动的话语，让员工们意识到，危机当前，怨天尤人只能是徒劳；唯有直面危机，才有可能战胜危机。“春秋兴亡，匹夫有责”“愿与春秋共甘苦，同生死”“分文不取，共渡难关”……信心，就这样一点一点地凝聚。

这篇文章的作者，就是王正华。

危机，的确使企业遭受前所未有的重创，但也激发出员工前所未有的向心力。分布在全国各地的春秋分社同样受到重创，但他们没有往总社身上靠，向总社伸手要，而是一同担负起抵抗非典的重任。

哈尔滨北国春秋阎总经理刚刚上任就遇到了非典带来的沉重打击，听说总社要把北国春秋暂时停业，年青员工们抱头痛哭。回想北国春秋建社1年多来的坎坷，阎琴心百感交集，提笔给上海总社写信，表示愿意在不增加总社负担的情况下，自负盈亏，所有费用由分社自行承担，没有利润就不发工资，包括总经理在内。在信的最后，阎琴心写道：我以一个具有强烈责任感的普通党员的身份要求承担此责任。

重庆分社总经理苏海山听说上海总社经理4月份每人只拿535元基本生活费时，特地打电话给王正华，恳切地说：“千万不能让一些重要的业务骨干也只拿535元。我们已经决定，把今年第一季度的几十万元利润随时准备汇给总社！虽然，这些对于受到沉重打击的总社可能只是杯水车薪，但这是重庆春秋人的态度——分社的损失还是可以挽回的，流失了总社优秀的人才那才让人痛心。一定要保住总部，各地分社才有希望！”

突围非典的日子里，除了一些实习生和返聘人员暂时待岗外，春秋国旅没有辞退一名员工，也没有一名员工离开公司。

问题4：春秋旅行社为什么没有用裁员的方法降低成本，以求自救？

背景：莫惊慌，练内功，春秋大厦，坚如磐石！——春秋国旅总经理王正华给员工的公开信

由于“非典”对旅游业的冲击，很多同仁是在默默地奉献，也有些同仁在积极探讨对企业在“非典”冲击面前应该的反思。更有许多同仁，从干部到群众，从本部到分社，从北疆到南陲，从沿海到西部，无数春秋人表示：“春秋兴亡，匹夫有责”“愿与春秋共甘苦，同生死”“分文不取，共渡难关”等等，表现了春秋之所以能取得“国内旅游，全国第一”坚不可摧的员工的决心和力量。当然，也有些类似像“泡沫大厦的毁灭”“春秋的一天”等，表现出对春秋前途的惊慌。

记得一位伟人曾经说过，当你失去了财产，你只失去了一点；当你失去了荣誉，你就丢掉

了许多;当你失掉了勇敢,你把一切都丢掉了。

在4月10日员工大会上,我曾提出“大难当头,勇者胜”,是针对当时我们很多员工包括网上有些同仁缺乏对“非典”充分的认识,麻木不仁以至于4月22日仍有人还在说所谓“非典”是小小的影响。当然现在已完全证明,我们在3月底、4月初对形势的判断和采取的措施大声疾呼“大难当头”是完全正确的,是十分及时的,大大减少企业可能出现的巨额损失,从根本上避免了破产的风险,而今天大难正如预示那样降临了,我们却要反过来大声疾呼:莫惊慌,练内功,春秋大厦,坚如磐石。

下面谈一点想法:

1. 让别人去惊慌,我们走自己的路。我们春秋本身就是在市场残酷竞争,或者讲在多多少少的磨难中成长起来的。今天的磨难,我们纯粹把它当做在社会大学中的一种继续和深造,所谓“一座民营城倒下了”,所谓“春秋的领导先下岗”“全是当面是人、背后是鬼的小人”的谩骂,这些我们完全不要理会他们。

我们要把主要精力迎战“非典”,放在我们该做的事情上,不要为打口水战浪费我们宝贵的时间和精力。

2. 春秋社领导将竭尽全力,保护热爱春秋、为春秋奋斗的一大批骨干,和勤勤恳恳为春秋工作的员工。尽管四月份严重亏损,但是考虑到我们员工还是勤恳奉献了一个月,亏损并不是他们的责任,我们仍然动用了风险基金,仅削减了部份收入。

3. 培训业务,提高素质。业务可能会在一个时期内全部停下来,这对我们确实是一种灾难,但我们为什么不可以把这个时间拿出来,花大力气培训,与其去和“泡沫大厦”的人打口水战,不如把我们的精力放在培训和适当的休息调整上。我们要求各个部门立即行动起来,每个部门都应该花主要的精力去培训,提高我们的应知应会,提高我们的业务技能。我们要求全体同仁,不要消极地等待“非典”过去,而是要争分夺秒地下苦功,提高我们的基础知识,使之成为我们终生难忘的旅游知识的大提高。总部已在4月30日召开了一个“抗非典、练内功”动员大会,兴起一个学习业务、提高素质的热潮。

4. 完善规章,修改制度。我们的春秋曾在1996年对《春秋规范条例》做了第3次修改,这些年每年都以40%左右的增长,现在不仅营业规模增长了10多倍,更重要的是我们社的内部体制、业务范围也发生了很大的变化。我们一直想做必要的修改,可是业务实在太忙,拖了又拖,现在“好”了,各部门可以抽出精兵强将完善我们的规章,修改我们的制度。面对空前灾难,我们做最坏的长期准备,全体春秋人都应有充分思想认识,同时做好随时恢复业务的准备,沉住气,莫惊慌,练内功,春秋大厦,坚如磐石。成功永远只属于有大勇大智者,即使眼前损失很多,我们的力量还在,信心还在,明天仍在我们手中!

5月14日:磨砺

5月14日,春秋国旅迎来了一场特殊的考试——“抗非典,练内功”全员培训首场考试。在位于上海定西路总部的6个考场,来自国内部、区县部、办公室的干部员工组成监考队伍,对这场有关泰国基础知识的测试进行了严格的监督。尽管总经理室制订的合格标准相当苛刻:80分,但“考生”们的合格率毅然达到88.08%,总平均分88.27分。

“危机是一种磨砺。非典时期,我们就是要做一些平时不能做的事情,我们要用这几个月的损失换回未来几年发展的基础。”王正华说,他们做了3件“平时不能做的事”。

第一件事,业务培训。旅游市场的持续火爆,使旅行社根本无暇沉下心来培训业务,部分员工业务生疏，甚至到了不看电脑提示就不知道如何为顾客讲解旅游产品的地步。春秋国旅说，不要消极等待非典过去，而要争分夺秒下苦功提高业务水平，经受一次终身难忘的培训。为了让培训不流于形式，公司提出"不在轰轰烈烈，而在实实在在"。所有人员都必须参加培训和考试，任何资料都不得带入考场，就连总经理也不例外。

第二件事，完善规章。春秋国旅最后一次对企业内部规范条例作修订，还是在1996年。这几年，春秋国旅的业务每年都以40%左右的速度递增，不仅营业规模增长了10多倍，内部体制、业务范围也发生了很大的变化。就好像十几岁的孩子已经长大成人，但春秋国旅还"穿"着7年前那件早已不合身的童装。由于业务实在太忙，修订规章已经一拖再拖。非典时期，难得闲暇的业务精兵被抽调出来，重新修订企业内部规章。

第三件事，网络升级。春秋国旅在国内有1300多家网络代理，计算机管理是他们克敌制胜的利器。非典时期，尽管旅行社"颗粒无收，分文不进"，春秋国旅仍然咬咬牙，引进一批软件人才，加大网络开发力度，提升电脑软件功能，连接销售平台和管理平台。这样做的目的，就是为日后更加激烈的跨国竞争做好准备。

6月15日:希望

这是一个尚未到来的日期，但在春秋国旅的"非典日志"中，这是一个寄托希望的日期。

5月中旬，当疫情稍稍开始趋于稳定时，春秋国旅的包机部便开始与航空公司就恢复包机业务进行谈判，业务部门开始搜集有关酒店的房价信息，与重要客户的信息往来也重新恢复。

非典疫情的彻底控制可能要4个月、6个月，甚至更长，但旅游企业的恢复预案不能滞后，必须提前。"在最好的时候，要有最坏的打算；在最坏的时候，要有最好的希望。这是非典危机给我们的启示。如果等到疫情控制住了，市场恢复了，你才匆匆忙忙着手开发产品、联系客户、协商包机，那么，你就又一次被危机打败了。"

王正华说，春秋国旅要抢占旅游市场恢复的第一条跑道，6月15日是他们所有预案的第一个基点。(资料来源:新华网"焦点网谈"，有删改)

二、模拟实训

1. 目的:掌握旅行社风险管理技能。

2. 训练方式:分组进行模拟练习。

3. 实训内容:

(1)有人说旅游业是脆弱的行业，也有人说不是脆弱，而是敏感，通过上一题"上海春秋国际旅行社的非典之旅"案例及近年来发生的其他类似事件，你对这一问题有何看法?

(2)除非典这类公共卫生事件外，旅游业还可能会面临不少其他类型的突发事件，比如事故灾难(如重大交通事故)、突发公共卫生事件(如群体性食物中毒)等，每一个小组选择其中一种类型，制定一份旅游突发事件处理预案。

第十二章　旅行社信息技术管理

技能目标：

能够熟练运用本章内容，构思旅行社信息技术的应用领域，树立旅行社信息技术管理的意识。

知识目标：

了解信息技术在旅行社业务领域应用的作用；

熟悉旅行社内部信息管理系统的功能和特点；

掌握旅行社信息管理系统的主要内容。

关键词：

信息技术信息管理系统

【任务】

假如你是一家旅行社的经理，现准备在旅行社实施信息化改造，其中最关键的是利用信息技术促进旅行社产品的形象展示与销售业务。通过本章的预习、学习，请你构思、撰写《旅行社网站建设方案》以便向董事会提交讨论。将不同小组的方案在课堂上进行展示、讨论。

案例导读：

2009 年的美国在线旅游市场

旅游行业研究权威 PhoCusWright 在其即将发表的报告——PhocusWright 美国在线旅游概况第九版中提到:2009 年美国在线的休闲/非集中管理的商务旅游市场表现明显优于其他任何一个分销渠道。

处在当前严重的经济衰退时期，美国在线商务旅行预订量将下降 7%，而美国旅游市场总额将呈现 16% 的跌幅。在线旅游表现明显好于整体旅游市场。

2009 年游客需求和消费的大幅下跌使得整个旅游市场的规模减少，甚至低到 2005 年以前的水平。但是，2009 年在线旅游分销渠道的表现却不错。整个旅游市场中在线旅游的市场份额将从 2008 年的 35% 跃升至 2009 年的 39%。

美国三大在线旅行社(Priceline. comInc. (PCLN)、ExpediaInc. (EXPE)以及 Orbitz WorldwideInc. (OWW))由于采取了取消预订费、提供某些价格保证以及更多的机票 + 酒店打包产品以应对经济危机。这些举措帮助它们提高了市场份额，盈利结果比预期的还好。

(资料来源:环球旅讯 2009 年 9 月 9 日，11 月 3 日)

【思考】从这则案例中，我们能够看出现代信息技术在旅游业的应用有着怎样的前景？传统旅行社应如何应对?

现代社会是一个信息社会，任何企业以及个人发展都离不开信息，正是信息的作用才使得世界各地联系在一起，出现类似于“地球村”的概念。旅游是一种将人类以及人类与自然社会连接在一起的活动，其中信息作用不可忽略。而旅行社作为旅游的中介，是连接各种信息，促使旅游活动完成的重要因素。现代社会，信息传递的速度不仅决定着人们接收的速度，而且决定着与信息有关的企业竞争的优势。因此，旅行社对信息的把握速度与程度也在很大程度上决定其市场竞争状况。因此，信息技术的应用以及旅行社信息技术系统的建设与维护对旅行社至关重要。本章即对旅行社信息技术问题进行探讨。

第一节　信息技术对旅行社的影响

【链接 12－1】

现代信息技术

信息技术(Information Technology，简称 IT)是利用计算机软件与硬件技术以及现代通信技术，搜寻、整理、传递和保存信息的科技产物。实际中，主要是应用计算机软硬件和现代通信技术来设计、开发、安装和实施信息系统及应用软件，也常被称为信息和通信技术(Informationand Communications Technology，ICT)。Internet、网上预订、网上购物、数据库系统、网上付款等均是较具代表性的信息技术应用的体现。随着计算机和互联网的普及，人们越来越多地使用计算机来处理、传播各种形式的信息(如电子书籍、商业文件、报刊、论文、电影、电视节目、语音、图形、影像等)。以前通过手工操作的工作，现在可以通过信息技术轻松便捷地完成，同时可以快速传播。在企业、学校和其它组织中，信息技术的运用一般涉及到管理和技术两部分内容。按照目前对于信息技术应用的研究现状与研究成果，企业、学校和其它组织中，信息技术管理部分涉及组织的使命、职能，以及信息需求、系统配置和信息流程等内容；而技术部分涉及信息技术标准、信息技术规则等内容。

一、信息技术在旅行社业务领域的应用

一方面，旅行社业务一般包括信息宣传、招徕、产品开发、促销、采购、接待等内容，这些复杂的业务范围需要更多的信息支持。另一方面，Internet 等现代信息技术使得旅游者可以通过网络搜索任何自己需要的旅游信息。旅游者和旅行社双方通过以 Internet 为代表的信息技术实现了另外一种方式的供需“会面”。旅行社完全有可能透过信息技术实现经营管理的重大变革。

从目前的现状可以看出，旅行社对信息技术的利用主要体现在以下几个方面：

(一)旅行社利用信息技术搜罗各类经营管理相关信息

网络的公开性使得用户可以在有限的搜索权利范围内寻找自己需要的信息。目前一些旅游信息包括目的地景点介绍、风俗文化、自然气候等可以在网络中公布，旅行社计调、外联等部门可以在各类搜索网站中方便快捷地搜索到与其旅游线路和其他旅游产品有关的信息，而且旅行社可以将各种信息进行对比并做出选择。同时，对于竞争对手的情况，比如其旅游线路以及价格等信息，旅行社也可以在网络中搜索得到部分内容，旅行社还可以通过旅游者在网络上的的描述与论坛等渠道，搜集市场需求等信息。随着网络的发展，旅行社所需要的信息，将绝大多数可以通过网络获取。

(二)旅行社利用信息技术建立自己的网站

旅行社信息尤其是销售信息需要对旅游者进行宣传，目前旅行社应用最多的方式是报纸广告、人工散发宣传单等，这种方式成本大、效果却未必好。

旅行社利用信息技术建立自己的网站，将各种旅游信息、景点信息、价格信息、各类线路信息、注意事项等内容公布于网站中，而且通过声、像等多媒体方式展示出来，旅游者就可以轻松方便地获得直观印象，进而有助于其做出旅游购买决策，从而吸引旅游者，起到招徕作用。另外，现实和潜在游客均可以通过网络论坛等渠道，发表他们对于旅行社服务的意见，有助于旅行社积极改进与完善。

（三）旅行社利用信息技术构建虚拟旅游场景

目前有些旅行社推出虚拟旅游线路，浏览者只要点击相关的按钮，便可以按照设置好的程序进入虚拟旅游线路，提前感受旅游的乐趣，并且能够在心理上体验各种旅游景区、旅游服务，进而做出实际出游决策。旅行社这一信息技术用于产品宣传与促销方面，起到相对更形象地接触作用，对于旅游者的感观刺激有助于旅行社产品宣传效果。

提示：建议大家上"山东旅游体验网"或其他类似网站，感受有关虚拟旅游。

（四）旅行社利用信息技术建立销售渠道关系网

旅行社在旅游各级销售关系中处于中介的角色，连接着旅游者与旅游目的地；旅行社本身又可划分为旅游经营商、旅游代理商等类型，相互之间存在密切的业务关系。所有这些都决定了旅行社生存发展需要其处理好各类销售渠道关系。信息技术可以帮助旅行社创建自己的渠道关系数据库，将已有或潜在的渠道合作者信息存入数据库，可以随时查询并联系，还可根据对方的变化情况变更渠道信息。

（五）旅行社利用信息技术建立客户关系网

游客是旅行社存在的根本，而游客关系的处理对旅行社至关重要。仅凭旅游者的满意度调查之类的资料并不能将所有游客纳入旅行社管理系统。而旅行社利用信息技术创建客户数据库，就直接将所有游客信息输入数据库管理系统。旅行社可以很方便迅速地从数据库查询到所需游客信息，并根据促销要求与数据库中的客户维持联系。

（六）旅行社利用信息技术实现管理升级

通过信息技术构建，旅行社可以建立企业内部办公平台，从而使不同部门乃至于分布于全国、全世界的分支机构实现网络办公，极大提升办公效率、降低办公成本。比如，旅行社可以将各类导游员以及内部工作人员资料输入数据库，便于随时掌握员工信息，并可以将现实信息与以往信息进行对比管理。

目前的导游 IC 卡制度也是利用现代信息技术实现了导游员管理的升级。

（七）旅行社利用信息技术开展网上咨询、预订、销售业务

旅行社设有门市接待业务，接待来访咨询的游客。但越来越多的旅游者由于距离远或怕麻烦而不愿意亲身前往，他们希望有更便捷高效的销售。利用信息技术可以帮助旅行社解决这一烦恼。比如旅游者通过旅行社网站实现在线咨询、在线预订旅游线路并实现网上交纳团费等。同样，旅游者对于单项服务如机票、车票、饭店客房、餐饮、景区景点门票等也可通过旅行社进行网上在线预订，从而为旅游者提供便利。

动手实践

浏览一家比较有影响的旅行社网站，仔细了解旅行社通过网站可以做哪些工作，效果如何，你有何看法？向同学们作介绍。推荐大家了解携程、e龙、易网通游易、芒果等网站。

二、信息技术对旅行社的影响

旅行社处于整个世界范围的信息技术竞争中，同时面临着旅游者越来越多样化的需求压

力，而简单利用信息技术并不能获得竞争优势，这就为旅行社提出了发展信息技术的现实要求。另一方面，在信息技术普及和充分利用之前，旅游者出于对外界旅游信息的不了解和对旅游便利性的需求而选择旅行社，在信息技术高度发达的今天，旅游者已经可以随便搜索到想要的旅游信息，他们还会热衷于购买旅行社的服务吗？这给旅行社提出了新的挑战。

旅行社在面对这种挑战时，是继续走老路，还是因应信息技术的发展改变经营策略、服务方式，成为旅行社必须考虑的问题。

信息技术对旅行社的影响主要有以下几点：

（一）信息技术给旅行社发展所带来的机遇

旅行社可以利用丰富的渠道，将各类旅游要素供应部门的信息罗列在一起，解决游客个人由于网络搜索费时费力以及部分信息无法或搜索困难等问题，给游客提供了便利。同时如前所述，旅游产品实现网上在线预订、销售，为旅游者提供极大便利，也说明旅行社的存在价值。可见信息技术在带来挑战的同时，也带来发展机遇，旅行社通过服务尝试可以为现代游客提供很大便利，这意味着旅行社在信息时代依然有着巨大的潜在市场，有待于开发。

（二）信息技术给旅行社发展所带来的挑战

在信息技术高度发展和利用的今天，世界各地的人们可以搜索到众多信息，信息已经不再保密，多数具有公开性。特别是对于旅游景点等信息，出于宣传目的，景区也会自动公布信息。旅行社传统的宣传服务受到挑战。

旅行社的核心服务即为旅游者提供一系列的旅游服务，将吃、住、行、游、购、娱等单项服务有机地整合在一起，通过包价销售给旅游者。信息技术的充分发展，游客在网络中搜索到目的地甚至沿线的单项旅游产品信息，对于旅行社推出的包价旅游产品可能产生质疑甚至不感兴趣，而是自己选择组合单项旅游产品，甚至直接抛开旅行社，旅游者自由组合去旅游。这就对旅行社的传统服务产生挑战。

（三）信息技术影响下我国旅行社的未来发展

在信息技术的影响下，我国旅行社面临着新的竞争态势以及经营挑战，综合现有的信息技术、旅行社可以应用的技术类型以及旅行社的业务内容，旅行社的未来发展可能会出现以下情形：

1. 利用虚拟网络系统，建立、维护各类渠道以及客户系统，并集合旅游资源信息，提供多角度、多层面的系统化垂直服务。

对于实力强大的知名国际旅行社如中国青年旅行社来讲，强大的资金与技术支持，使得旅行社可以构建超强的网络虚拟服务空间，将各级旅游经营商以及下级旅行社纳入服务系统，实行网上展示、网上营销、网上选择、网上谈判、网上交易、网上付款等一条龙服务，将传统的单项或综合服务更方便地集中于一起，将旅游单项服务供应商与各级接待旅行社以及旅游者连接于一起，使得旅行社处于复杂而综合的旅行服务系统网络中。旅行社各级渠道关系的建立和维护均通过网络等信息技术得以实现。近年来，中国青年旅行社控股股份有限公司推出以中青旅总部为主，中青旅连锁与中青旅在线为双翼的“旗舰”模式，即在信息技术背景中，中青旅总社作为批发商，与其连锁社和连锁店以及中青旅在线间存在错综复杂的信息网络，适时传递客流、物流与信息流等旅游信息，随时进行资源配置与调节。如此一来，为提高旅行社的服务效率以及顺畅销售环节提供了极大的便利。

2. 旅行社利用网络信息技术系统，提升网上咨询业务深度，对旅行社服务资源实行集团采购管理，并发展成熟的旅游电子商务。

旅游者对于旅游信息掌握的自由化与开放化使得其不再唯一依靠旅行社来实现各种单项旅游服务的串连，随着旅游意识的增强以及类似于自驾车旅游等自助旅游项目的日益发展，旅游者甚至直接绕开旅行社而自行成行。如果旅行社仍停留在传统的旅游服务业务中，肯定会受到一定的冲击。在种种挑战与竞争影响下，旅行社也必然会出现新的服务内容。

第一，不管旅游者对于信息的把握程度有多么深多么广，对于目的地的不完全熟悉促使他们外出旅游，如果非常熟悉，则构不成旅游真正动力。如此一来，总会出现旅游者对于旅游目的地的某些服务不了解，或者了解不透，即缺少旅游经验。这些旅游经验除了经常前往该目的地的游客，一般并不能轻易获得。而旅行社凭着多年的服务经验以及实际联系采购等业务，必然掌握可靠而大量的经验信息。为此，为方便游客更好地实现旅游目的，旅行社可以为游客提供深度旅游咨询服务，解决游客的需求。

第二，由于现代以及未来网络交易渠道的成熟发展，旅行社对于目的地各类旅游信息的把握速度与容量会加强。而网络交易机构的存在，省去很多中间步骤，有助于旅行社直接而快速地定制采购大量的旅游服务。同时对于集团化旅行社来说，统一采购信息与各类服务项目，通过网络系统，传递给集团内各旅行社，将日益普遍。此类集团化采购伴随着旅行社的集团化发展而日益明显。

第三，网上交易、网上付款等现代电子商务系统在旅行社管理系统中也会有很大的发展空间。单个旅游者绕开旅行社门市部，直接在网上浏览选择定制旅行社服务。集体旅游者也可以在旅行社网站上集中定制购买旅游服务，并利用旅行社强大的渠道关系网，获得团体优惠。旅行社利用电子商务技术发展 B2B、B2C、C2C 等网络交易模式，快速而便利地实现网络交易。

第二节　旅行社内部信息系统建设

旅行社面临着信息技术的挑战，在新时期的竞争环境中，旅行社自身也必须加强内部信息系统的建设，既是信息技术发展的促使，也是旅行社竞争的必然趋势，更是旅行社应对日益激烈的市场竞争的必然归宿。

一、旅行社内部管理信息系统建设的意义

旅行社有着复杂的内部管理系统，人、财、物均是管理的内容；同时也有着至关重要的外部管理系统，除旅游资源信息、渠道外，游客是旅行社最重要的要素。维护客户关系也就成为旅行社管理的重要方面。在信息技术的支持下，旅行社完全可以构建内部信息系统，其意义主要体现在：

（一）建立内部管理信息系统有助于旅行社内部管理

员工的个人信息、工作业绩表现、奖惩来源、工资发放等繁琐的信息通过信息系统可以方便快捷而全面地在旅行社内部流通，一方面保证旅行社对于员工的掌握程度，另一方面保证内部员工管理的公平公正合理性。尤其对于大型的集团旅行社来说，总部与下级旅行社或连锁旅行社间员工的个人信息可以共享，有助于员工在同一集团内部各家旅行社间自由流动，

也方便了旅行社对各级员工的合理管理。

(二)建立内部管理信息系统有助于旅行社内部业务的合理分工与合作，提高管理效率

旅行社有前台接待、计调、外联、销售、人事、财务等部门，在没有实现信息共享的情形下，各部门在各自职责范围内工作。而实际中不可避免出现部门间业务脱钩问题，而责任人却经常混淆。无形中加大了旅行社管理的难度。实行内部信息系统，可以在信息共享的基础上，各部门通过信息传递、任务分配、业务进展等环节，实行有效衔接与沟通，减少了问题的发生率，而且在出现纰漏时，可以更方便地寻找责任部门。

(三)建立内部信息系统有助于旅行社各专项管理职能的快捷、全面、高效执行

旅行社内部的财务系统建立有助于处理各类财务问题以及管理员工工资福利事务。与传统的财务核算与管理方式相比，内部财务系统省去了大量手工操作的麻烦，而且有利于提高财务核算等工作的效率，减少问题的发生率。同时，人事系统又有利于旅行社建立完善的用人与管人制度。总之，旅行社内部信息系统的建立使得各项专项管理职能与传统的旅行社管理方式相比均有更高的执行效果。

(四)建立内部信息系统有助于旅行社建立和维护各级客户关系网

内部信息系统中的客户关系网或客户关系数据库收集大量已有和潜在游客信息，对于旅行社快速与客户联系以及掌握客流量、客户需求等情况均有着重要的帮助作用。同时，旅行社可以利用客户信息系统，向客户提供信息服务，这种服务有助于提升游客与旅行社间的沟通效果，而且容易让游客对旅行社产生良好的印象，并形成依赖，对于旅行社进一步维持客户关系产生积极的引导作用。

二、旅行社内部管理信息系统的功能和特点

(一)旅行社内部管理信息系统功能

1. 业务操作功能

旅行社内部管理信息系统以现代信息技术为基础，将旅行社所有的业务流程、人事管理、财务管理等管理内容按照固定程序存入系统中，通过信息的输入与输出，对旅行社业务经营实施信息化操作，包含线路管理，团队计调管理、单团核算、票务资料库存与核算、财务管理和出纳管理等功能，与传统的旅行社人员手工制作线路、手工操作业务流程相比，信息系统操作不仅提高工作效率，降低经营成本，而且通过信息技术使旅行社业务与旅行社内外部门、其他同行旅行社以及游客的交流相连接，进而能够及时准确地监督、核算、分析和检查经营情况，从而实现真正高效率、低成本的自动化业务管理模式。

2. 客户咨询与客户服务功能

旅行社将所有掌握的游客资料以及潜在的游客信息输入游客数据库系统中，按照一定的程序，对以游客数据库系统为参考的客户关系信息资料进行统计分析，汇总总结客户需求特征、需求趋势以及相关信息，为旅行社进一步的决策提供参考，并与客户进行相应的沟通与售后联系，提高对客服务效率，维持客户关系。

3. 人事管理功能

旅行社员工学历、年龄、工龄、工作表现等信息按照规定程序输入管理信息系统，根据员工信息，对其工作绩效进行评估，并据此对其进行奖惩。总之，利用信息系统，对员工信息进行整体一条龙管理，能够通过某一个关键内容，迅速而准确地搜集某员工全部信息。例如

输入入职时间，便可查阅到与此匹配的员工所有信息，也可据此对员工的工作表现进行控制。总之，内部信息系统的人事管理模块取代传统的纸案手工操作，提高管理效率。

【链接12－2】

某管理软件功能模块

内部业务管理：线路/团队计划、计调操作、游客管理、财务核算、单项预订成本管理、系统设置；

销售支持：包团业务、同行代理销售、外联销售、同行在线分销、客户关系管理、地接社接口；

数据库支持：国内航班查询、火车时刻表、国内景点资料查询、同行线路报价、城市数据库；

管理支持：销售统计分析、成本统计分析、业务统计分析、结算统计分析、人员业绩分析、财务。

（二）旅行社内部管理信息系统特点

1. 统一控制

旅行社信息量大，尤其是与业务操作有关的信息多而杂。同时，旅行社内部的信息管理系统涉及的领域多，与外界信息联系广泛，所以必须具备高效筛选有用信息并对整个管理系统实施统一归类控制的特点，保证信息的时效性。

2. 模块间的高度衔接

旅行社计调、外联、票据、人事、财务等部门间的环节是紧密相连的，如果一个环节衔接不上，就有可能导致其他业务出现差错。这就要求旅行社的信息系统在处理各个部门系统关系时，时刻保持分系统间的关联性。

3. 文字、音像的合成

旅行社业务经营涉及种类繁杂的外界旅游信息，如目的地景点信息、住宿设施信息、娱乐设施信息、交通信息等，同时也涉及到内部业务操作中的线路信息、导游信息等。在竞争激烈的信息时代，仅有文字信息并不能真实有效地显示旅行社的竞争实力。相比而言，绘声绘色的资料一方面有助于旅行社内部形象地管理，另一方面有助于游客对于旅行社的感性认识。所以，旅行社信息系统与该类用户的实际情况相结合，具有文字、音像合成的多媒体特点。

4. 帮助资料丰富

与一般的信息管理系统相比，旅行社的信息管理系统更偏向于信息背景支持，即需要大量的信息资料对旅行社的操作业务提供帮助，比如，计调所需的资料种类多、数量大，传统纸质资料内容有限、时效性差、使用效率低，而使用信息系统后，则可以做到内容丰富、实时更新、查找方便。

三、旅行社建立内部管理信息系统的步骤

旅行社内部信息管理需要以大量的信息为依托，同时也需要与管理紧密结合，在得到企业管理层以及员工的接受之后，才能有效的实施。所以，对于建立内部管理信息系统，旅行社必须全方位把握管理目标、旅行社发展方向、业务流程、管理流程、员工素质等内容，同时选择构建适合的信息系统。其步骤通常是：

（一）确立信息管理目标

信息化管理的目标是旅行社建立信息系统的首要问题，只有目标明确，才能建立适合的系统，而且在系统维护与运用方面也能够得到相应的支持。旅行社建立信息管理系统的第一步是确定信息管理目标，明确为何要对旅行社业务以及内部管理实施信息化操作，以及要求在旅行社内部达到何种目标，如对导游员的一条龙式管理、票据结算与游客支付的同时性等，

只有明确目标，才能够产生信息化管理的动力。

（二）旅行社的流程分析

在建设管理信息系统之前，旅行社应该由高层管理者主持，在管理咨询顾问的参与和帮助下，讨论并确定旅行社的经营管理目标；讨论旅行社现有的管理模式、管理制度，必要时要放弃原有的管理和操作模式，借助信息化改造实现管理及业务流程重组，主要是：根据信息管理模式，对旅行社的业务进行整理，对旅行社的管理制度、管理流程、业务规范、业务流程、员工管理制度等进行重新确认。

（三）团队培训，树立企业信息管理与操作意识

对全体旅行社员工包括各级管理层进行信息化培训，树立其信息化意识，并对一线操作员工如票据核算员工、人事管理部门、线路规划设计部门员工进行专门的信息管理系统背景介绍、演示与理论介绍，并进行专门的技术培训。

（四）确定管理领域，构建适合的管理系统或者在旅行社关键的业务领域建立相应的信息管理系统

旅行社按照业务流程以及经营管理的一般模式，可以分为前台操作部门、中间支持部门、后台管理部门三个领域，其中，前台操作涉及外联、接待、计调等部门，中间支持部门包括财务部门、人事部门等，为前台部门提供财务核算、员工调配等支持，后台管理部门则主要涉及旅行社的行政管理与规划部门、后勤部门等，为旅行社业务提供总体辅助与服务。建立内部信息管理系统，必须首先理清本社各级部门间的相互配合关系以及衔接点；其次，建立各个领域的分系统模块，即可能会涉及到信息化操作的环节建立独立的分系统。

（五）连接各个分系统，使得旅行社信息管理系统成为一体

寻找部门间相互关联的衔接部分，将各个分系统连接在一起，构成旅行社统一的信息管理模块，并在旅行社内部进行推广运用。

四、旅行社管理信息系统的主要内容

旅行社的业务内容、管理活动涉及多个领域，按照具体内容的不同，每一个环节都有可能建立信息管理分系统。综合目前旅行社管理信息系统的运用领域，旅行社管理信息系统主要包括以下内容：

（一）团队管理系统

团队组织与管理是旅行社经营的主要内容，传统的团队运作模式下，旅游团的招徕、行程安排、计调及其变更、取消、打印、查询、统计等均需通过手工操作来完成，效率低、出错几率大。在建立团队管理系统之后，所有这些业务便可通过团队管理工具实行一体化网络管理，可以有效的提高管理效率、降低管理成本。

（二）团队结算系统

团队结算系统主要是对旅行社各类旅游团包括散客的收入、成本进行结算，并可打印出结算单等。通过电子化信息输入，并利用固定的结算工具，快速有效地完成结算工作。

（三）报价系统

报价系统主要是针对游客或者地接社或组团社等旅行社客户或者合作伙伴对任意线路、观光内容的要求，自动计算出各类价格（如每人价格、成团减免价格、全陪价格等），并打印出线路及报价单。

（四）财务帐务处理系统

旅行社与合作旅行社、景点、交通、娱乐、购物、住宿、餐饮等单位发生业务联系，其中不可避免涉及到旅行社与其在各类款项收付方面的沟通联系。财务帐务处理系统主要功能是及时准确掌握款项、资金的流动及去向，并且可以处理国内外各旅行社、宾馆的应收应付、已收已付款项、余额表，完成财务核算任务，在需要时自动输出各类财务报表。

（五）交通票务管理系统

该系统主要是处理航空、火车等票务需求，安排车辆，并提供航班、火车时刻表，如与火车、航空等部门联网并取得授权、安装相应票务系统，则系统可直接输出普通票据。

（六）公共信息资源管理与统计查询系统

公共信息资源管理系统拥有国内外各大小旅行社和酒店等旅游服务供应部门的电话、传真、地址等信息，以供查询。

统计查询系统则提供游客人数、旅游天数等参考信息，供旅行社进行信息统计、信息分析并作出管理决策。

（七）在线组团系统

游客不用前往旅行社现场，在网上便可以登陆旅行社网站，在旅行社所推出的各条旅游线路中，选定自己想参加的线路，在网上直接报名。旅行社直接根据游客的报名信息进行统计，若人数可以够上团体旅游，则组团；若人数不多，也可以根据旅行社情况，适当组织散客旅游。无论是哪种情况，在线组团系统都有助于旅行社提高业务效率，降低营销成本。

（八）散客预订系统

旅行社除了团体游客之外，散客也是重要的市场。与团体客人不同之处在于，散客多数只选择旅行社某项服务或某些服务，而不是全部服务项目。在信息化时代，散客通过网络了解旅行社，接触旅行社产品，虽然不一定对旅行社感兴趣，但却有可能与旅行社发生某些环节的特殊联系，比如订飞机票。所以旅行社散客预订系统提供诸如预订客房、预订车票、一日游、接机、全陪、地陪服务等单项服务。游客可以根据需要通过网络预订到旅行社的单项旅游服务，也为旅行社扩大客源提供帮助。

（九）人力资源管理系统

该系统主要是建立完整的人力资源管理体系，将旅行社员工信息全部输入该系统中，建立员工电子信息库，全面掌控旅行社员工的个人档案、业绩表现、培训、奖惩等资料，并对员工信息的变化，随时进行更新。对于大型旅行社来讲，完善的人力资源管理系统还可以保证旅行社系统内部员工的必要流动。

【链接 12－3】

金旅工程

金旅工程是中国旅游业信息化工程。它的目的是推动中国旅游业的信息化步伐。具体目标有两个，一是政府旅游管理电子化，二是发展企业旅游电子商务。

金旅工程的内容主要是“三网一库”的建设，即：办公自动化局域网、远程业务管理网、政府与企业公众商务网和旅游数据库。在网站建设方面，主要是各级旅游局公众信息网站和旅游企业商务网站。在全国，它就是金旅雅途网 www. yahtour. com；在广东，它就是金旅雅途网广东站 www. gd. yahtour. com；在广州市，它就是金旅雅途网广州站：www. gz. yahtour. com。对于各旅游企业，它也因此得到一个自己的新网址，与原有网址共用，多了一个营销渠道。例如，广州的白天鹅宾馆，可能新网址就是 www.whiteswanhotel.gz.yahtour.com。对于还没有建立网页的旅行社，金旅工程将提供免费建立网站的服务，帮助他们走上信息高速公路。金旅雅途网比一般的已有网站不同的是：第一，它相当于一个网上的“中国旅游商厦”，进入金旅雅途网的企业在网上自己发布产品和线路信息，直接接受游客的咨询和报名，不经过网站的中介；第二，它把旅行社发布的产品汇集成为一个巨大的旅游信息库，旅游者只要输入他感兴趣的产品名称，例如从广州出发的北京五日游，立刻可以得到所有在金旅雅途网上销售这一线路的旅行社的报价和行程安排，旅游者可以很方便地货比多家，再点击自己选中的旅行社，直接在网上咨询和报名。加入金旅雅途网，旅游企业也节省了大量宣传自己网站的金钱。因为全国各地各级旅游局都会宣传金旅雅途网，金旅雅途网本身会在国际、国内大量场合、机会以多种形式开展宣传，包括用 8 种语言版本做网页。鉴于广东省是中国旅游第一大省，对信息化工作也十分重视，国家旅游局2004 年 3 月确定以广东省为金旅工程试点省。广东省金旅工程的实施由广东省旅游发展研究中心承办。

为了率先成为中国旅游业信息省，广东 2004 年积极推进金旅工程，已经取得了积极进展，国旅假期、广之旅等不少大旅行社已经率先进入。宾馆、景区也为数不少。7 月 10 日，广东金旅雅途网和广东省旅游局公众信息网即将开通；8 月 15 日，广东省旅游局局域网网络布线和系统集成完成；9 月 27 日，广东省旅游局办公自动化局域网、远程业务管理网和 144 小时便利签证网将同时开通，金旅工程的目标在广东将基本实现。

（资料来源：《信息技术促进旅行社发展》http://www.hc360.com2004.4）

本章小结

信息技术对旅行社行业的影响已经突显并日益加深，而旅行社行业认识并未完全到位。通过这一章的学习，我们要了解信息技术在旅行社业务领域应用的作用，熟悉旅行社内部信息管理系统的功能和特点，掌握旅行社信息管理系统的主要内容。在需要时要能够为旅行社的信息化管理提出自己的方案，包括管理系统的构建和基于电子商务的网站建设等。

实训练习

一、案例分析

1. 目的：网络在旅行社经营管理中的应用

2. 训练方式：案例分析

3. 实训内容：阅读案例回答以下问题：

(1) 你觉得游客选择乙旅行社的原因在什么地方？

(2) 结合这个案例讨论信息技术对于旅行社的作用。

【案例正文】

深圳某家旅行社（后称甲社）近日遇到了业务上的麻烦，一个星期下来游客人数下降了 28%，而处于同一街道相隔不远的另一家旅行社（后称乙社）员工忙得不亦乐乎，似乎生意兴隆，门庭若市。于是甲旅行社经理安排一位员工前去“探底”，发现乙旅行社并没有什么特殊之处，唯一不同的是公司员工几乎人手一台电脑，而且几乎都在盯着电脑上的屏幕，公司内也时不时有游客打进电话咨询。甲社经理获知这一点之后，开始上网搜索乙旅行社的网址，进入后发现该社的网页制作非常新颖独特，而且通过相关链接可以进入虚拟的旅行社线路，甚至还可以感受虚拟的游览情景。甲社经理陷入沉思中……

二、社会调查

1. 目的：了解专业旅游电子商务网站BTB、BTC模式；熟悉不同类型旅游电子商务开展的状况。

2. 训练方式：资料搜集与整理、分析。

3. 实训内容：

利用网络条件，了解旅游电子商务开展的有关情况，专业网站以携程网(BTB)、同程网(BTC)为例；旅行社以中国国旅(大型旅行社)、本地某一旅行社(普通旅行社)为例，对他们进行分析比较，撰写一份旅行社电子商务现状与未来的专题报告。

第十三章　旅行社未来发展

技能目标：

能认清旅行社未来发展的机遇与挑战，把握旅行社发展趋势，规划旅行社未来发展策略。

知识目标：

了解旅行社的现状与存在的问题；

熟悉旅行社未来发展的机遇与挑战；

掌握旅行社未来发展趋势。

关键词：

旅行社、机遇、挑战、发展、未来

任务：

从我国旅行社业的规模结构来看，小旅行社占绝对多数，行业利润因无序竞争而逐年下降。数据显示：20世纪末我国旅行社行业的利润率平均在8%左右，但21世纪初的最近几年，旅行社利润率已经下跌至2%左右。我国旅行社业已经成为低利润行业。

虽然旅行社行业的利润率在降低，但随着中国旅游市场总量的快速发展，竞争却越来越激烈。眼下每个旅游城市的各大报刊都相继开辟了旅游专版，各种旅游广告满天飞，有的推出超低价格，有的突出品牌优势，你打个性化服务的口号，我打特色专线的旗帜，随着旅行社竞争的日趋白热化，企业的利润越摊越薄。

面对激烈的竞争环境和生存压力，旅行社势必寻求突破。假如你是某旅行社的负责人，请问：

如何把握旅游业发展大势，使你的旅行社突破目前低层次激烈竞争的困局，走出一条全新的发展之路？

案例导读：

互联网上的旅行社

世界上的绝大多数旅行社都是通过门市直接销售旅游和度假产品，如今这一传统的销售方式仍被广大旅游者所接受并占据主导地位。法国新边界旅游公司的门市部遍布法国全境，通过门市销售其知名度和营业额一直名列旅行社之首。由此可见，门市销售仍具有强大的生命力。

然而，在20世纪90年代末的法国，紧紧追随新边界旅游公司、知名度和营业额位居第二的，是一家叫做德格利夫的旅行社。据调查，43%的巴黎人，50%的企业中高级管理人员、自由职业者、电子媒体，60%的互联网民都知道这家旅行社。尽管有如此高的知名度，但你却会惊奇地发现，它是一家没有门市的旅行社。

没有门市一样能取得骄人的成绩。德格利夫旅行社1998年销售总额达到4.6亿法郎，比1997年增长28%；人员也从1991年最初创建时的4人发展到1998年的160人。仅仅7年，其知名度一下跃居法国众多旅行社的第二名。这不能不说是一个巨大的成功。

那么，没有门市，它又如何销售产品呢？

德格利夫旅行社是法国第一家利用电子媒体开展业务的旅行社。它充分利用互联网的普及率建立了自己的旅游产品网页，使每个可能上网的旅游者都能看到其产品。可以说，法国每一台上网的电脑都是它的销售门市。这一新颖的销售方式以其信息量大、快捷、足不出户便可了解产品等特色，迅速被广大旅游者所接受。顾客在查询旅游信息的同时还过了上网的瘾。

除了运用电子媒体这个高新技术确保自己的优势外，德格利夫旅行社还在价格上狠下功夫，以确保自己的价格优势。它深知吸引客户首先是价格，其次才是质量和内容。德格利夫销售的产品价格比普通的市场价格一般要低30%～40%，以至于人们都亲切地称它为“减价先生”。人们不禁要问，为什么同样的产品却有如此大的价格差呢？原因在于这家旅行社销售的是别家旅游企业在指定时间段内尚未售出的产品。例如，剩余的飞机票、剩余的高档饭店房间等。他们与客户达成低廉的价格协议，然后通过其电脑网络向旅游者进行再销售。旅游者可以在最后一刻买它的产品，同时在价格上也享受了较大幅度的优惠。设想一下，住五星级饭店却付三星级的价钱，坐头等舱却付公务舱的价钱，这种吸引力有多大！德格利夫充分利用旅游者对价格的敏感，成功地促成了旅游产品的二度销售。

有了好的价格也仍然要求有好产品。德格利夫向旅游者销售50多种产品，诸如旅游观光度假、飞机票、饭店客房、歌剧、音乐会、体育比赛、书籍、录音带、录像带等。其中，旅游参观和飞机票占销售额的44.7%，饭店预订占13.4%。德格利夫的产品涉及人们旅游度假活动的各个方面，让人们感到它无处不在。它的产品可以是美国时代广场的一场音乐会，也可以是英国泰晤士河的一张游船票，或是澳大利亚悉尼歌剧院旁饭店的房间。所有这些相关信息，都可以在旅游网页中查询到。你若对某个产品满意，只需敲几下键盘，预订便可在几分钟之内完成。第二天，你就会收到确认单。手续就是如此简单迅捷。

尽管德格利夫的工作人员仅有160人，但他们的信息源却有上千个，分别被20多个产品销售人员管理着。这就确保了他们每天都可以及时收到各种最新的信息，然后再以最快的速度输入到网页上，使每个可能进入他们网页的旅游者获得更新、更多的信息。他们的产品主任说，提供最可靠、最新的信息是我们制胜的法宝。

一家旅行社的成功与其良好的信誉是分不开的。1998年德格利夫的知名度居全法国旅行社的第二名。他们的信誉优势相当明显，从一开始就特别注重信誉的培养。首先，他们对每个产品进行质量管理，要求做到售前信息准确丰富，售后附以保障机制。其二，他们与法国一家保险公司合作，及时保护旅游者的利益。其三，特别注意与旅游者的交流，经常在网页上与旅游者对话、交谈，倾听旅游者的意见，并定期举办座谈会和信息发布会，向旅游者展示自己的成功经验及远景规划，使客户增强对公司的信心。其四，加强与法国众多新闻媒体的联系，注重自己形象的宣传报道。法国《费加罗报》《世界报》、巴黎第一电视台、欧洲第一广播电台等一些大的新闻媒体，都分别采访报道过这家旅行社。这在很大程度上使它扩大了影响，提高了知名度，增强了旅游者对它的信任。可以说，注重信誉也是德格利夫成功的重要原因。

德格利夫这家没有门市的旅行社为我们提供了一个成功的范例，使我们从中了解到一种新的销售思路和销售渠道，并使我们对现代旅游有了更深刻的认识。

试讨论为什么说社会生产力的发展为旅行社的发展提供了机遇，也对旅行社的经营管理提出了更高的要求？（资料来源：成都广播电视大学课程网站2008－05）

【思考】

1. 仅有7年的时间，德格利夫旅行社为什么会有如此高的业绩，它的成功对旅行社行业未来发展有何启示?

2. 你认为传统的旅行社在经营管理上存在哪些弊端?

第一节 中国旅行社行业现状与机遇

一、中国旅行社行业现状

经过30年左右的市场化进程，中国旅行社业已经具备了相当的规模，旅行社也通过市场化运作积累了不少宝贵的经营和管理经验。但总体没有摆脱“小散弱差”的基本定位。

(一)规模较小，经济效益差

按照《旅行社条例》规定，成立旅行社仅需30万元人民币的注册资金，这为旅行社小规模经营提供了充分的条件。国内的旅行社绝大多数起步较晚，很多是近几年刚刚成立的，他们既缺乏经验，又对市场没有足够的了解，因而也难以迅速扩大。再次，旅行社业是进入门槛较低的行业，不少旅行社经营者靠的是各种社会关系和情感资源，往往购置一些通讯设备、租用一间办公室便开张经营，这也影响着国内旅行社规模化发展。

另外，“企业空心化”现象加剧了旅行社的低效率。所谓“企业空心化”现象是指:旅行社正常业务收入的利润越来越低，而部门或个人的“灰色收入”(回扣、小费、房差、餐饮差费等)呈蔓延趋势，形成“穷庙富和尚”现象。纵观国内旅行社短暂的发展史，靠白手起家，由小壮大，而发展成为效益好、规模大的旅行社的例子寥寥无几。

旅行社数量的迅速上升，使得行业内高薪“挖人”频繁出现，加之旅行社保障体系不健全，使得行业内业务骨干和管理人员频繁“跳槽”成为普遍现象，造成旅行社行业人员流动率偏高，并由此带来许多问题。

(二)管理比较落后，不能适应市场发展变化

目前我国旅行社尚没有成熟的经营管理模式。许多旅行社管理人员和业务骨干往往凭经验和感觉在操作，大多采用一种传统的“师傅带徒弟”模式来培养员工。从业者的素质和水平参差不齐，因而对国内旅行社业的内部组织结构的设计、旅游产品开发、产品决策、产品价格、销售渠道和销售决策、旅行社地接管理、人力资源和财务管理等都缺乏科学的认识，客观上造成各旅行社经营管理缺乏科学性和规范性。

管理手段比较落后。尽管目前有些旅行社规模快速增长，有些甚至进一步成长为企业集团，对旅游市场的影响力增强，但大多还停留在手工操作阶段，仅有少数大型企业集团开始引进基于互联网络的信息化管理。

(三)无序竞争比较严重，市场不够规范

竞争是市场经济条件下，同一市场上生产和销售同类产品的不同企业之间，为争夺更大的市场销售份额和获得更多的利润而进行的较量。有序的竞争，能促进行业的发展;无序的竞争，则阻碍行业的发展，而目前我国国内旅游市场产品单一，旅行社之间内战不止，低价竞争盛行，造成一定程度的市场混乱。造成这种局面的主要原因有两个:

1. 我国旅游业的发展与发达国家相比，发展顺序不尽相同，发达国家的旅游业与国民收入和社会发展同步，走的是“国内旅游——入境旅游——出境旅游”由先近程再远程的自然发展之路，经历了百年风雨。而我国旅游业的发展因特殊的历史原因，走的是“入境旅游——国内旅游——出境旅游”的发展之路，只发展了三十来年。因而，无论是国际旅游还是国内旅游，无论是产品开发还是市场培养、市场规范性方面，都处在“初级阶段”。目前国内旅游表现出来的旅游产品单一，恶性价格竞争，市场秩序混乱，都是国内旅行社发展“初级阶段”的基本特征。

2. 旅行社新产品的开发要涉及市场调研、产品设计、产品生产等多种环节。国内旅行社绝大多数规模小、实力弱，在人、财、物等方面能力有限，必然造成国内旅行社产品单一，产品无深层次开发，产品没有特色这种共性。

（四）缺乏产品、品牌、网络、人才等核心竞争力

从产品创新能力、品牌建设、网络构建等企业核心竞争力要素方面分析，中国的旅行社距离国际同类企业还存在着相当大的差距。

目前许多旅行社产品单一、缺乏明确的市场定位，加之人力、财力、物力等资源有限，大家都在“包价、团体、观光旅游”这类单一层面上竞争，最后往往落得只能靠降价来争夺客源。

旅行社战略管理人才，特别是能够驾驭开放经济中的国际市场竞争能力的发展战略人才储备不足。这体现在企业行为上，就是分工体系调整和市场资源的整合能力不足。

（五）部分旅行社内部产权不明晰，导致旅行社经营效益低下。

尽管近年来旅行社进行了大规模的产权改革，股份制已是目前旅行社行业主要的资产所有形式，但还有20.59%的国际社属于国有独资（国家旅游局2008年统计数据），即便在股份制旅行社中也还存在改造不彻底、产权不明晰的情况。这些因素影响了经营者的积极性，特别是国企责权利的欠明晰，使得这类旅行社内部较多存在业绩与分配脱钩的现象，影响了员工工作热情和创造性，致使旅行社经营效益低下，甚至连年亏损。

为改变这种局面，目前依然有旅行社实行承包制，而这种承包往往会透支国有资产，甚至会出现偷税漏税的情况。

【链接13－1】

中国旅行社的所有制结构

2008年，在全国旅行社中，国有独资企业占9.21%，股份制企业占78.25%，其他类型企业占12.54。国际旅行社中国有独资企业占20.59%，股份制企业占72.62%，其他类型企业占6.79%。国内旅行社中国有独资企业占7.98%，股份制企业占78.86%，其他类型企业占13.16%。

有些大型旅行社，长期受到传统计划管理体制的影响，旅行社在内部管理、利益分配、劳动人事管理等方面很难满足市场经济的发展要求，在现代市场经济条件下，这些企业将遇到来自于市场的挑战。

二、中国旅行社发展机遇与挑战

旅行社的发展，不仅受到一系列旅游相关要素的影响，也受到外部环境的影响。这些内外部因素主要有以下几点：

（一）旅游消费的变化

旅游消费的变化，会对旅行社行业产生最直接的影响。因此，我们在研究和分析旅行社产业的发展趋势时，首先要解决的问题是对目前我国旅游消费的把握。

1. 旅游需求多样化

在我国旅游业发展初期，主要面对的是国外旅游者的需求。其次多数外国旅游者来到中国，是出于对古老东方文明的向往，所以相应形成了以文化观光为主体的旅行社产品。近年来，随着以国内旅游和出境旅游为代表的中国公民旅游的蓬勃发展，旅行社面对的主要客源市场发生了变化，旅游者的需要也不断丰富和多样化。对国内游客而言，除长距离观光游览的需求之外，以大中城市居民为代表的短途度假需求上升；除观光旅游外，城市紧张的生活节奏和嘈杂的环境也带动了人民对生态旅游、探险旅游等专项旅游产品的需求。另外，随着国内居民消费水平的提高，进一步推动了需求的多样化。

2. 旅游方式小型化

从我国旅游者的出游方式来看，随着个性化、消费化时代的来临，散客旅游、家庭旅游、自助旅游越来越多，传统的团队旅游在一定时期内虽仍将保持一定的生命力，但其重要性会有所下降。在我国，国际旅游基本保持了散客旅游70%、团队30%的比例。以中国台湾客人为例，从1987年开始，经历了由团队为主到散客为主的发展过程。第一阶段，是团队旅游；第二阶段，是先团队后散客，然后再集中；现在主要是散客旅游。旅游方式的小型化是一个长远的趋势，而且散客旅游的市场会越来越大。

3. 深度游、文化之旅等参与体验型旅游升温

在金融危机面前，游客改变的是旅游方式，而不是不出游。只不过由以前的长线游、出境游变成了短线游、国内游。自然短线游、国内游中、深度游、文化之旅等参与体验型旅游升温。

4. 旅游行业管理体制变革

在我国政府主导型旅游发展战略的大环境下，旅游行业管理体制的变革，无疑对旅行社的发展方向具有深刻的影响。目前，我国旅游行业管理体制的主要特征如下：

（1）管理方式更加公开、平等

我国入世后，政府的行业管理方式也作出了相应的调整。世界贸易组织的公开、透明原则，要求政府把对企业、对社会进行管理的法律法规、规章制度、政策性文件，包括批准每件事的程序，都要公开透明，并在固定的煤体上发布。这是市场经济下非常必要的原则。政府的要求要让行业管理对象知晓，才能得到执行。面对全社会进行管理，只能通过法规、公告等手段。所有针对社会的管理规定，都要公开发布到社会上去，否则，就是“暗箱操作”。按透明度原则，可以上诉WTO的争端解决机构。如，国民待遇原则，要求政府对所有企业一律平等，不能对国有企业、外资企业、民营企业有不同的政策，这些都将对旅游企业经营产生影响。

（2）政府主管部门的效率、政策连续性将有所提高

现在出台的法规规章，都有对政府部门责任的要求。如，审批的时限要求。今后，政府也将通过精简机构和人员、理顺管理职能、下放管理权限等手段改善行业管理。企业依法起诉政府部门的情况将会增多。这也能促进政府部门走向适应市场经济的管理方法。

（3）政府管理权威性进一步提高

开放程度提高，并不意味着政府管理的弱化。法制化的规则中，政府在制定规则、掌握规则等方面作用更重要、更具权威性。同时各级管理部门行使职权更加规范，办事的依据、程序都将

更加严格，依法行政将大大提高管理部门的权威性。另外，政府之间上下级权限将更加分明，有越权行为，或者是"行政不作为"，即使上下级政府之间愿意通融，企业也不会接受。

(二)网络技术的影响

1. 网络技术对旅行社业的冲击

互联网技术的产生与发展，是信息革命的一个重要特征，并对几乎所有行业都带来了深刻的影响，旅行社业也不例外。

(1)旅行社的咨询服务功能会受到互联网自动查询功能的挑战。旅游咨询服务是旅行社的主要功能之一，由于目的地与客源之间的诸多差异及信息传递方式的落后，使旅游者在对目的地缺乏了解的情况下，只能更多地求助于旅行社，来获取所需的信息。随着互联网上资讯内容的丰富，消费者可以从上面了解更多、更生动的目的地情况，于旅行社相比还有费用低廉、使用方法便捷等优势。

(2)旅行社产品受到游客在网上自主设计线路的挑战。传统的旅行社通过组合饭店、航空公司等供应商的产品来盈利。这些固定的产品在多样性、选择性和灵活性方面存在很大的缺陷，不能满足所有旅行者的需求。在网络发达的今天，旅游者可以在网上查询自己感兴趣的旅游产品要素信息，并根据自己的需要去设计、组合旅游产品。

(3)旅行社中介服务地位受到电子商务的挑战。旅行社基本不存在旅游产品的物流配送，是最适宜发展电子商务的行业之一。旅游者在网上获取所需的信息后，可以通过网络直接预订机票和住宿、出车等项服务，无需再经过旅行社的中介服务。特别是许多专业网站，针对散客需求设计的折扣机票和订房服务，使旅行社依靠批量而获得的价格优势也受到很大冲击。

2. 网络技术对旅行社的促进作用

(1)国际互联网为我国旅行社业提供了一个非常好的市场营销手段。在以往对国际市场营销中，我国旅行社多采用参加旅游交易会、展销会等方式，各项开支很大。而通过互联网向客源国宣传和推销我国的旅游形象和旅游产品，一是花费较低，可以节约成本；二是信息受众扩大，除专业领域的组织外，可以直接延伸到目标顾客；三是网上信息属于动态信息，可以根据需要随时进行补充和调整。

(2)旅行社可以通过互联网了解国际、国内旅游行业的最新动态，生产特色产品，树立企业形象。许多通过传统手段不易或不能获得的信息，都可以轻易地从网上找到。

(3)旅行社可以利用电子商务开展各种旅行服务，为消费者增加更多的便利，并且扩大业务领域和范围。

(三)市场竞争的变革

1. 从价格竞争到质量竞争

目前，我国旅行社提供的产品以低质、低价为主，并且竞争也主要集中在价格竞争方面。比较成熟的市场应该是质价相符，市场上即有低质、低价的产品，也有优质、优价的产品。这样，不同的消费就可以选择不同的产品，要求不同的质量，支付不同的费用。质价相符将进一步推动市场分工，使旅行社企业在市场里的分工越来越细。在分工的基础上达到新的竞争秩序，即使竞争激烈，甚至白热化也没关系，只要竞争是有秩序的。

2. 集团化竞争的态势

从1999年开始，我国旅游企业的集团化表现得非常充分，各地都在努力组建自己的集团。这种区域性旅游集团的成立，使集团竞争化越来越突出，旅行社业也是如此。许多大型旅行社已经开始通过收购、控股等手段走向集团化发展。北京神州旅行社集团，就是由原来的北京国旅、北京中旅等市属企业组合而成的。集团化竞争是一个必然的趋势，特别是和网络化相结合所形成的旅行社集团，将在竞争当中赢得优势。

3. 行业发展的国际化

行业发展的国际化主要体现在两个方面：一方面，海外旅行社通过在国内分段委托，把经营触角延伸到国内。随着中外合资旅行社的进入和外商独资旅行社的出现及一部分旅行社的发展，有相当的旅行社也会创造条件到海外发展，建立海外接待体系，特别是近年来出国旅游的高速发展，使其成为可能。

（四）不可抗力

旅行社的日常经营还受到不可抗力的影响。其消极影响对于单个旅行社企业来说，很难有效规避。

1. 战争、恐怖主义等人为因素的影响

近年来，局部战争、恐怖主义等对旅游业的影响不容忽视。经济全球化更使得这些恶性事件的后果扩散到了世界范围，影响较大的有“9·11”、巴厘岛爆炸事件等恐怖主义活动，以及2003年的伊拉克战争等等。

2. 自然灾害的影响

与战争相比，自然灾害对旅行社行业的影响更是不可预测的。近年来，世界旅行业受到了SARS、禽流感、甲型H1N1、地震和海啸等自然灾害的突发影响。例如，2003年春在我国蔓延的SARS疫情沉重打击了我国旅游业，使我国旅行社业陷入历史上最为低迷的发展时期。2002年11月，在我国广州出现了首例SARS疫情，但是并未对全国的旅游业造成太大影响。从2002年到11月至2003年3月，我国入境旅游人数都保持了正常水平。2003年2月，入境旅游人数稍有回落，从3月中下旬开始大幅下跌，5月基本达到最低点。旅游外汇收入对SARS疫情的反应程度要大于旅游人次，到2003年5月份，入境旅游人次的累计量较2002年同期下降了10.48%，而旅游外汇收入的下降则高达20.03%。其内在原因，是预订存量的减少导致预收款的下降，以及附加值较高的高端旅游市场的下降速度，要快于中低端旅游市场。

第二节　旅行社发展趋势

当今的旅游正朝着国际化、大型化、网络化发展，这是一个更强调服务个性化的时代，对旅行社从业人员素质要求也越来越高，旅行社从业人员能否跟上时代的潮流，能否组合出更具有个性化的产品。正日益成为旅行社之间竞争的着力点。

一、旅行社业积极向垂直分工体系演化

我国旅行社业发展初期，由于国际旅游接待的特殊意义，旅行社业采取了按照客源种类不同而进行分工的水平分工体系。随着旅行社数量的增多和原有垄断经营模式的打破，旅行社的格局也发生了显著的变化。除在国际旅行社和国内旅行社间，仍按接待客源的不同坚持水平分工外，在同类旅行社之间将进入无序、无差异竞争阶段。旅行社间分工形式不明，每

个企业从开发踩线到外联接待全方位出击。由于既无批发、零售的渠道差异，也无个性化的特色产品，所以只能在低层次上展开价格竞争，直接导致行业的混乱局面；现在随着2009年《旅行社条例》的颁布实施，这一现象将得到有效的遏制。旅行社竞争市场将会朝着有序化，市场化、合法化方向发展。而美国等发达国家的旅行社业发展相对成熟，已进入规范化经营时代。市场上旅行社批发商、零售商层次分明，还有部分从事专业化经营的旅行社。实力雄厚的少量大型旅行社批发经营商从事开发产品、宣传促销等业务；大量雇员在10人以下的小旅行社则从事旅行社产品代理服务；大量的小型旅行社或在竞争压力下加入大社的网络组织，或自行组成联合体，以提高生存能力。

中国的旅行社行业也要努力达到金字塔形的结构。高居塔尖的，是少数大的旅游集团，在市场上占有较大份额，形成市场的主导力量，靠自己的资金、品牌、规模、特许权等方方面面的优势在市场上竞争。处于金字塔中间的，是一批中型的专业化旅行社。它们开发专业化的产品，针对专门的市场进行竞争，市场的分工比较细。居于塔基的，是绝大多数小旅行社。这些小旅行社主要的出路，就是成为大旅游集团的网络销售点。

我国的一些大型旅行社已经意识到建立垂直分工体系的重要意义，并在旅行社批发、零售业务分工方面开展积极探索。上海春秋走在行业的前面，通过其设计的网络加盟模式，截止到2009年底春秋旅行社已经在全国建有31个直属机构，拥有网络代理800多家。网络代理商的发展也使春秋旅行社总社逐步迈入了旅游批发商的行列。春秋总社注重用新型的规模化的旅游产品吸引代理商的视线，例如，通过旅游包机合作降低成本。仅2001年就购买十多条航线的旅游包机2500个航次，运送游客人次近10万。

二、积极构建大型旅行社运营商，推进产业组织集团化

从企业体制上来看，大旅行社即集团化的旅行社，毫无疑问，应该采用现代企业制度——公司制；经营实力和经营规模中等的中型旅行社，比较适用于股份合作制的企业制度形式；小型旅行社采用合伙方式或其他方式。不同规模、不同企业组织、不同市场、不同类型的旅行社，应采用不同的企业体制和制度安排。

考虑到国有资产在整个中国旅行社产业，特别是在国际旅行社产业中的主导性比重，可以认为，国有旅行社的重组与整合，具有整个产业发展的导向性作用。随着国有资产分级管理体制的确立和运行，事实上在旅游领域已形成中央与地方国有资产条块竞争的格局。2004年11月，中国国际旅行社总社与中国免税品（集团）总公司合并重组为中国国际集团公司。紧随其后的，则是同属于国务院国资委旗下的中国旅行社集团与中国旅游商贸公司的合并。前者为国旅集团的横向一体化发展模式提供了更为雄厚的现金流，并促使其开始思考如何进一步适应旅游市场结构进行面向中国公民旅游市场的战略转型。后者则使中旅成为真正意义上的包括旅行社、饭店、商业在内的全旅游要素企业集团。这两大国有主导旅行社的重组，标志着以旅游为主业的六大中央企业（另外两家分别是香港中旅集团和华侨城集团）强强联合，构建超大型的旅游运营商的步伐开始提速。如果以此为契机，中央国有资产管理部门把分散在其他央企中的旅行社企业有选择的整合到渐趋集中的主导企业中来，则中央国有旅行社的市场影响力和产业话语权将会更加强大。

与中央旅游企业的“合并同类项”战略相比，地方国有旅行社则借助地方国有资产管理部门对旅游资产重组的机遇，谋求在一些复合型的旅游集团中发挥更大的作用。上海锦江和新

亚两大旅游企业的合并，使得锦江旅游股份有限公司，在整合了上海中国国际旅行社股份有限公司、上海锦江旅游公司、上海华亭海外旅游公司、上海旅行社等上海最大也最知名的国际和国内旅行社以后，依托锦江国际集团的综合资源和优势，并通过自身的市场化运作，已经成为中国旅行社产业中的领导者之一。同时，作为五大集团重组后的北京首都旅游集团旗下的旅行社产业运作平台的神舟旅行社集团，也在出境游和国内市场上持续推出新的举措，在中国最重要的旅游目的地和客源地之一的北京市场上的影响力，正在持续上升。需要说明的是，这两大地方政府所属的大型旅行社都有上市公司的背景。

上述案例表明，由不同代理人负责运作的、国有旅行社集团主导的产业格局，正在形成之中，并将对未来市场上民营和外资旅行社的战略发展空间产生更为复杂的影响。

案例 13 - 1

国内旅行社集团现状

在中国大企业集团年度发展报告(2008)中，营业收入10亿元以上的旅游企业集团有11个，分别为华侨城集团公司、北京首都旅游集团有限责任公司、锦江国际(集团)有限公司、开元旅业集团有限公司、华天实业控股集团有限公司、上海市东湖(集团)公司、中国国旅集团有限公司、中国中旅(集团)有限公司、中青旅控股股份有限公司、广东中旅(集团)有限公司和浙江省旅游集团。

2009年，国内旅游集团适时抓住机遇，调整资源，兼并重组。5月1日，云南世博旅游控股和云南旅游产业集团资产重组，组建了云南世博旅游控股集团有限公司，旨在打造云南省规模最大、实力最强、服务最好的旅游龙头企业；国旅股份登陆A股市场；华侨城整体上市方案已获证监会通过，预计华侨城集团整体上市后市值将超过1000亿元；开元旅业正在谋求海外上市。

国内旅游集团企业资本主要集中在广东、北京、上海、重庆和浙江等省市。据不完全统计，广东省的旅游集团资本总和1300亿元，其中国有资本1045亿元，民营资本215亿元，外资资本40亿元；北京的旅游集团资本总和899亿元；上海的旅游集团资本总和463亿元，其中国有资本343亿元，民营资本100亿元，外资资本20亿元；重庆的旅游集团资本总和435.25亿元，其中国有资本357.25亿元，民营资本78亿元；浙江省的旅游集团资本总和320亿元，其中国有资本52亿元，民营资本268亿元。

(资料来源：中国旅游报，2010－01－15，作者：吴晓梅)

三、市场主体多元化

国有旅行社资本意志的彰显，以及民间和境外资本对旅游产业更大范围的介入，使得旅行社业的市场主体进一步多元化，市场化程度进一步提高。目前，国有资本在中国旅行社业，特别是国际旅行社中仍然占有绝对的比重。但是，随着国有资本管理体制的改革，中央和地方两级政府国资管理部门的出资人意志表现得越来越明显。

从目前的动向来看，国有旅行社的发展方向，就是通过股份制或其他相关途径，建立现代企业制度，并在此基础上以增强国有旅行社业的核心竞争力为导向，对国有旅游类经营资产进行战略重组工作。

从跨国公司的动向来看，已经进入到中国旅行社业的境外资本主要在北京、上海、广州等主要旅游客源地。可以说，这些机构的战略指向，必然是中国公民旅游产品。而且2006年以后，中国关于 WTO 有关服务贸易承诺条款的兑现，将从根本上改变跨国公司在中国旅行社业中的运作与发展壁垒。

【链接 13－2】

国家降低外资旅行社准入门槛

国家旅游局正式发布《关于启动外商投资旅行社的设立申请工作的公告》，公告指出，依据《旅行社条例》相关规定，从 2009 年 9 月 15 日起，国家旅游局正式受理外商投资旅行社的设立申请，注册资金降低为 30 万元。同时，取消对外资旅行社设立分支机构的限制。在 2003 年 6 月，国家旅游局发布了《设立外商控股、外商独资旅行社暂行规定》后，外资旅行社在中国的设立经历了一个大的飞跃，除上述企业外，全球著名的旅游企业 GTA、英国 MIKI 和 BTI、瑞士 KUONI、日本 JTB、澳洲的 FCM 等均在北京和上海或广州设立了公司或办事处。目前，中国外资旅行社的数目已由加入世贸组织前的 9 家增加到了 30 多家，经营的业务涉及入境旅游、在线酒店和其他目的地产品预订、商务旅行管理、会奖和高端商务旅游等。一直以来，外资旅行社热衷于进入中国，其原因是中国的市场太大、太诱人了，哪怕亏本也要先行进入。翘首中国旅游市场的进一步开放，是所有合资旅行社的共同心愿。

（资料来源：环球旅讯，2009－08－28，作者：何芳）

与此同时，民营资本也大举进入旅游领域，形成了引人注目的现象。仅浙江一省，在旅游业投入 10 亿的民营企业集团就有 6 个。资本持续追求利润最大化的价值取向，必然要求企业规模的扩大。实际上，只有资本主体到位了，资本的意志在旅游市场的繁荣与发展中得到有效的彰显，我们呼唤多年的中国旅行社批发、零售和代理体系才有可能真正形成。

四、网络化经营手段促进新旧业态在信息时代的整合

网络技术最初出现时，旅游业界几乎一致认为，旅行社遇到了历史上最大的障碍和难题，网上预订机票、客房等便利的服务条件，使许多人都不再需要通过旅行社这个中间环节来实现上述功能。许多人甚至认为网络技术的发展和普及，最终将完全取代旅行社。旅行社只能作为一个历史名词留在人们的回忆中。网络技术的发展确实给旅游者自主出行创造出许多便利，特别是提高了散客旅游的自由度，发达国家的旅行社业并未消极地抵制或回避网络的冲击，反而主动出击，利用网络为己所用，使网络威胁转化为提高服务质量的工具，通过因特网技术收集旅游产品及目的地信息，通过电子邮件确认顾客预订或接受预订。在很短的时间内，网络技术已普及到多数旅行社中。在每个新生事物中都蕴含着发展机会，特别是从当今的形势来看，网络化的冲击将会导致在线旅游代理商的出现，传统旅行社中有实力的企业也会积极研究探索如何利用网络等高新技术来拓展业务，增强企业的影响力和市场覆盖面。

目前，信息技术正在越来越成为一个中性的工具，新兴的旅行代理商可以用，传统的大型旅行社也同样可以用。在这样的背景下，传统的旅行社与基于信息技术的新兴旅游代理商展开了新一轮的市场话语权的争夺。我国有一批旅行社充分认识到了信息技术中的机遇，认识到网络问题不是单纯的技术问题，也不是单纯的营销问题，而是旅行社经营和旅行社组织的一个制度化的革命。它所产生的效益是多方面的，低成本的运作、全程的质量监督、企业组织结构的根本变化等，这些都是网络化带来的变化，使旅行社通过设立电子商务网站，整合自身旅游资源，赢得更大的发展机会。如 1996 年，春秋旅行社开通了自己的网站，公司开始致力于电子商务，实现由传统旅行商到信息化旅行商的方向性转变；广之旅于 1999 年推出独

立开发的旅游电子商务网站——“中国旅行热线”；中青旅于2000年设立了“青旅在线”电子商务网站，并成立了专门的电子商务公司。

案例13-2

携程——线上旅游走向线下

在中青旅等传统旅行社向“线上”靠拢的同时，以携程旅行网为代表的在线旅游代理商，则在寻求与传统市场主体的合作。2004年，携程控股了上海翠明国旅，下半年则进一步谋求珠三角地位，新建或并购旅行社。实际上，在携程起步之初，就是靠并购传统的旅行代理业——北京现代商务运通公司起家的。

2010年2月3日携程网发布的2009年财报显示，2009年总营收为人民币21亿元，比2008年增长34%；其中度假产品营收为人民币1.77亿元，比2008年增长62%，增长速度引人注目。携程2009年网上旅行预订市场份额为55.6%(2008年其份额为57.1%)，虽有所下滑，但依旧处于绝对领导地位。

不过，面对在线旅游发展的新形势和环伺的竞争对手，携程网也在战略上有所调整。该公司已宣布，将原来的度假业务部门改组成全新的旅游业务部门，全面进入旅游度假市场，进一步丰富自由行、团队游、一日游等产品和服务体系，更大规模生产满足大众全面需求的旅游度假产品，打造旅游预订的“网上大卖场”。

同时，携程日前宣布将以约8800万美元(合约6.84亿港元)现金收购香港上市公司永安旅游旗下旅游业务90%的股份，在这之前，携程于2009年5月以5000万美元入股如家成为第一大股东，8月宣布增持台湾最大在线旅游网站易游网股份，9月对外证实收购三亚等地线下旅行社，携程的布局从线上线下都在逐步增强。

【思考】

传统旅行社纷纷开通网站，拓展在线旅游业务，携程则从线上走向线下，收购香港永安等多家传统旅行社，从这些案例中我们可以得到怎样的启发?

五、旅行社经营的品牌化

由于旅行社经营的产品在很大程度上是信息性的产品，对旅游线路的开发很难形成专利，因而难以形成特定的产品品牌。旅游线路的服务属性使得品牌成为旅行社在市场上树立形象、取得竞争优势的主要途径。

在旅行社建立品牌的过程中，文化内涵将发挥重要的作用。对于旅行社来说，加深经营的文化内涵，有如下几个方面需要加强：

第一，形成旅行社统一的标志、统一的装修、统一的品牌、统一的服装、统一的企业精神和理念；

第二，推进企业服务个性化；

第三，在旅行社的经营理念加深文化内涵，同样是一条线路，文化内涵比其他人的深一些，导游的讲解水平高一些，都是旅行社文化竞争的要点。

中旅总社、国旅总社、康辉集团等知名大型旅行社在旅行社品牌化经营中走在了前列，先后入选中国驰名商标。

六、旅行社与航空、金融等相关产业的融合

(一)旅行社与航空业的融合

旅行社与航空公司之间休戚相关的利益关系，使得旅行社与航空公司多年来一直进行着竞争与合作并存的博弈。随着民航领域改制重组进程的加剧。以及传统旅行社自身规模的扩大和急于降低经营成本的愿望，双方在竞争中不断走向融合。

1. 航空公司涉足旅行社

随着民航客源中旅游者比例的上升，各大航空公司所属旅行社的重要性日渐增强。旅行社正在从一个主业的辅助机构，向旅游市场上独立运行的产业主体转化。由于航空集团的大力支持，这些旅行社的成长，在2004年表现出了超常的增速。中国航空集团旗下的中国航空国际旅行社，在得到外企航空机票业务的注入后，无论是营业规模、市场份额，还是产品研发和营销渠道，都有了很大的变化。南方航空集团所属的南航商旅服务旅行社有限公司，在南航集团主辅分离的专业经营进程中，整合了以南航国旅为主的19家旅行社，定位于华南地区最有市场价值的商务旅游市场，通过东莞等地强势旅行社的产权联合或非产权的战略联盟，已在珠江三角洲市场上与广之旅、南湖国旅一起形成了“三足鼎立”之势。而由东方航空公司票务代理业务整体注入的东航东美旅游公司，则使其一跃而成为中国最大的旅游代理商之一。

2. 民航业的广泛介入，推动旅行社价格竞争趋于白热化

2004年8、9月份，在广州和香港两地机场为主角的航空价格战大背景下，香港机场管理局联同国泰和港龙等4家航空公司，推出珠三角往返南亚、日本和港澳地区，分别只需998元、1498元和2998元人民币；而南方航空则与旅行社合作，联手推出经广州，往返曼谷、吉隆坡或槟城只需999元人民币，广州飞悉尼往返、广州飞墨尔本往返的“机票+签证”线路，价格也比平时便宜了一半以上。澳门机场推出的“经澳飞”，则更是以580元广州——澳门双飞的超低价使业界大为震惊。

【链接13-3】

民航与旅行社的话语权之争

实际上，推动民航业与旅行社业高度融合的重要因素，是中国公民旅游市场的开发与规模的增长，以及由此带来的产业影响力。可以说，无论是对于航空公司，还是对于旅行社，谁能在中国公民旅游市场上占据主导地位，谁就会在各自的产业领域中拥有强大的话语权。从这个意义上说，民航业与旅行社业的合作都是为了借助产业关系的优化，来保证自己的商业利益。比如，欧洲29国旅游市场的开发，就吸引了被SKYTRAX评为全球仅有的3家五星级航空公司之一的卡塔尔航空公司的强烈关注，并于2004年11月26日首航“北京——多哈”航线。神舟国旅集团则联手该公司开发了“北京—多哈—埃及”首航团，为中国游客旅游中东地区带来了极大的利益，价格为人民币9800元/人，比常规团便宜了3000元/人左右。两者的合作，不仅价格上占优势，而且在行程线路安排上也具有挑战性，首航团不仅可以在卡塔尔首都多哈游览，还可以在埃及多留一天。

3. 旅行社向航空业渗透

在民航业不断延伸其在旅行社代理和旅游服务产业链条的同时，一些传统的大型旅行社也将逐渐向航空业渗透，以在产业关系中争取更有利的谈判地位，最大限度地降低自己的运营成本。

2004年最有影响力的事件，就是春秋国际旅行社正式挂牌筹建廉价航空公司，以“拒绝给航空公司打工”“与火车卧铺竞争”为名介入航空市场，春秋是一家年营业收入近20亿元，年组接团160万人次，连续9年国内旅游排名第一的大型旅行社集团，目前，共拥有38个全资公司，其中7家在海外。除春秋社以外，其他一些有影响力的传统大社，也都试图通过包机、参股或组建廉价航空的途径谋求更具主导性的市场地位。

（二）旅行社业与金融业的融合

1. 旅行社与银行的融合

2004年9月15日，由携程旅行网和招商银行专门针对商务旅游市场联手打造的“携程旅行信用卡”正式问世。作为国内首张双币种旅行信用卡，该产品集成了全球饭店、机票、度假产品的预订、金融支付与信用保证和信用卡的其他附加服务功能。它的发行，标志着招商银行信用卡向旅游业的渗透和拓展，又率先迈出了坚实的一步；同时也表明了携程旅行网作为国内最大的旅行服务公司，在旅行信用体系的建立方面作出了积极的尝试。

2004年度，以金融业为主导的银行信用卡发展银旅合作的另一事件，是全球最大的信用卡发行机构VISA国际，前所未有地专门针对中国旅游市场发布了一份年度报告。报告显示，中国持卡人2003年在亚太地区的旅行，平均每次交易支出额为253美元，居于世界首位，比第二位的西班牙高出50美元。VISA之所以对旅游业如此关注，主要是看中了中国旅游市场增长过程中表现出来的巨大商机。可以预计，在其进入中国市场的过程中，必然会寻求与掌握客源的旅行社或相关旅行社代理机构的合作。

（2）旅行社与保险业的融合

保险业也在尝试在与旅游业融合的过程中创新自己的金融产品，并形成旅游活动中所必需的各种旅游险。如，旅游救助保险、旅游救援保险、游客意外伤害保险、旅游人身意外伤害保险等。金融业与旅行社的结合促进了旅游产品的创新，也极大地推动了产业形态创新的制度供给。

【链接13－4】

跨国旅游集团重视产业融合

跨国旅游服务集团的市场行为，同样可以发现借助于产业融合寻求产业影响力的趋势。在北京注册的日航国旅和国旅运通均具有航空背景；英国的格里菲旅行社则以强大的旅游批发商集团为背景，高调进入中国市场。这些外资旅游企业的主要目标市场往往定位于商业价值较高的商务旅行市场，而从国际经验来看，在旅行社开拓商务旅行市场的战略进程中，具有覆盖全球的支付体系和深厚客源基础的金融企业必将成为首选合作机构。

除了直接进入中国的跨国旅游集团，另有一些跨国旅游服务集团以金融支付工具和现代信息技术为支撑，低调进行着包括出境旅游在内的中国旅行代理市场的战略布局。可以认为，在产业融和的框架下，事实上外资旅行代理机构已经进入了包括中国公民出境旅游在内的全部旅游服务市场。

七、旅游服务社会化

在旅游业发达国家，旅行社的服务范围非常广泛，其服务对象除了旅游者之外，还包括企事业单位、政府部门等。旅行社通过差旅管理对企事业单位或政府部门的差旅活动进行整体考察分析，提供咨询意见，然后共同改进流程，并且通过利用旅行社所拥有的资源使企业差旅成本最小化，实现对差旅成本的控制，并提供全程高效、快捷的专业化服务。旅游服务社会化已经成为旅行社发展的潮流。

近几年，我国旅行社服务范围在不断拓宽，但是和旅游业发达国家相比，还做得很不够。顺应旅游服务社会化这一潮流，今后中国旅行社业应做好以下几项工作，以推进旅游服务的社会化。

第一，旅游销售门市深入社区。为消费者提供更便捷、更周到的旅游咨询服务和销售服务。

第二，旅行社要向企业提供商务旅游服务业务。随着我国商务活动的日益频繁，企业因公出差的人数越来越多，频率也越来越高，中国每年的商务旅行相关费用很高，并且呈逐年上升趋势。越来越多的企业正在寻求通过整体差旅外包的方式来达到规范出差报销制度、降低出差成本的目的。旅行社利用自身的优势，包办企业的商务旅行，有利于降低企业的商务活动开支，同时为商务活动者提供便捷、高效的专业化服务。

第三，推进承办政府差旅服务。采购政府的差旅服务包括政府公务人员的出国、出差以及政府举办的各种会议和活动等。由于旅行社在公务出行的住宿、交通、会务等方面拥有专业化经验和价格优势，这样既可以节约政府开支，又能提高政府工作效率。

本章小结

本章从我国旅行社的现状，阐述了目前旅行社存在经济效益差、管理水平低、市场不规范等问题；并就我国旅游业将进一步全面开放的形势，分析了我国旅行社所面临的机遇与挑战；剖析了我国旅行社的未来发展趋势。作为本课程最后一章，期望大家通过学习，能够对我国旅行社行业的未来发展方向有清晰的把握。

实训练习

一、课堂讨论

1. 目的：把握我国旅行社未来发展趋势。

2. 训练方式：课堂讨论、分组发言

3. 实训内容：阅读下面的素材，分组讨论并回答问题。

中国自加入 WTO 后，经过了几年的缓冲期，曾经许诺的全方位的开放正在履行。与制造业的主动开放、流通业的被动开放以及外贸领域的全面开放相比，中国旅游业处在主动与被动交织应对、全面开放迫在眉睫的历史时期，这既与旅游业的流动性、开放性特点息息相关，也与国家政策的导向关系密切。旅行社业是中国旅游业中最应与国际全面接轨的行业，但一直以来政府保护下的监管法律制度以及自身的市场运作不成熟，使这个本应全面开放的行业面临 30 年未升级的局面。因此，旅行社行业的开放程度、对应开放的旅行社企业运作和市场环境培育，成为中国旅游产业能否顺利完成转型以及能否从专营市场转型到完全竞争市场的重要一环。

【思考】

(1) 在完全竞争市场下全面开放的中国旅行社，应如何应对来自世界的竞争？

(2) 未来中国的旅行社发展目标和模式应该是怎样的？

参考书目

1. 杜江. 旅行社管理. 天津:南开大学出版社 1997 年第一版.
2. 梁智. 旅行社运行与管理. 大连:东北财经大学出版社, 1999.
3. 郭鲁芳. 旅行社经营管理. 杭州:浙江科学技术出版社, 1999.
4. 张俐俐. 中外旅游业经营管理案例. 北京:旅游教育出版社, 2000.
5. 张琥. 旅行社业务知识. 北京:高等教育出版社, 2000.
6. 马爱萍. 旅行社经营管理. 广州:广东旅游出版社, 2000.
7. 杜江、戴斌. 旅行社管理比较研究. 北京:旅游教育出版社, 2000.
8. 张红、李天顺. 旅行社经营管理实例评析. 天津:南开大学出版社, 2000.
9. 宋耘、傅慧、李美云. 旅行社人力资源管理. 广州:广东旅游出版社, 2000.
10. 杜江. 旅行社经营与管理, 天津:南开大学出版社, 2001.
11. 崔卫华. 现代旅行社实务. 辽宁:辽宁科学技术出版社, 2001.
12. 夏林根. 旅行社经营管理. 福州:福建人民出版社, 2002.
13. 徐云松. 旅行社业务. 北京:高等教育出版社, 2002.
14. 贺学良. 现代旅行社经营管理. 上海:复旦大学出版社, 2003.
15. 杜江. 李宏. 旅行社经营管理(第 2 版). 北京:中国财经出版社, 2006.
16. 李宝明. 旅行社经营管理. 北京:经济科学出版社, 2004.
17. 戴斌. 杜江. 旅行社管理(第二版). 北京:高等教育出版社, 2005.
18. 国家旅游局人事劳动教育司, 旅行社管理概论. 北京:旅游教育出版社, 2005.
19. 肖树青. 旅行社管理实务与实训教程. 北京:中国财政经济出版社, 2007.
20. 张道顺. 现代旅行社管理手册. 北京:旅游教育出版社, 2006 年第一版.
21. 刘德光. 旅游市场营销学. 旅游教育出版社, 2006 年第二版.
22. 徐东文. 旅行社管理. 武汉:武汉大学出版社, 2004.
23. 梁智. 刘春梅, 张杰, 旅行社经营管理精选案例解析. 北京:旅游教育出版社, 2007.
24. 梁智. 旅行社经营管理简明教程. 上海:上海财经大学出版社, 2007.
25. 上海春秋国际旅行社, 现代旅行社管理(第二版). 北京:中国旅游出版社 2002.
26. 吴必虎. 区域旅游规划原理. 北京:中国旅游出版社 2004 年第二版.
27. 应可福. 质量管理. 北京:机械工业出版社, 2005.
28. 徐云松等. 旅行社经营管理. 杭州:浙江大学出版社, 2005.
29. S. 托马斯·福斯特, 质量管理:集成的方法. 北京:中国人民大学出版社, 2006.
30. 伍爱.《质量管理学》,广州:暨南大学出版社, 2006.
31. 王缇萦. 旅行社经营与管理. 上海:上海人民出版社, 2006.
32. 韩勇 . 旅行社经营管理. 北京:北京大学出版社, 2006.
33. 陈建斌. 旅行社经营管理. 广州:中山大学出版社, 2007.
34. 孙宗虎, 肖书民. 旅行社管理流程设计与工作标准. 北京:人民邮电出版社, 2008.
35. 董正秀, 朱晔. 旅行社管理实务. 南京:东南大学出版社, 2007.

36. 潘宝明. 旅行社管理概论. 武汉:华中师范大学出版社, 2006.
37. 李云霞,刘惠余. 现代旅行社管理与运作. 昆明:云南大学出版社, 2007.
38. 陈锋仪. 库瑞, 旅行社管理. 天津:南开大学出版, 2006.
39. 方增福. 旅行社管理. 北京:科学出版社, 2005.
40. 何忠诚. 旅行社管理. 广州:广东旅游出版社, 2002.
41. 徐东文. 旅行社管理. 武汉:武汉大学出版社, 2003.
42. 陈小春. 旅行社管理学. 北京:中国旅游出版社, 2003.
43. 吴敏良,杨强. 旅行社经营管理. 北京:科学出版社, 2007.
44. 陈锋仪,王莉霞,库瑞. 旅行社经营与管理案例分析. 天津:南开大学出版社, 2004.
45. 肖树青. 旅行社经营管理. 北京:北京交通大学出版社, 2010.
46. 国家旅游局人事劳动教育司, 旅行社经营管理. 北京:旅游教育出版社, 2003.
47. 徐桥猛. 旅游信息管理技术. 北京:高等教育出版社, 2005.
48. 史晓明. 旅游产品设计与经营. 北京:中国建筑工业出版社, 2004.

读者反馈意见

亲爱的读者：

感谢您对《旅行社经营与管理》的学习和热爱！为了今后能给您提供更优质的服务，请您抽出宝贵时间填写下面意见反馈表，以便我们更好地对本书做进一步的改进。同时如果您在使用本书的过程中遇到了什么问题，或者有什么好的建议，也请您来信、来电告诉我们。

地址：北京市丰台区科学城南极星大厦 108 室

电话：010－83794590／83794403

电子邮箱：caikai6223@263.net　QQ：649319527　发行 QQ：1694299827

网址：WWW.KFHWH.CN

教材名称：《旅行社经营与管理》

个人资料：

姓名：________年龄：________所在院校/专业________

文化程度：________通讯地址：________

联系电话：________电子信箱：________

您使用本书是作为：□指定教材、□选用教材、□辅导教材

您对封面设计的满意度：

□很满意、□满意、□一般、□不满意　改进建议________

您对本书印刷质量的满意度：

□很满意、□满意、□一般、□不满意　改进建议________

您对本书的总体满意度：

从语言质量角度看：□很满意、□满意、□一般、□不满意

从科技含量角度看：□很满意、□满意、□一般、□不满意

本书最令您满意的是：

□指导明确 □内容充实 □讲解详尽 □实例丰富

您认为本书在哪些地方应进行修改？（可附页）

____

____

您希望本书在哪些方面需进行改进？（可附页）

____

____